Valeska Gert

Siegfried Müller

Valeska Gert

Von Berlin
bis Kampen auf Sylt

HENTRICH & HENTRICH

Umschlagabbildung vorn: Valeska Gert,
porträtiert im Tanz „Laster“, 1930

Gedruckt mit freundlicher Unterstützung von

SH
Schleswig-Holstein
Der Ministerpräsident

KAMPEN/SYLT

MOSES
MENDELSSOHN
STIFTUNG

Die Deutsche Nationalbibliothek verzeichnet diese Publikation in der Deutschen Nationalbibliografie; detaillierte Daten sind im Internet über https://portal.dnb.de/ abrufbar.

Inh. Dr. Nora Pester
Haus des Buches
Gerichtsweg 28
04103 Leipzig
info@hentrichhentrich.de
http://www.hentrichhentrich.de

Lektorat: Sarah Pohl
Umschlag: Gudrun Hommers
Gestaltung: Ulrike Vetter
Druck: Winterwork, Borsdorf

1. Auflage 2022

Printed in Germany
ISBN 978-3-95565-514-3

VORWORT

Jedes Buch hat seine eigene Geschichte. Diese begann, als meine Frau und ich vor Jahren das Heimatmuseum Keitum auf Sylt besuchten und in der ersten Etage die Ausstellungseinheit zum „Ziegenstall“ sahen, jenem legendären Kabarett in Kampen, das die berühmte Tänzerin Valeska Gert von 1951 bis zu ihrem Tod 1978 betrieb. Meine Neugierde war geweckt, und ich begann, mich näher mit diesem Nachtklub und seiner Inhaberin zu beschäftigen.

Seit der nach wie vor grundlegenden Arbeit von Frank-Manuel Peter aus dem Jahr 1985 erschienen zahlreiche Publikationen, die sich vor allem mit dem sogenannten Grotesktanz Valeska Gerts in den 1920er Jahren auseinandersetzen. Ich wollte dagegen von Anfang an ihr wechselvolles Leben in das jeweilige kulturelle Umfeld einbetten. Dieses Buch greift deshalb weiter aus, vor allem auch auf ihre Zeit auf Sylt. Es beleuchtet somit ihre Entwicklung von der Tänzerin zur Unternehmerin.

Während der Beschäftigung mit diesen Facetten ihres Lebens lernte ich Zeitzeugen kennen, die Valeska Gert in verschiedenen Lebensphasen begleiteten, Gäste im „Ziegenstall“ waren oder dort gearbeitet haben. Ihre Erinnerungen und die Dokumente in Archiven, Briefwechsel und Lebenserinnerungen von Weggefährten der 1920er bis in die 1970er Jahre führten allmählich zu dem Bild von Valeska Gert, das ich in diesem Buch zu zeigen versuche.

Hier sei all jenen gedankt, die mir bei dessen Entstehung auf verschiedene Weise geholfen haben. Hervorzuheben sind Henriette Fischer und Christiane Retzlaff, die mir bereitwillig ihre Erinnerungen mitteilten. Ich danke auch den Mitarbeiterinnen und Mitarbeitern in der Akademie der Künste Berlin, im Deutschen Literaturarchiv Marbach, im Heimatmuseum Keitum auf Sylt, in der National Gallery of Canada in Ottawa und vor allem im Sylter Stadtarchiv, außerdem akg images, Hansa-Photo in Westerland, dem Landesmuseum für Kunst und Kulturgeschichte Oldenburg und ullstein bild sowie in alphabetischer Reihenfolge: Peter Beisler, Richard Blakeman, Hans-Peter Brandes, Inge Detlefs, Jochen Dreier, Volker Gerlach, Frauke Gerte (†), Ernst Haiger, Britta Hoge, Thomas Kästner, Dr. Elke-Vera Kotowski, Harry Kress (†), Hans Dietrich Kühn, Dr. Henrike Junge-Gent, Evelyn Kraßmann, Prof. Dr. Frank-Manuel Peter, Jochen Pförtner, Dr. habil. Annelore Rieke-Müller, Volker Schlöndorff, Prof. Dr. Ulrich Schulte-Wülwer, Dr. Fabian Waßer und Dr. Doris Weiler-Streichsbier.

Ein herzliches Dankeschön gilt darüber hinaus dem Ministerpräsidenten des Landes Schleswig-Holstein, der Bürgermeisterin der Gemeinde Kampen/Sylt und der Moses Mendelssohn Stiftung Berlin. Ohne ihre finanzielle Unterstützung hätte dieses Buch nicht erscheinen können. Dem Hentrich & Hentrich Verlag danke ich für das Vertrauen und für die engagierte Zusammenarbeit.

Oldenburg, im Frühjahr 2022

INHALT

Kindheit und Jugend

Valeska Gert wurde am 11. Januar 1892 als Valeska Gertrud Samosch in eine assimilierte jüdische Familie des Berliner Bürgertums geboren.[1] Ihr Vater war ein wohlhabender Kaufmann.[2] Die Familienwohnung entsprach mit ihrem überladenen Dekor, ihren Perserteppichen und den grün-grau und dunkelrot bespannten Stühlen dem vorherrschenden Stil des Historismus. Ein Vogelkäfig fehlte ebenso wenig wie die Palme, die das Hausmädchen jeden Morgen abstauben musste.[3] Ihr Kinderzimmer sei „bis zum Bersten mit lebensgroßem Spielzeug angefüllt" gewesen, erinnert sich Valeska Gert.[4] An Feiertagen nahm die Mutter sie mit in die Synagoge. Auch lernte Valeska Hebräisch.[5]

Den Sommer verbrachten die Mutter, der zwei Jahre jüngere Bruder Hans und Valeska mit dem Kindermädchen an der Ostsee in Heringsdorf – der Vater kümmerte sich um seine Blumen- und Federfabrik.[6] Valeska fiel als Kind mit großem Bewegungsdrang auf. Im Hinterhof in Berlin „hopste" sie und „sprang hoch wie ein Gummiball. Ich flog. Das Fliegen war wunderbar. Das war mein erstes Tanzerlebnis."[7] Ihre Mutter, die selbst „leidenschaftlich gern" tanzte, versuchte, das Temperament ihrer kleinen Tochter zu kanalisieren und meldete sie beim Ballettmeister des Opernhauses an.[8]

Über ihre Schulzeit im Kaiserreich – sie besuchte mehrere nichtkonfessionelle Mädchenschulen – berichtet Valeska Gert wenig. Es zeigten sich jedoch wohl schon früh Charakterzüge, die ihr späteres Profil als Reizfigur und Egomanin prägten. Mit sechs Jahren kommt sie zunächst in eine Privatschule in der Köpenicker Straße.[9] Sie wird Klassenbeste und behandelt ihre Mitschülerinnen wie „Untertanen". „Stolz thronte ich auf meinem Eckplatz und benahm mich […] hoheitsvoll wie eine Königin." Im Zeugnis bringt ihr das den Vermerk ein: „G. ist herrschsüchtig."[10] Als sich ihre Mutter nach ihrem Betragen erkundigt, antwortet die Lehrerin: „Wie schade, daß Trudchen nie eine richtige Freundin hat. Sie gibt sich nur mit den schlechtesten Elementen der Klasse ab."[11] Einen Sommer lang geht Valeska in die Pudbres-Schule, eine Höhere Mädchenschule in der Lutherstraße 26. „Dann wurde ich rausgeschmissen, weil ich die Klasse mit meinem verwegenen Übermut ansteckte."[12] Ihrer Mutter teilt die Direktorin mit: „Sie verdirbt alle Kinder."[13]

Nach dem Umzug der Familie in die Passauer Straße 8 im Westen Berlins, „wo die feinen Leute wohnten"[14], wird Valeska umgeschult. Sie besucht jetzt die Augusta-Viktoria-Schule in der Nürnberger Straße 63 in der Nähe des Kurfürstendamms, ein städtisches Lyzeum mit realgymnasialer Studienanstalt für Mädchen.[15] Dort muss sie eine Klasse wiederholen. Sie beschließt, von nun an „keine gute und brave Schülerin mehr [zu] sein."[16] Zweifellos brachte sie das in Konflikt mit den Lehrinhalten, die auf Kaiser, Reich und Kirche ausgerichtet waren. Der Schriftsteller Ernst Toller, der im Kaiserreich die Schule besucht hatte, brachte sie auf die Formel: „Gottesfurcht und Untertanensinn, Gehorsam soll er lernen."[17] Valeska empfindet die Schule als „langweilig" und erreicht durch ein ärztliches Attest, dass sie vom Zeichen-, Religions- und Handarbeitsunterricht befreit wird.[18]

Beim Flanieren mit ihrer Klassenkameradin Else Schall auf der Tauentzienstraße verliebt sie sich in einen der Jungen. Mit ihrer Mitteilung, sie habe Pierre Louÿs Roman „Aphrodite" gelesen, beeindruckt sie ihn. Er meint daraufhin, sie sei „ganz anders als die anderen Mädchen." Mit ihr könne er über Bücher sprechen.[19] Valeska ist in diesen Jahren geradezu „lesedurstig". Dostojewski, Gontscharows „Oblomow", Flauberts „Madame Bovary" und Renans „Leben Jesu" gehören zu ihrer Lektüre. Doch ihr Vater verbietet sie ihr.[20] Später hatte sie kein Interesse mehr an anspruchsvoller Literatur. Ihr Geliebter hielt sie deshalb für „saublöd".[21] Vermutlich beruhte ihre Abstinenz von Intellektualität zu dieser Zeit bereits auf ihrer Furcht vor ihrer überbordenden Phantasie. So beschrieb sie ihre damalige Situation später: „Wenn ich nicht bald mit Denken aufhöre, werde ich wahnsinnig. Ich bin wahnsinnig. Die Hemmungslosigkeit der Phantasie ist eine schlimme Krankheit."[22] Der Mensch sei aus dem Paradies vertrieben worden, weil er angefangen habe zu denken. Erst auf der Theaterbühne habe sie gefühlt, dass dies ihre „Rettung“ sei. „Sowie ich auf der Bühne stehe, denke ich nicht mehr.“[23]

Als ihr bewusst wird, dass auch sie einmal sterben muss, das Leben „ganz kurz und die Zeit danach lang, lang, ewig, ewig, ewig“ währt, beschließt sie, „schnell viel [zu] erleben, ganz dicht.“[24] Auf ihr Drängen hin kommt sie in ein „Externat“, wo sie zum Ärger der Lehrer erneut das *enfant terrible* spielt, indem sie sich das Gesicht kalkweiß pudert und die Lippen rot anmalt. Sie formte ihr Gesicht als Maske für die Anderen, „obwohl das damals nur bei Huren üblich war.“[25] Daraufhin dürfen die Klassenkameradinnen nicht mehr mit ihr verkehren, „weil ich so ordinär aussah. Ich wurde ausgestoßen.“[26]

Das Make-up bleibt ebenso ihr Markenzeichen wie ihre Kurzhaarfrisur und ihr Hang zu auffallender Kleidung. Nach dem Besuch einer Modenschau des Pariser Couturiers Paul Poiret (1879–1944) war für sie klar: „Knallrot oder orange mußte das Kleid sein. Ich drückte einen schwarzen Hut tief auf meinen Kopf, Straußenfederplatten hingen über die Stirn, vor dem Gesicht ein dichter schwarzer Schleier, kalkweiß gepudert, blutrot gefärbte Lippen; so wandelte ich über den Kurfürstendamm. Natürlich wurde ich auf Schritt und Tritt angesprochen: ‚Sie sind ein Plakat des Lasters‘, sagte einer [...]. Mit jedem Mann war ich eine andere Frau. Ich war eine Schauspielerin, nur wußte ich es nicht. Kam ich nach Hause, war ich entspannt, fast glücklich. Ich hatte mich in viele Männer eingeprägt, aber berühren durften sie mich nicht. Sie waren Publikum, sonst nichts.“[27]

Hinter ihrer Stilisierung als Flaneurin stand demnach die lebenslange Suche nach Spiegelung in den Reaktionen ihres Publikums. Ihre Mittel, Reaktionen hervorzurufen, waren Provokation, äußere Nähe und innere Distanz. Die als „Bildakte“ und „Tonakte“ (Horst Bredekamp) zu definierende wechselseitige Wirkung zwischen ihr und den Zuschauern zieht sich durch ihr Privatleben und ihre Kunst auf der Bühne bis zur Einrichtung und Praxis im „Ziegenstall“.

Nach ihrer Schulzeit schreibt sie zunächst 1913/14 Modeberichte für die „Elegante Welt“. Die Ermordung des österreichischen Thronfolgers scheint die 22-Jährige nicht sonderlich erschüttert zu haben. Sie geht ins Café Kranzler, „wo man immer hinging, wenn etwas los war", und isst Apfelkuchen mit Sahne.[28] Die familiären Verhältnisse haben sich inzwischen verschlechtert. Ihr Vater hatte um 1908 die Firma verkauft und dafür am Alexanderplatz ein Haus gekauft. Seine Hoffnung, nach dem Um- und Ausbau Mieter zu gewinnen, blieb unerfüllt. Schließlich musste er es versteigern lassen und von vorn beginnen. Er wurde Geschäftsreisender.[29] Valeska übernimmt den Haushalt, erlebt den berüchtigten „Steckrübenwinter" 1917. Ihren Plan, Berlin zu verlassen, gibt sie schließlich auf.

Aus der Welt ihrer Eltern brach sie jedoch aus. Der Soziologe Georg Simmel definierte 1903 die Schwierigkeit des Großstadtmenschen, „in den eigenen Dimensionen des großstädtischen Lebens die eigene Persönlichkeit zur Geltung zu bringen."[30] Dies gelang Valeska Gert als Tänzerin, Schauspielerin und Kabarettistin. Als Künstlername verkürzte sie ihren zweiten Vornamen. Sie zählte in den folgenden Jahren zu den expressionistischen Künstlern, die in Film, Literatur, Malerei, im Theater und in der Musik für Aufbruch und Erneuerung standen.[31] Der Expressionismus, schrieb Valeska Gert 1922 in der „Weltbühne", sei der „persönlichste, unverfälschte und einzige Ausdruck des modernen Künstlermenschen." Er sei ihr „einziges Verständigungsmittel",[32] das sie schon als junges Mädchen gefunden hatte.

Dazu berichtet sie in einem Interview von 1972, sie habe mit sechs Jahren ihre erste und einzige Tanzstunde erhalten. Ihre spätere Art zu tanzen könne man nicht lernen, denn „[...] es waren realistische Halluzinationen, es entstand im Rausch und wurde gespiegelt von einem gummiweichen Körper, mit dem ich machen konnte, was ich wollte."[33] Als Schülerin habe sie das Bedürfnis gehabt, vor einem großen Spiegel zu tanzen: „Ich drehte mich und verlor jedes Bewußtsein von mir. Die Bewegungen kamen von selbst, sie flossen aus meinem Körper. Ich geriet in Ekstase."[34] Diese Selbstbeobachtung der Befreiung ihres Körpers aus bürgerlichen Konventionen setzte sie später in ihrer öffentlichen Kunst um. Ihr Freund und erster Biograph Fred Hildenbrandt (1892–1963), von 1922 bis 1932 Feuilletonchef des linksliberalen „Berliner Tageblatts", schreibt dort: „Den straffen und starken Körper läßt sie einfach los, wie es ihm einfällt."[35] Zum

Schlüsselerlebnis für den Tanz als Beruf wird für sie mit 15 oder 16 Jahren – wie für andere Tänzerinnen – ein Auftritt des klassischen russischen Balletts in der Komischen Oper in Berlin in der Spielzeit 1907/1908.[36]

Erste Tänze und Theaterengagements

Der Dramaturg an Max Reinhardts Deutschem Theater, Arthur Kahane, rät ihr 1915/16, nicht Tänzerin, sondern Schauspielerin zu werden und Unterricht bei der österreichischen Theaterschauspielerin Maria Moissi (1879–1932) zu nehmen.[37] Ende der 1920er Jahre schreibt er über ihre erste Begegnung: „[...] ich spüre das ungeheure Zeitgefühl in der grotesken Phantasie der Valeska Gert und erinnere mich, wie sie, ganz jung und damals noch mit dem Willen zum Sprechtheater, in ihren Anfängen mir allein einmal in meinem Büro mit Grammophonbegleitung die Kleopatra und die Salome halb vorgesprochen und halb vorgetanzt hat."[38]

Die junge Frau folgt dem Rat und wird Schülerin Maria Moissis. Beim Einstudieren verschiedener Rollen entwickelt sie ein elastisches, altersloses Körpergefühl: „Ich verlor meine Starrheit und wurde jung", erinnert sie sich später.[39] Auf Vorschlag Moissis nimmt Gert Kontakt zur Tanzlehrerin Rita Sacchetto (1880–1959) auf, die in einer Grunewald-Villa mit höheren Töchtern eine Ballettschule betrieb und die Darstellung von lebenden Bildern nach Gemälden einübte.[40] Sie hatten eine lange Tradition,[41] waren allerdings für Gert nicht das geeignete Mittel, ihren eigenen Stil auszudrücken. Auch ihre Erscheinung prädestinierte sie nicht für den klassischen Tanz.[42] Sie wählte einen anderen Weg, den sie im Februar 1916 auf der Bühne der Öffentlichkeit vorstellte. Rita Sacchetto ließ ihre Schülerinnen wie üblich am Ende des Schuljahres vor Publikum auftreten. Gert stellte einen „Bürgerschreck" dar. Ihr Kostüm, eine weite orangefarbene, über den Knien endende Pluderhose steigert die Dramaturgie ihrer Darbietung.[43] Der „Tanz in orange" provoziert und erzeugt erregte Reaktionen beim Publikum. Unter den Zuschauern im Blüthnersaal ist auch der Chef der Theaterabteilung des Polizeipräsidiums, Oberregierungsrat Carl Kurt Gustav von Glasenapp (1856–1937). Er war der „Oberzensor" Berlins. Dem Berliner Film- und Theaterkritiker Paul Erich Marcus (1901–1972) zufolge soll von Glasenapp zur Sacchetto gesagt haben: „Nein, gnädige Frau – das geht doch zu weit [...] Die da meine ich". Er habe auf Valeska Gert gezeigt. Von Glasenapp war vielleicht der erste, dem die groteske Schamlosigkeit dieser Tänzerin und Mimikerin auffiel, aber nicht der letzte.[44] Marcus sah in ihr „eine Sonderklasse der Exzentrizität".[45]

1968 beschrieb Valeska Gert, wie sie durch die Spontaneität ihres Tanzes damals eine neue impulsive groteske Körpersprache für sich gefunden habe: „Voll Übermut knallte ich wie eine Bombe aus der Kulisse. Und dieselben Bewegungen, die ich auf der Probe sanft und anmutig getanzt hatte, übertrieb ich jetzt wild. Mit Riesenschritten stürmte ich quer über das Podium, die Arme schlenkerten wie ein großer Pendel, die Hände spreizten sich, das Gesicht verzerrte sich zu frechen Grimassen [...]. Der Tanz war ein Funke im Pulverfaß. Das Publikum applaudierte, schrie, pfiff, jubelte. Ich zog, frech grinsend, ab. Die moderne Tanzsatire war geboren, ohne daß ich es wollte oder wußte. Und dadurch, daß ich unvermittelt süß nach frech, sanft nach hart setzte, gestaltete ich zum erstenmal etwas für diese Zeit sehr Charakteristisches, die Unausgeglichenheit."[46] Der Tanzkritiker Werner Suhr meinte 1927 in der Zeitschrift „Tempo", das Ballett sei „zu einem unfruchtbaren Schema geworden [...]. Mit Mary Wigman und Valeska Gert fing die neue, wesentliche Epoche des Bühnentanzes an."[47]

Die Technik, die sie benutzte, war diejenige des modernen Tanzes. Die Schweizer Tänzerin Julia Tardy-Marcus (1905–2002), die bis zu ihrer Emigration im Herbst 1933 u.a. in Berliner Kabaretts auftrat,[48] definiert sie wie folgt: „[...] der Körper sprach, der Mittelkörper, der im klassischen Tanz ja fast ausgeschaltet ist, da sprechen nur Beine, Arme, Hände. Bei uns sprach der Körper mit, die Hüften. Die moderne Tänzerin hat ganz andere Ausdrucksmittel als die klassische: sie artikuliert mit dem ganzen Körper."[49]

Teil ihrer Bühnenpräsenz war die dem jeweiligen Tanz angepasste Kleidung, mit der sie sich radikal vom klassischen Ballett löste. „Keine nackten Füße, keine Ballettschuhe, die Uniform der Tänzerinnen"[50] – zeigt sie ihre Abkehr vom Ballett. So passte sie stattdessen ihre Aufmachung zeitlebens dem jeweiligen Thema ihres Tanzes an. In ihrer Nummer „Japanische Groteske" (1917) trug sie ein bis zu den Knien reichendes schwarzes Kleid mit Fledermausärmeln, dazu eine Frisur, die an die der Samurai erinnert. Im „Spanischen Tanz" zeigte sie sich mit Rock, Bluse, Halstuch, Hut und Schuhen mit halben Absätzen. Für die Boxnummer wählte sie ärmellose Bluse, Shorts und Sportschuhe, wie sie Boxer bei ihren Kämpfen trugen. In „Nervosität" (1927) hatte sie ein Kleid an, dessen rechte Hälfte schwarz, die linke dagegen weiß war. Dazu hüllte sie ihr rechtes Bein in einen hellen, ihr linkes Bein in einen schwarzen Seidenstrumpf. Für die „Canaille" erscheint sie mit schwarzem Kleid, „nackten Beinen und hypermodernen Stöckelschuhen."[51]

1916 trat Valeska Gert auch an acht Abenden mit Sidi Riha, der Frau des Malers Erich Heckel, in den Lichtspielen am Nollendorfplatz auf. 1916/17 folgt ein einjähriges Gastspiel als „jugendliche Charakterspielerin" an den Münchner Kammerspielen unter dem Direktor Otto Falckenberg (1873–1947), unterbrochen von Tanzabenden in Berlin.[52] Unter den Zuschauern ist auch der 16-Jährige Bertolt Brecht, der sie aufsucht und ihr mitteilt: „Das, was Sie machen, darauf will ich hinaus."[53]

Im März 1918 heiratet Valeska Gert, inzwischen 26 Jahre alt, den Medizinstudenten und späteren Arzt und Philosophen Helmuth von Krause (1893–1980).[54] Damit ist sie endgültig von ihren Eltern unabhängig, während ihr Ehemann ihr volle Freiheiten gewährt. Für ihn ist diese Ehe wohl auch eine Möglichkeit, sein eigenes Leben weiterführen zu können, stand doch zu jener Zeit Homosexualität noch unter Strafe. In Berlin erlebt Valeska Gert 1918/19 den Zusammenbruch des Kaiserreichs. In den folgenden Jahren will sie am Aufbau des Neuen mithelfen,[55] mitwirken an der Erschütterung von Normen und Tabus.[56] In der Künstlerszene der Stadt kann sie sich voll ausleben und zu einer ihrer Protagonistinnen werden.

In der Spielzeit 1918/19 ist sie u.a. am Deutschen Theater in Berlin engagiert. Es ist die Zeit, in der Max Reinhardt dort expressionistische Dramen inszeniert. Am 30. September 1919 tritt sie als „Skelett im Winkel" in Ernst Tollers Stück „Die Wandlung" im Theater „Die Tribüne" auf, das sich im Saal des Viktoria-Studienhauses in Berlin-Charlottenburg in der Berliner Straße 36/37 befand. Für ihren Mitspieler Fritz Kortner war die Inszenierung der künstlerische Durchbruch als Schauspieler. Das Neue in der Aufführung charakterisierte er 1959: „Karlheinz Martin als Regisseur war angelegentlich um einen äußeren, optischen Stil bemüht. Der Expressionismus auf der Bühne hielt seinen Einzug durch schiefe Türen, meistens ohne Wand. Der nur angedeutete Schauplatz wurde bizarr beleuchtet. Das Wort blieb unerhellt, wenn nicht der Schauspieler es beleuchtete."[57]

Das Publikum

Die ungewöhnliche Wirkung der Tänze Gerts auf ihr Publikum hatte sich schon 1916 gezeigt. Bei ihren den Auftritten mit Sidi Riha erzeugte sie geradezu Aufruhr: „Jeden Abend brachen die tollsten Skandale aus, Riesenlärm, wenn ich meine wahnsinnigen Schritte machte. Die Menschen brüllten, klatschten, sie waren enthemmt, warfen mit Gegenständen nach uns. Die zarte Sidi fiel halb ohnmächtig in die Kulissen, für mich war der Krach Lebenselement, ich wollte die Menschen in Bewegung bringen, je mehr sie brüllten, desto kühner wurde ich. Ich wollte über alle Grenzen hinaus, mein Gesicht verwandelte sich zu Masken, mein Rhythmus knallte, bis ich wie ein Motor stampfte. ‚Das ist der Durchbruch vom ästhetischen zum dynamischen Tanz einer neuen, härteren Zeit', sagten meine Anhänger, wenn sie aufgeregt in meine Garderobe stürzten."[58] Nach Fred Hildenbrandt waren Valeska Gerts Tanzabende „berühmt und berüchtigt" und teilten das Publikum in Entrüstete und Entzückte.[59] „Die Zuschauer, die über gewisse sittliche Anschauungen nicht hinauskamen, pfiffen und brüllten, und viele standen auf und gingen. Der Gert machte das Spaß. Sie zeigte dann die strammen Formen ihres Körpers umso ungenierter. Aber sie tanzte nicht nur Frivoles und Unzüchtiges (was man so unzüchtig nennen könnte), sie ‚tanzte' zum Beispiel oft dunkle, düstere und ernste Themen."

Die Tänzerin erlebte die Macht, die ihr durch das Tanzen zuwuchs: „Ich konnte meine Zuschauer erschrecken und beruhigen, abstoßen und anziehen, ja, ich konnte sogar machen, daß sie mich lieben [...]. Ich spielte mit ihnen wie mit den Männern auf der Straße. Nur war es jetzt viel berauschender, weil man mir zusah. In Trance machte ich die Bewegungen dieser Welt, die ich so liebe."[60] Hier beschreibt sie sich als Medium einer Kunst, die aus ihrem Inneren kommt und deren Energie sie durch ihre Bewegungen und ihren Rhythmus visualisiert. Die musikalische Begleitung durch Klavier, Bandonium, Leierkasten,

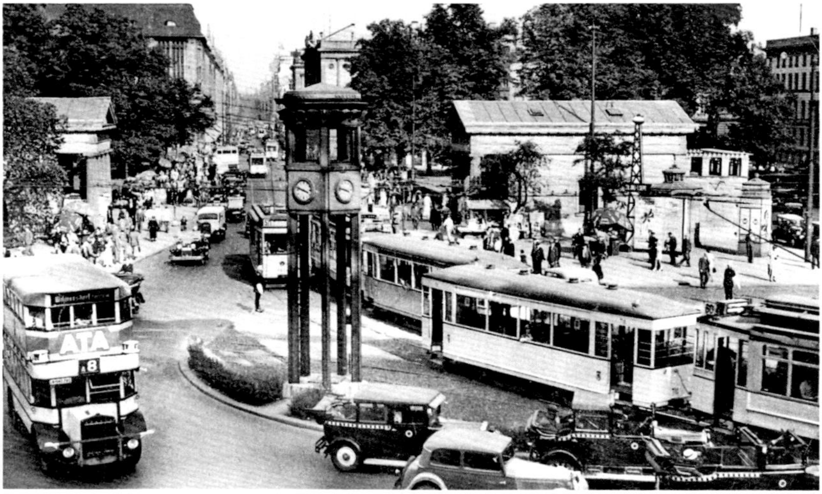

Berlin, Potsdamer Platz: Dichter Verkehr rund um den Verkehrsturm, 1930

Saxophon oder Wurlitzer Orgel[61] verstärkten, wie es Jackson Pollock für seine Kunst formulierte, das „Ausagieren von Kräften [...]" durch Tonakte, „die durch den Künstler hindurch gehen."[62] 1935 gab sie in der Zeitschrift des jüdischen Kulturbundes unter der Überschrift „Über sich selbst" nochmals Rechenschaft über die Entstehung ihrer Tänze: „Wenn ich die Tänze erfinde, das ist ganz verschieden. Manchmal ist es so, daß ich tagelang von einer Spannung beherrscht werde [...]. Dann mache ich irgendwelche Bewegungen. Erleichtern sie mich, dann sind sie gut. Ich bleibe dann mit Absicht so lange in diesem Zustand, bis sich genügend Formen gebildet haben. Manchmal geht es schnell und mühelos in einer Viertelstunde, manchmal gelingt es nicht und durch Jahre mache ich immer wieder den Versuch, die Spannung zu gestalten, bis auf einmal die Lösung von selbst da ist [...]. Bei manchen Tänzen stellt sich erst auf der Bühne heraus, daß sie unbrauchbar für mich sind [.,..]. Bei Zirkus, Kino, Variété, Sport kam die Erfindung von der Freude an der Buntheit und aus der Lust an einfachen, eindeutigen Bewegungen [...]. Ich nehme nur einfache, melodiöse Musik. Ich habe noch nie eine Musik gehabt, die man nicht auf jeder Eisbahn spielen kann [...]. Die Tempi verlangsame ich manchmal übertrieben oder nehme sie fünffach schnell, so daß dann meine Bewegungen wie mit Zeitlupe oder mit Zeitraffer gemacht aussehen. Akzente unterstreiche ich, Gegentöne lasse ich weg."[63]

Das Berlin der 1920er Jahre

Valeska Gerts Entwicklung als Tänzerin, Kabarettistin und Schauspielerin war ohne die Kulturszene im Berlin der 1920er Jahre nicht denkbar. Berlin war zu dieser Zeit in Deutschland das Zentrum moderner Literatur, Filmkunst, Musik, Theater, von Rundfunk und Verlagen. Der Erste Weltkrieg hatte gewissermaßen als Transmissionsriemen für den nun einsetzenden Modernisierungsprozess gedient.[64] Der Theaterkritiker Herbert Ihering (1888–1977) schrieb 1965 rückblickend über die spezifische Verbindung von Technik und Lebensgefühl:[65] „Ich war mitten drin in diesem jungen und frischen Berlin [...]. Nein, ich hätte es in diesem ersten Jahre nicht ertragen können, weitab im Westen zu sitzen, fern von den Lichtreklamen, donnernden und dampfschnaubenden Stadtbahnzügen, fern von Autobussen, Motor- und Pferdedroschken! Die Großstadtgeräusche waren noch andere. In die Hupensignale der Autos mischten sich klappernde Hufe und Peitschenknallen. Kein Radio tönte aus den Fenstern, sondern die ersten krächzenden Grammophonlaute und das Dröhnen der Orchestrions aus den Stehbierhallen."[66] Die Inflation von 1923 verstärkte die Gier der Menschen nach Leben, eine Vergnügungssucht ohne Tabus. Für den Literatur-, Film- und Theaterkritiker Hans Sahl (1902–1993) gehörte man zum Kreis der kulturell Tonangebenden nur, wenn man „das letzte Stück von Brecht, die letzte Inszenierung von Piscator, Jessner, Reinhardt gesehen, die letzte Kritik von Kerr

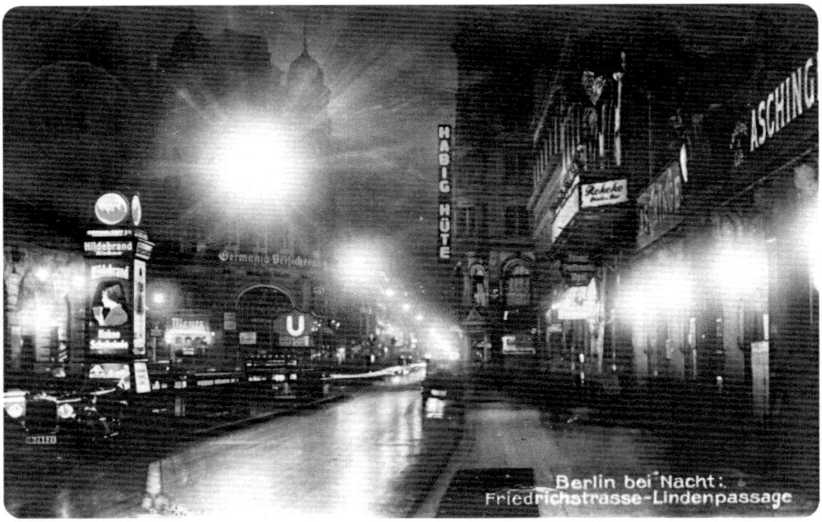

Berlin, Friedrichstraße, Postkarte, 1929

oder Ihering gelesen" hatte, wenn man „auf dem laufenden war über die Konzerte von Furtwängler, Toscanini, Klemperer, Kleiber [...], über Chaplins ‚Goldrausch', über Gershwins ‚Rhapsody in Blue' und den ‚Zauberberg' von Thomas Mann [...], über das Sechstagerennen [...], über Freud und Einstein und die atonale Musik."[67]

Aus der Rückschau von 1968 galten Valeska Gert die „Goldenen Zwanziger Jahre" als golden, weil die „noch springlebendige russische Revolution [...] allen Künstlern Elan gab und die Theater verführte, sich zu erneuern."[68] Der Komponist Max Colpet (1905–1998) erlebte als junger Mann „eine Atmosphäre, ein Flair, eine Turbulenz, die einmalig war."[69] Unbeschreiblich sei das allgemeine Interesse „an allem was neu und modern war" gewesen. Der Maler und Kunstkritiker Amédée Ozenfant (1886–1966) bezeichnete die Stadt 1931 als das „Paradies der Elektrizität [...]. Lichtsäulen machen die Nacht sonnenhell [...]. Keine europäische Stadt ist großstädtischer."[70] Und der Journalist Paulus Schotte [Paul Elbogen, 1894–1987] meinte 1929: „Und die Nächte! Da flimmert die Stadt, glitzert, zittert in den Nerven ihrer Elektrizität [...]. Berlin [...] platzt vor Vitalität. Das ist sein Zauber."[71]

Die Stadt übte nicht zuletzt eine starke Sogwirkung auf junge Schauspieler, Sänger und Tänzer aus. Schon im November 1920 hatte die „Berliner Illustrierte Zeitung" geschrieben: „Die Tänzerinnen-Flut schwillt in Berlin noch immer weiter an. Allnächtlich gibt es Tanz-Vorführungen in den großen Konzertsälen, bei denen Novizen die Gunst des Publikums und der Kritiker einzufangen suchen."[72] 1927 boten allein 49 Theater, davon drei Revuetheater, 75 Kleinkunstbühnen und drei Opernhäuser viele Beschäftigungsmöglichkeiten,[73] außerdem 22 Cabarets.[74] Sebastian Haffner (1907–1999) erinnert sich, junge Paare gesehen zu haben, die „durch die Straßen der Vergnügungsviertel wirbelten. Überall war jeder mit der Liebe beschäftigt mit Hast und Lust."[75] „Man war fröhlich, kolossal fröhlich. Heißa, der Krieg war vorbei", heißt es bei George Grosz (1893–1959).[76] Max Schmeling sah bei seiner Ankunft in Berlin „überall an Litfaßsäulen, Ladentüren und Häuserwänden Plakate. Die Stadt schien nur aus Theaterpremieren, Sportveranstaltungen und Varietévergnügungen zu bestehen."[77]

Dem russischen Schriftsteller Andrej Bely (1880–1934) zufolge, den es wie Hunderttausende seiner Landsleute auf der Flucht vor der russischen Revolution 1921 nach Berlin gezogen hatte, gab es in der Stadt allein „an die hundert Homosexuellen- und Lesbierinnencafés."[78] Aus der bürgerlichen Sicht Stefan Zweigs (1881–1942) befand man sich im „Babel der Welt [...]. Den Kurfürstendamm entlang promenierten geschminkte Jungen mit künstlichen Taillen und nicht nur Professionelle [...]. Selbst das Rom des Sueton hat keine solche Orgien gekannt wie die Berliner Transvestitenbälle, wo Hunderte von Männern in Frauenkleidern und Frauen in Männerkleidung unter den wohlwollenden Blicken der Polizei tanzten. Eine Art Irrsinn ergriff im Sturz aller Werte gerade die bürgerlichen, in ihrer Ordnung bisher unerschütterlichen Kreise."[79] Die Journalistin Stéphane Roussel, die ab 1930 in Berlin arbeitete, bemerkte 1985: „Man lebte und sündigte hier, wie man wollte [...]. Jeder fand sofort, wonach ihm der Sinn stand [...]."[80] „Wer noch nicht aufgeklärt war oder es wieder mal wissen wollte", so der Komponist Friedrich Hollaender (1896–1976), „besuchte die Marmorhaus-Lichtspiele am Kurfürstendamm, wo die Serie der Aufklärungsfilme am laufenden Band ablief. Sie konnten gar nicht so schnell hergestellt werden, wie sie verschlungen wurden. Prostitution und Syphilis zeigten unter dem Deckmantel der Abschreckung ihre Reize, von namhaften Darstellern verkörpert."[81] Für die Schriftstellerin und Ärztin Charlotte Wolff (1897–1986) war „der Himmel nicht irgendwo über uns, sondern hier auf Erden, in der deutschen Hauptstadt – Berlin."[82]

Der ab 1927 in Berlin arbeitende britische Korrespondent des „Daily Express", Sefton Delmer (1904–1979), kommentierte dagegen 1962 rückblickend: „Wenn ich jetzt zurückdenke, sehe ich den irrsinnigen Wirbel des Berlin von 1928 und 1929 als eine Art pompejanisches Gelage am Vorabend des Vesuvausbruchs."[83] Unübersehbar waren auch die Schattenseiten der Stadt, denn die politischen und sozialen Zustände der Nachkriegsjahre hinterließen viele Spuren in der Vier-Millionen-Metropole. In den „Quartieren der Armut" im Norden und Osten der Stadt fristeten Menschen ihr elendes Dasein.[84] Der Norden, schreibt 1928 der russische Schriftsteller Ilja Ehrenburg (1891–1967), sei „arm bis zum Ausflicken [...]. Dagegen erscheint nirgends der Luxus so provozierend wie im Berliner Westen."[85] Andrej Bely sah „reihenweise Bettler, ohne Arme und Beine, die Kriegsinvaliden von Vierzehn/achtzehn", die „vor den prächtigen Läden" saßen.[86] „Bettelnd standen diese Menschen mit ihren ausgehungerten Kindern an den Ausgängen der Bars und der Tanzdielen, die wie giftige Pilze aus dem Boden schossen", berichtet die Kabarettistin Trude Hesterberg (1892–1967) in ihren Lebenserinnerungen.[87] Salka Viertel beschreibt die Gegensätze mit ihrer Charakterisierung der „Kriegsgewinnler": „Sie lebten in Cafés, Restaurants und Nachtlokalen aus dem vollen; hungernde Arbeitslose, Kriegskrüppel und bettelnde Kinder machten auf sie keinen Eindruck."[88] George Grosz hat diese Gegensätze vielfach in seinen Bildern aufgegriffen.

Tanzwut

Mit dem Tanzen befand sich Valeska Gert im Trend der Zeit. Tanzen galt als zentrales Ausdrucksmittel für die neue Körperlichkeit. Hermann Hesse (1877–1962) verarbeitete es in seinem Roman „Steppenwolf" (1927) literarisch, Otto Dix (1891–1969) setzte es 1928 in seinem Triptychon „Großstadt" ins Bild.[89] Klaus Mann schreibt über die Tanzwut der Jahre 1923/1924: „Der Tanz wird zur Manie, zur idée fixe, zum Kult [...]. Kriegskrüppel und Kriegsgewinnler, Filmstars und Prostituierte, pensionierte Monarchen [...] und pensionierte Studienräte [...] – alles wirft die Glieder in grausiger Euphorie [...]. Man tanzt Foxtrott, Shimmy, Tango, den altertümlichen Walzer [...]."[90] Die Berliner Gesellschaft traf sich ab 1924 zur Musik von Spitzenorchestern zum täglichen Tanztee im „Adlon" oder im „Hotel Eden". Reiche Damen, aber auch arrivierte Schauspielerinnen wie Carola Neher, deren Ehemann Klabund (Alfred Henschke) wegen eines Lungenleidens nicht tanzen konnte, suchten vor allem das „Eden" auf, wo Eintänzer wie der spätere Filmregisseur Billy Wilder sie zu Charleston, Slowfox oder Tango aufforderten.[91] Hubert von Meyerinck schreibt 1967 über diese „Tanzwut": „Auch eine große Mode der zwanziger Jahre bildeten die Tanzzirkel. Sie schossen wie Pilze aus der Erde. Bei gräßlich dünnem Tee und scheußlichem Kuchen quälte man sich zu Klavier- oder Grammophonmusik durch Tango oder Charleston. Aber es galt als chic, daran teilzunehmen und die neuen Tänze zu lernen."[92] Fred Hildebrandt erzählt, dass Valeska Gert vor allem vom Jazz fasziniert war, der durch seine mitreißenden Synkopen mit dem Althergebrachten brach: „[...] ein Jazz fährt ihr in die Beine und in die Schultern und in die Seele. Bei einer richtigen Negermusik fühlt sie das Himmelreich und die Seligkeit."[93]

Grotesktanz

Mit der Wahl ihrer Tanzthemen und in der Ablehnung der Formensprache des Ausdruckstanzes unterschied sich Valeska Gert von Isodora Duncan und von Mary Wigman. Diese, so Gert 1968, tanze „die pseudoklassischen Bewegungen mit Energie“[94] und sei „eine modernisierte Duncan“. „Die Struktur eines Themas“, die die Abstraktion des Kunstwerks ausmache, werde bei Mary Wigman nicht sichtbar. „Ihr gelang es nur, wie manchen ‚Abstrakten‘ das Klare zu verwirren, anstatt das Verwirrte zu klären.“[95] Ihre Kompositionen seien „konstruiert“ und blieben deshalb teilweise „starr“. Diese Kritik äußerte Valeska Gert 1926 auch öffentlich im „Querschnitt“.[96] Sicher hat zu diesem Urteil beigetragen, dass Wigman Kostüme und Masken benutzte, die sie entpersonalisierten.[97] Aus denselben Gründen entsprach auch die getanzte Geometrie des Körpers, die der Bauhauskünstler Oskar Schlemmer 1922 mit seinem neusachlichen „Triadischen Ballett“ auf die Bühne brachte, nicht Gerts Kunstauffassung. Denn Schlemmer strebte die „Entmaterialisierung des Körpers“[98] an, der gleichsam mechanisch mit mathematischer Präzision agiert. Indem seine Tänzer Masken trugen, nahm er ihnen ihre Individualität.[99] Wie man sich dieses Ballett vorstellen muss, beschrieb die „Berliner Illustrierte Zeitung“ anlässlich einer Aufführung am 3. Oktober 1926 im Rahmen der Metropoltheater-Revue: „Der menschliche Körper mit dem Kostüm wird zum Apparat, zum Mechanismus – gewissermaßen technisches Spielzeug. Da sieht man rotierende Scheiben, Kugelgelenke, Kolben [...]. Neue Rhythmen, die Rhythmen von Maschinen, sausend, stampfend, singend wie der Motor singt, reißen die Gestalten des Balletts mit sich fort in zwangsläufige Bewegungen, die Apparate kommen in Gang, in Schwung. Der Zuschauer erhält den Eindruck, daß einzelne Teile einer Maschine Arme und Beine bekommen haben und nun in phantastischen Bewegungen tänzerischen Ausdruck finden.“[100] Valeska Gerts eigenen Tanzstil schildert der Schriftsteller Moritz Goldstein (1880–1977) anhand eines Auftritts im Jahr 1921: „Valeska Gert: nur sie selbst, auch in ihren erfindungsreichen Kostümen. Phantastik, Komik, Groteske, Karikatur, beißende Ironie, lächelnder Humor, und das alles durch nichts als durch Bewegung und Mimik. Etwa eine Nummer ‚Kupplerin'. Sie spielt nicht pantomimisch die Kupplerin, sondern sie übersetzt den Begriff, den Empfindungskomplex, die Anschauung in ihre Ausdrucksmittel [...]. Und immer die Gewagtheiten durch Grazie gebändigt. Kein Wunder, daß das Publikum sich wie besessen gebärdet. Aber auch darin ist sie Künstlerin, daß sie sich keine Dacapos ablocken läßt."[101] Sie selbst bezeichnete ihre Art, sozialkritisch zu tanzen, in Abgrenzung zu Mary Wigmans Ausdruckstanz als „Grotesktanz",[102] mit dem sie in gewisser Weise eine Außenseiterin blieb. Eine Schule wie Rudolf Laban oder Mary Wigman begründete sie nie. So schreibt sie 1950 in ihrer dritten Autobiographie: „Jede Tänzerin, die etwas auf sich hielt, hatte von nun an ein Straßenmädchen in ihrem Programm. Nur drehten sie den Sinn um. Wo ich peitschte, kitzelten sie. Sie bestätigten die Gesellschaft, die ich anklagte."[103] Der Kritiker beim „Berliner Tageblatt", der Schriftsteller Max Hermann Neiße (1886–1941), der mehrere ihrer Auftritte sah,[104] brachte es auf den Punkt: Sie lege „keinen Wert auf Nettigkeit", sondern „verfolgt die Wahrheit bis ins eklatant Häßliche, ja sie hat eine besondere Genialität, die heuchlerisch verheimlichten Nachtseiten unserer Welt preiszugeben, lügnerisch Umschleiertes bloßzustellen."[105]

Mit ihren Tänzen gab Valeska Gert ihrer Zeit ein Gesicht. Bereits in ihrer ersten Autobiographie von 1930, die 1931 erschien, schreibt sie über die verschiedenen Perspektiven ihrer Bühnenpräsenz: Ihre Tänze seien nicht „improvisiert [...]. Jede einzelne Bewegung war festgelegt. Dadurch aber, daß ich die ‚Kanaille' einmal aus Einsamkeit, das andere Mal aus Leichtsinn, einmal aus Verdorbenheit, ein andermal aus Keuschheit tanze, die Tänze also jedesmal von neuem erlebe, verschiebt sich der Ausdruck und die Schritte scheinen improvisiert."[106]

Die rhythmische Visualisierung im dynamischen Tanz entsprach einem Motiv, das sie 1924 auch in Walter Ruttmanns zweitem abstrakten, handkolorierten Kurzfilm „LICHTSPIEL OPUS 2“ sah: „Ruttmann hat dem Film die bewegte absolute Malerei geschenkt; Ruttmann löst sich von allem Gegenständlichen und läßt Kugeln, Kreise, Keile in einem von innen heraus empfundenen Rhythmus spielen [...]. Diese Formenspiele sind, weil sie wirklich erschüttern können und weil sie rein und klar im Aufbau sind, Kunstwerke.“[107] Sie sah sich demnach mit ihrem Tanz im Rhythmus, in den geometrischen Formen und Farben des am 3. Mai 1925 uraufgeführten Films repräsentiert.

Valeska Gerts Stil führt zu intensiver Berichterstattung im Feuilleton der 1920er Jahren. Der Schriftsteller und Tanzkritiker Alfred Richard Meyer (1882–1956) meinte 1922 in der bedeutenden Kulturzeitschrift „Querschnitt“: „Valeska Gert darf für sich heute die Erkenntnis berufenen Publikums in Anspruch nehmen, dass ihr Tanz, will heissen: ihre programmatisch zu Torsi verdammten Psychodramen in das Metaphysische hineinwuchsen. Heute. Vielleicht noch vor einem Jahr war das etwas anders.“[108] Der Journalist F. Böhme kommentierte einen Auftritt in Berlin nach ihrer Tournee durch die Sowjetunion: „Jeder Abend Valeska Gerts trägt neue Züge.“ Ihre Schöpfungen seien „weder auswendig gelernt und vorgetragen, noch bis zum Automatismus durchinstrumentiert. Sie werden jedesmal im Augenblick der Produktion *neugeschaffen* [...]. Der ganze Ablauf des Gebildes läßt sich nicht *mechanisieren*, weil er immer wieder einmalig ist.“[109] Ähnlich äußerte sich 1924 Alfred Richard Meyer: „Das, was sie jedes Jahr bietet, immer anders bietet, ist mehr als das, was man gewöhnlich mit dem Schlagwort „Vertiefung“ zu bezeichnen pflegt. Sie ist längst über sich hinausgewachsen, über die Groteske, ins Visionäre, Dämonische, Verruchte, Böse ... Valeska Gert – das ist ein Stück Balzac, Flaubert, Huysmans, Zola.“[110]

Der Schriftsteller und Theaterkritiker Frank Thiess (1890–1977) erörtert ihre Kunst in seinem Buch „Der Tanz als Kunstwerk“ von 1923 am Beispiel des „Spanischen Tanzes“: „Ein paar flackernde Armbewegungen, einige lässige Gesten, und die spanische Tänzerin, wie sie ein halbes Jahrhundert lang auf den Varietés aller fünf Weltteile beklatscht wurde, steht vor uns [...]. Die Künstlerin, der ihre

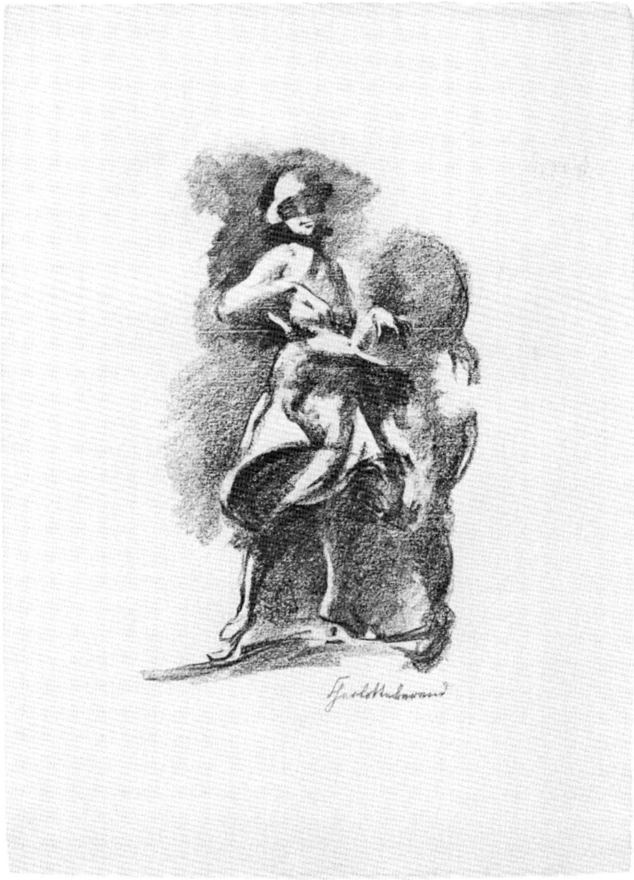

Charlotte Berend Corinth,
Valeska Gert,
„Spanischer Tanz“,
1920
Lithographie

starke schauspielerische Begabung hierbei sehr zustatten kommt, ohne störend in das Gewebe des Tanzes einzugreifen, darf wohl die Ehre beanspruchen, als erste die Karikatur in den Tanz als berechtigte Kunstform eingeführt zu haben.“[111]

Für Fred Hildenbrandt war Valeska Gert „die einzige wirkliche sogenannte Grotesktänzerin, oft kopiert, nie erreicht [...]. Jeder ihrer Tanzabende brachte einen Skandal.“[112] „Ein Ereignis“ nannte der Tischler Max Fürst (1905–1978) Valeska Gerts „freche Tänze.“[113]

Die Themen

Während ihrer Zeit im New Yorker Exil versuchte sie, ihrem neuen amerikanischen Publikum die Aufgaben einer Tänzerin zu erläutern. In ihrem englischsprachigen Manuskript heißt es dazu: „to reveal the distortion of the bourgeois" und „to show our daily life in movements".[114] Ihre Umsetzung gesellschaftskritischer „symbolischer Formen" (Ernst Cassirer) des Großstadtlebens, wie sie es in den 1920er Jahren erlebte, kommentierte 1927 der Theaterregisseur und Schriftsteller Rudolf Frank (1886–1979): „Summarischer Ausdruck dieser Zeit ist [...] Valeska Gert, die Tänzerin, aus deren vollem Leib ein eingefleischter Trieb das Abbild, den Extrakt und die Kritik alles Gegenwärtigen aufpeitscht: ein Zeittheater [...]. Die Gert tanzspielt Untergrundbahnen und Untergrundgefühle der Großstadt, Straßengewirr, Rauschgifte, Film, Ramschbazare, verwüstete Gassenmädel, Demi-Vierge und dumpfe Amme, Expressionismus und Sachlichkeit [...]."[115] Die Tänzerin suchte die „Typen, das Extreme"[116] in einer solchen Ausprägung, dass sie sogar in der Berliner Tanzszene als enfant terrible galt. Das Großstadtgefühl visualisierte sie, so die Theaterwissenschaftlerin Susanne Foellmer 2006, durch „Raffung und Kondensation, Beschleunigung, Dehnung und Zeitlupe sowie Stockung".[117] Sie selbst beschreibt das u.a. am Beispiel ihres Tanzes „Verkehr": „Ich tanze hastig hin- und herrennende Menschen, Gedränge, Autos, Verkehrsschutzmann."[118] Rhythmus und Richtung der Bewegung im Tanz ändern sich unentwegt, seine Elemente geraten in eine enthierarchisierte Ordnung. Der Zuschauer erfährt verschiedene Zeitebenen, die Wahrnehmung „de-synchronisiert [...], sensibilisiert für die jeweilige Einzelleistung des betreffenden Elements".[119] Mit solchen Stilmitteln wird Valeska Gert nach eigenen Angaben zum „Schrecken aller Pianisten":[120] „Das Baden-Badener Orchester lief während der Probe geschlossen weg. Peter Kreuder [...] begleitete mich einmal und nie wieder. Fred Witt bekam einen Herzschlag [...]. Wirklich

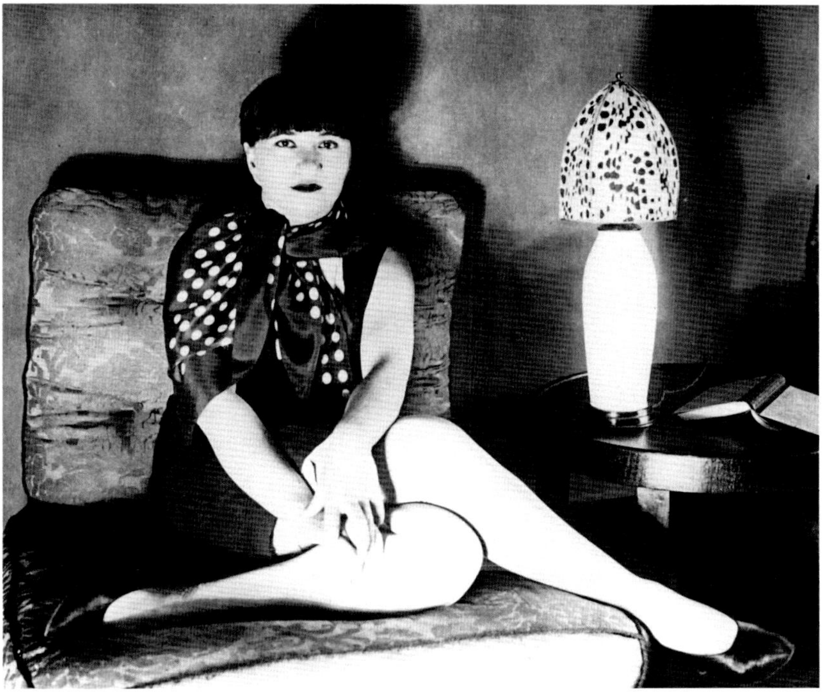

Valeska Gert, um 1925

ideal war nur die Armenierin Kalamkarien." Den Gegenentwurf, nämlich Mechanisierung und Normierung des Körpers, zeigten die Revuetheater mit ihren Revuegirls.[121] Deren Körperbewegungen verglich Siegfried Kracauer (1889–1966), ein Schüler des Soziologen Georg Simmel, 1931 mit der Effizienz und Leistung einer Maschine.[122]

Für den Tanzkritiker Josef Lewitan, Herausgeber von „Der Tanz", gewann Valeska Gerts Kunst der tänzerischen Visualisierung von Randgruppen der Gesellschaft besondere Stärke. Er schreibt 1927: „Es ist die Welt ihrer herrlichen Kanaille, die Welt des Kokain-Rausches und der Dirnen, der in Menschen fortschreitenden Verwesung und des Ekels. Sie hat den Mut, diese Welt zu gestalten und sie gestaltet sie stark und groß [...]."[123] Und 1932 formuliert er: „Valeska Gert spiegelt in ihrer Kunst die Diskrepanzen des Lebens, dessen

Antinomien, die Widersprüche unseres Heute [...].“[124] Sie verkörperte sich selbst und zugleich den Sozialkörper, die Gesellschaft in ihren Zuständen. Der Kontakt Valeska Gerts zum Publikum als Resonanzkörper blieb gleichwohl auf einer Ebene, die ihr innere und körperliche Distanz ermöglichte. Dazu schrieb Klette-Barein in der „Münchener Sonntags-Zeitung“ treffend: „So sind in ‚Variété‘, ‚Zirkus‘, ‚Ballett‘ der Gert Parodien derart bestrickend, daß ihr Publikum da capo ruft, was sie, höhnisch lächelnd, versagt (außer man tobt wie nach ‚Zirkus‘). Ein erstes Mal zeigt sie Durchbruchsstrümpfe mit Strumpfbändern und Strumpfhaltern; entzückende Dessous, die volle Oberschenkel entblößen, aber das zeigt sie nur um des Tanzes willen und zeigt es nur einmal [...] lächelt höhnisch herab [...] Bilder kamen und zerrannen, der Gert Lächeln glitt wirkungslos vorbei an klatschenden Spießern, die dachten, es gelte dem Nachbarn.“[125]

Die „Neue Frau“

Mit ihrem Tanz brachte Valeska Gert die „Neue Frau“ auf die Bühne, die ein Signet der Modernisierung nach dem Ersten Weltkrieg war. Frauen hatten jetzt nicht nur das Wahlrecht, sondern auch die Lebensweise vieler änderte sich. Der französische Journalist und Schriftsteller René Jouglet (1884–1961) schrieb 1931, die „deutschen jungen Mädchen und Frauen“ befänden sich „zur Zeit in einem Strom der Freiheit pla[t]ziert [...], in einem Zustand der Selbstbestimmung, der bei uns in Frankreich kaum bekannt ist.“[126] Dem neuen Typus entsprach Valeska Gert in vielerlei Hinsicht. Das begann mit ihrem Haarschnitt, dem Bubikopf.[127] Kurzgeschnittenes Haar für die Frau hatte bereits die Lebensreformbewegung der Jahrhundertwende propagiert.[128] Es war aber auch schon damals nur eines der Merkmale der Bohème, die der Journalist Egon Erwin Kisch (1885–1948) 1922 beschrieb. Ihm zufolge habe man bereits vor und während des Ersten Weltkrieges im Café des Westens Frauen der Bohème angetroffen, die „kurzgeschnittene Haare hatten, Zigarren rauchten und Stehkragen trugen“[129], manche auch ein Monokel. Der Bubikopf verbreitete sich erst nach dem Ersten Weltkrieg, aus Amerika kommend. Modeschöpferinnen wie Coco Chanel und die Tänzerin Isadora Duncan machten ihn in Europa populär.[130] Der Schriftsteller Heinrich Mann (1871–1950) sah 1928 im Bubikopf eine praktische Angelegenheit und zugleich ein Symbol der Demokratisierung. Er sei „nicht nur hübsch, auch praktisch [...]. Kurze Haare durften nicht ausbleiben, nachdem die Figur der Dame knabenhaft geworden war. Hiervon abgesehen läßt sich damit besser sowohl tanzen und Sport treiben, wie auch in den Fabriken arbeiten [...]. Die Erfindung kommt allen gelegen. Es gibt etwas, worin jede wie die Arbeiterin und jede wie die Dame denkt.“[131]

Damit sprach Mann den Typus der selbstbestimmten Frau an, die Erfolg im Beruf hat und eine durch und durch sportliche Erscheinung ist. Sie fuhr Auto, spielte Tennis, ritt und boxte. Maler und Malerin-

Die „Neue Frau“, aus: „Die Dame“, Heft 21, Juli 1929

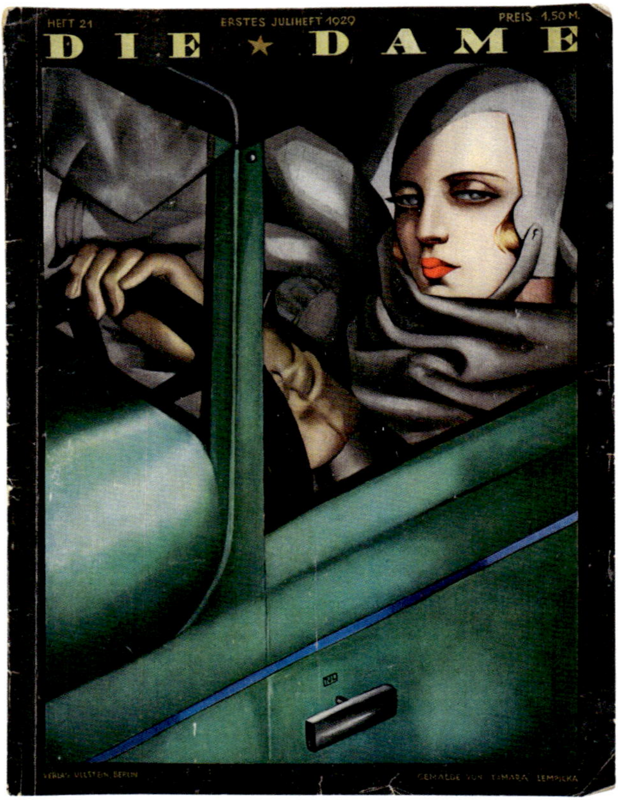

nen porträtierten solche Frauen aus dem Großbürgertum und aus Künstlerkreisen,[132] und Couplets besangen sie.[133] Presse, Werbung, Romane, Film, Revuen und Kabaretts machten den neuen Typ Frau populär.[134] Rasch entwirft die Modeindustrie passende Kleidung für die Frau: für Auto- und Flugsport, für das Golfen, Baden, Tennisspiel, Skilaufen, Reiten und Boxen. Dabei vollziehe sich die „modische Ausgestaltung des Sportanzugs“, so die Journalistin Lil Picard (1899–1994), „in der Abwandlung von Material und Schnitt.“[135] Die Kosmetikindustrie erlebt einen Aufschwung; sie hat besonders die berufstätige Frau, die weibliche Angestellte, im Blick.[136] Ab Mitte der 1920er Jahre gehörte auch das Schminken zum Gesicht der „Neuen Frau“.[137]

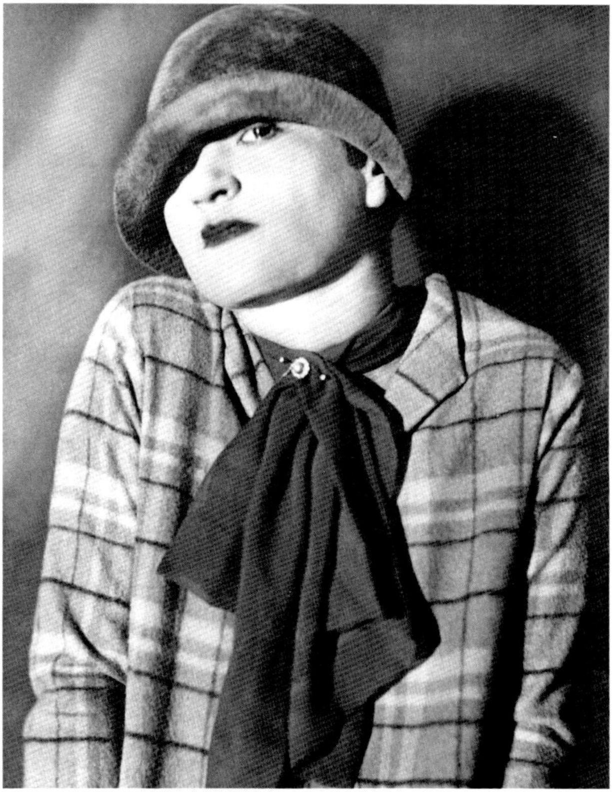

Valeska Gert als „Neue Frau“, 1926

Valeska Gert entsprach dem Ideal äußerlich nur begrenzt, denn sie war weder von androgyner Erscheinung, noch sah man sie mit Zigarette und Monokel. Doch ihr Haarschnitt und ihre Kleidung im Privatleben entsprachen dem der „Neuen Frau“. So zeigt ein Foto von 1926 sie im modischen Karokleid mit einer jabotartigen Tuchschleife. Zur Kurzhaarfrisur trägt sie einen Topfhut,[138] ebenso auf einem Foto, das sie 1929 zusammen mit dem Regisseur Sergej Eisenstein (1898–1948) anlässlich ihrer Tournee in Moskau zeigt.[139] Die fast gleichaltrige Berliner Malerin Jeanne Mammen (1890–1976), die in vielen Illustrationen für Zeitschriften die Themen „Neue Frau“, Theater und Kabarett aufgriff, war von Valeska Gert fasziniert. Wiederholt porträtierte sie sie.[140]

Als Tänzerin kam Valeska Gert die Aufmerksamkeit für den weiblichen Körper, die mit der „Neuen Frau“ verbunden war, entgegen. So reflektierte sie zeitlebens ihre eigene Konstitution, am ausführlichsten in ihrer letzten Autobiographie.[141] Darin sezierte sie ihre Erscheinung, indem sie sich von Kopf bis Fuß genau beschrieb: Größe, Haarfarbe, Gesicht, Augenfarbe, Schultern, Bauch, Rücken, Po, Handgelenke, Beine und Füße. Durch diese Schilderung fühlte sich Lotte H. Eisner (1896–1983), Filmkritikerin beim „Film-Kurier“, in ihrer Meinung bestätigt, dass sich Valeska Gert „außer für sich selbst, für nichts interessierte.“[142] Für ihre Tänze war ihr Körperbau irrelevant. So schrieb ein Journalist namens Know 1922 unter dem Titel „Es muß nicht immer Schönheit sein“: „Valeska Gert ist es gelungen, zu zeigen, daß sogar eine Tänzerin nicht schön sein muß, um hinzureißen. Die Ödigkeit getanzten Kitschs hat sie in höchst unterhaltende, ja aufregende, herbe Tanzschöpfungen verwandelt.“[143]

Mit ihrer Haltung zum Rauchen und zum Drogenkonsum setzte sie sich ebenfalls von „neuen Frauen“, insbesondere von Künstlerinnen ab, die ihr Leben exzessiv führten. Den Gegenentwurf bildete Anita Berber (1899–1928), mit der sie gemeinsam die Tanzschule von Rita Sacchetto besucht hatte. Sie erregte mit ihrer von zahlreichen Zeitgenossen beschriebenen makellosen Figur[144] und mit ihren Nackttänzen Aufsehen, die seit 1922 in Mode kamen, aber auch durch ihren von Skandalen begleiteten Lebenswandel.[145] Carl Zuckmayer zufolge war damals das „Koksen [...] auch in manchen Berliner Kreisen am Rande der Künstlerwelt große Mode, man hielt das Laster für interessant oder geniehaft.“[146] Nach Géza von Cziffra sah das Publikum in der Berber als Rauschgiftsüchtige deshalb die „Apostolin des Kokainismus [...]. ‚Tout Berlin‘ lag ihr zu Füßen. Sie führte mit ihren Partnern laszive Tänze auf, die erotischer wirkten als die heutigen öffentlichen Bumsereien auf der Reeperbahn oder anderswo.“[147] Zu ihrem Repertoire gehörten Tänze wie „Cocain“, „Morphium“ und „Die Nacht der Borgia“.[148] Klaus Mann (1906–1949), der sie gut gekannt hatte, schrieb 1929 über sie: „Verderbte Bürgermädchen kopierten die Berber, jede bessere Kokotte wollte möglichst genau wie sie aussehen. Nachkriegserotik, Kokain, Salome, letzte Perversität: solche Begriffe bildeten den

Strahlenglanz ihrer Glorie. Nebenbei wußten die Kenner, daß sie eine ausgezeichnete Tänzerin war."[149] „Anita", so Fred Hildenbrandt, der sie oft erlebte, „war ein Genie der verderbten Darstellung, der frivolen Attitüde, der obskuren Geste."[150]

Volker Schlöndorff berichtet, Valeska Gert habe nicht über Anita Berber sprechen wollen und das Thema „immer weggewischt".[151] Auch zu Rauschgift hatte sie prinzipiell eine andere Einstellung: Künstler, „die sowas für ihre Arbeit brauchen, haben [...] nicht genügend Sensibilität, und müssen sie so erst herstellen".[152] Demzufolge spielte sie mit entsprechenden Figuren, griff jedoch selbst nicht zu Drogen. Sie habe weder getrunken noch geraucht und sei „gesundheitsbewußt" gewesen, „damit meine Tänze stark sind."[153] In den 1970er Jahren allerdings inszenierte sie sich bei einer einzigen Gelegenheit als skandalöse Anita Berber. Diese hatte in den 1920er Jahren das Restaurant des Hotels Adlon nur mit einem Pelzmantel bekleidet betreten, den sie an ihrem Platz ablegte.[154] Die Reaktion der Gäste dürfte je nach Temperament und Toleranz unterschiedlich gewesen sein. Valeska Gert spielte mit dieser Szene, als sie Jahrzehnte später mit einem Pelzmantel vor die Fernsehkamera trat und den Mantel, unter dem sie splitternackt war, kurz öffnete.[155] Sie setzte ihre Nacktheit ein, um dieses Signum der Moderne noch einmal hochleben zu lassen.

Die „Neue Frau“ und der Sport

Eine der Modesportarten nach 1918 war das Boxen. Im Berliner Sportpalast stellte sich zu großen Boxabenden die Berliner Gesellschaft ein. Hier traf man u.a. die Schauspieler Hans Albers, Gustav Gründgens, Fritz Kortner, den Theaterintendanten Erwin Piscator und Joachim Ringelnatz. Boxen wurde zur „nationalen Angelegenheit“, wie die Fachzeitschrift „Box- Sport“ am 10. Januar 1928 schrieb, nachdem wenige Tage zuvor Max Schmeling (1905- 2005) seinen Titel als Europameister im Halbschwergewicht erfolgreich gegen den Italiener Michele Bonaglia verteidigt hatte.[156] Die Bildhauer Rudolf Belling (1886–1972) und Renée Sintenis schufen von ihm Plastiken, die ihn in „Kampfstellung“ zeigten, George Grosz porträtierte ihn.[157] Die „Neue Frau“ übte den Boxsport auch aus. Prominente wie Vicky Baum, Marlene Dietrich, Carola Neher und Henny Porten nahmen Unterricht.[158] Max Schmeling traf Carola Neher beim Üben bei Sabri Mahir: „Als ich den Raum betrat, in dessen Mitte ein Seilgeviert aufgestellt war, übte sie gerade, unterwiesen und korrigiert von Franz Diener, das Auspendeln und Wegtauchen.“[159]

Valeska Gert lebte ebenfalls die Sportbegeisterung der „Neuen Frau“. Sie lernte nicht nur Reiten und Schwimmen, sondern auch Boxen. Nach einem Besuch im Admiralspalast „komponierte“ Valeska Gert ihren Tanz „Boxkampf“: „Die hitzige Kampferregung steckte mich an [...]. Die typischen Bewegungen verdichtete ich zu einem Extrakt: Tänzeln, Schattenboxen, Haken, Clinch, wildes Schlagen, Groggy, Taumeln, Knockout. Manche Gesten zeigte ich zeitlupenhaft langsam, um sie stärker hervorzuheben, andere überschnell, wie mit Zeitraffer gesehen.“[160] Die Bewegung des K.-o.-Schlagens machte sie in Zeitlupe. Für das begeisterte Moskauer Publikum auf ihrer Tournee durch die Sowjetunion im Frühjahr 1929 musste sie diesen Tanz als Zugabe wiederholen.[161] Noch als über 80-jährige Dame führte sie ihn in den 1970er Jahren im Kampener „Ziegenstall“ dem Regisseur Volker

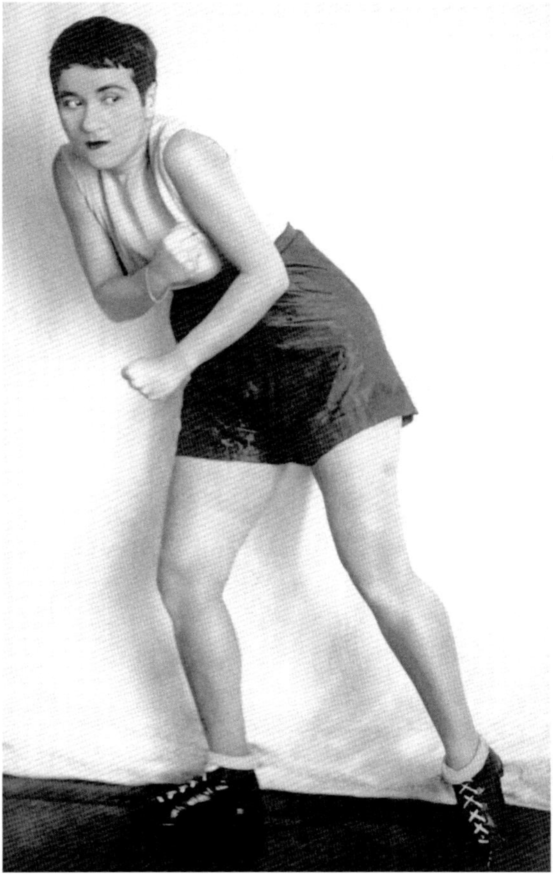

Valeska Gert und ihre Pantomime „Boxen“, um 1925

Schlöndorff und seiner Filmcrew vor. Die typischen Bewegungen anderer Sportarten gaben ihr ebenfalls Anregungen: „Schlittschuhlaufen, Radeln, Reiten, Fechten, Skilaufen, Tennis und Schwimmen mischte ich zum Tanz ‚Sport‘. Im ‚Pferderennen‘ bin ich Reiter und Pferd in einer Person. Mein Oberkörper ist zusammengekauert wie der eines Jockeys. Ich peitsche und rase im Galopp über die Bühne [...]. Ich muß das Rennen machen, das Publikum spornt mich durch laute Zurufe an, es klatscht, es schreit. Ich jage und komme als erste durchs Ziel.“[162]

Die „Neue Frau“ als Tennisspielerin, aus: „Die Dame“, Heft 19, Juni 1930

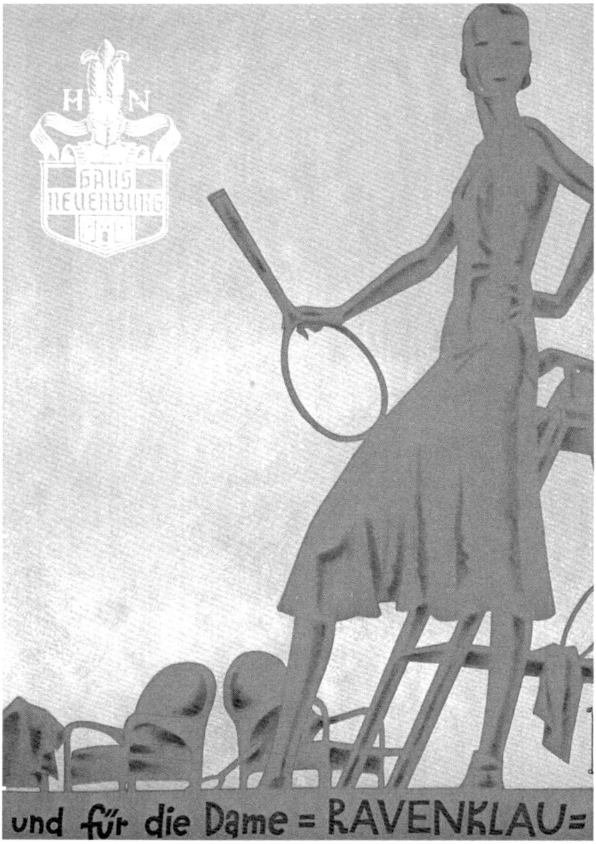

Mit ihrem Beruf, ihrer selbstbestimmten Lebensweise und ihrer äußerlichen Erscheinung entsprach Valeska Gert der emanzipierten „Neuen Frau“ im lebenshungrigen, temporeichen und sexualisierten Berlin der 1920er Jahre. Anders präsentierte sie sich 1931 in der Illustrierten „Scherl's Magazin“. Das Foto zeigt sie im Schneiderkostüm gemeinsam mit Charlotte Bara, der Eigentümerin des Theaters „San Materno“ in Ascona/Schweiz. Auf weiteren fotografischen Urlaubsgrüßen auf derselben Bildseite sind u.a. die beliebten Schauspieler Willy Fritsch, Lilian Harvey und Gitta Alpar an der Riviera abgebildet.[163] Valeska Gert war in den 1920er Jahren ohne Zweifel eine Berühmtheit. Künstler ihrer Zeit, von Lili Baruch, Hans Casparius, Charlotte Berend Corinth, Fred Benedict Dolbin über Erna Lendvai-Dircksen, Ludwig Kainer, Jeanne Mammen, Suse Byk und Gerhard Stein bis zu Jaro von Tucholka, Walter Wellenstein und Wassiljeff malten, zeichneten und fotografierten sie.[164] Für Hildenbrandt war sie „eine der interessantesten Gestalten aus jener Berliner Epoche. Sie hat ihren Teil dazu beigetragen, Berlin abenteuerlich zu machen."[165]

DADA Berlin

Valeska Gerts Grotesktänze brachten sie wie andere Tänzerinnen 1919 in Kontakt mit der Dada-Bewegung in ihrer Berliner Variante.[166] Deren Mitglieder in Zürich, Paris und Prag zogen gegen bürgerliche Konventionen zu Felde.[167] Sie sah sich selbst jedoch als Vertreterin des abstrakten Expressionismus, der von den Dadaisten strikt abgelehnt wurde.[168] Berührungspunkte gab es gleichwohl. Die Berliner Gruppe hatte sich am 22. Januar 1918 gegründet.[169] Das Leben, so das Dada- Manifest von 1918, sei „als ein simultanes Gewirr von Geräuschen, Farben und geistigen Rhythmen" zu begreifen und in seiner „brutalen Realität" zu zeigen.[170] Wie die Dadaisten strebte Gert eine Kunst an, die die Grenzen der einzelnen Kunstsparten überschritt. Wie Dada entwickelte sie ihre Kunst im Kontakt mit dem Publikum immer wieder neu. Auch trat sie ebenfalls für eine provokante Ästhetik ein und hielt den Spießern und Kleinbürgern den Spiegel vor das Gesicht. Mit Grosz verband sie die „agitatorische Aufmerksamkeit für Brüche und Widersprüche in der [...] gehaßten wie exzessiv genossenen Großstadtgesellschaft."[171] Im Berliner Meistersaal an der Köthener Straße gaben die Dadaisten Konzerte „auf Autohupen, Nähmaschinen, Schreibmaschinen und

Gießkannen"[172], wie sich Paul Erich Marcus erinnert. Sie traten aber auch mit „Gedichten" auf, die die Publikumsbeschimpfung zum Inhalt hatten, mit Satire-Vorträgen, improvisierten Tanzeinlagen mit Maske sowie mit Couplets.[173]
Am 24. Mai 1919 stellen zwei Dadaisten Nähmaschine und Schreibmaschine bedienend ein Wettrennen zwischen Maschinen dar.[174] Nach der Erinnerung Valeska Gerts soll George Grosz an der Schreibmaschine gesessen haben. Sein Partner bei einem Auftritt im Jahr zuvor war Walter Mehring (1896–1981) gewesen. An diesem Abend gab es vermutlich mehrere dieser Wettrennen, an denen Grosz und Mehring, zwei Mädchen sowie Hausmann und Hülsenbeck teilnahmen. Dabei seien mit der Nähmaschine „meterlange Trauerflore" genäht worden, die „einen Gegensatz zum hektischen Einspannen des Papiers in die Schreibmaschine bildeten."[175] Mit den beiden Maschinen benutzten sie weiblich kodierte Arbeitsgeräte, die in der häuslichen Welt und im Arbeitsleben die „Turbulenz der Welt", wie es George Grosz formulierte, repräsentierten.[176] Die Schreibmaschine stand aber auch für die Zurichtung des weiblichen Körpers in der Arbeitswelt auf das Mechanische. Diesen Aspekt prangerten die Sekretärinnenromane der Weimarer Republik an. Die Sekretärin als fremdbestimmte „menschliche Schreibmaschine" (Ariane Martin)[177] kritisierte ebenfalls 1924/25 die Revue „Das lachende Berlin" von James Klein. Sie bot ein tableau vivant, in dem die Köpfe der uniformierten Sekretärinnen als Buchstabentypen erschienen. Die Vorsteherin des Schreibsaales ist individueller dargestellt, schreibt jedoch nach Diktat des neben ihr stehenden Mannes.[178]

Valeska Gert befindet sich am 24. Mai 1919, vom Wochenmarkt kommend, im Publikum des Meistersaales und wird erkannt. Spontan tanzt sie mit einer Tüte Spargel im Arm „zu den Geräuschen der beiden Geräte". Mit diesem Auftritt, so Gert 1968, habe sie das Happening der 1960er Jahre vorweggenommen.[179] Der Mitbegründer der Zürcher Dadaisten Richard Hülsenbeck (1892–1972) bezeichnete Happenings 1966 ebenfalls als eine Richtung des „Neo-Dada".[180] Er spricht in diesem Zusammenhang vom „Kampf für die Persönlichkeit" in einer Welt voller „Spießer" und Mechanisierung.[181] „Verzweiflung", „Zynismus" und „Aggression" waren ihm zufolge Elemente seiner Kunstauffassung. Bei DADA Berlin habe sich „der Geist gegen den Ansturm einer mechanischen Welt, das Leben gegen die Erstarrung, die beredte Stille gegen den alles verschlingenden Lärm" erhoben. Der Malerin Hannah Höch zufolge soll Valeska Gert auch auf weiteren Veranstaltungen der Berliner Dadaisten mitgewirkt haben.[182] Auftritte Gerts mit ihren Tanzparodien im dadaistisch inspirierten politisch-literarischen Kabarett „Schall und Rauch" u. a. im März 1920 bleiben eine Episode.[183] Berühmt waren auch die DADA-Feste, die Teil der allgemeinen Kostümfeste und Künstlerbälle waren, die nach dem Ende der Inflationszeit 1924 und 1925 ihren Höhepunkt erreichten. Zu diesen Festen gehörte jenes der „academie der farbe", deren Ehrenkomitee u.a. Anita Berber, Valeska Gert, Walter Mehring, die Schauspieler Fritzi Massary, Max Pallenberg und Conradt Veidt sowie der Bildhauer Rudolf Belling und der Maler Max Pechstein angehörten. Am 5. Oktober 1924 fand ihr „Fest in Weiß" im Hauptrestaurant des Lehrter Bahnhofs statt. Unter anderem kündigte das Programm ein „Herrenwettreiten", einen „Schönheitswettbewerb für Damen", die „Verlosung eines Galamädchens" sowie „Amateurboxkämpfe privat in Galakleidung" an. Außerdem werde man Tänze sehen, die „mit aller Gewalt stundenlang bis zum Wahnsinn populär gemacht werden."[184] Ob Valeska Gert das Fest besuchte, ist nicht bekannt. Als Mitglied des Ehrenkomitees dürfte sie aber wohl teilgenommen haben, zumal sie zu dieser Zeit in Berlin für den Film „Ein Sommernachtstraum" vor der Kamera stand. Darin spielte sie den Kobold „Puck".[185]

Theater und Revue

Auf den Bühnen der Stadt waren vor allem Unterhaltungsstücke und Lustspiele gefragt. Das politisierte Theater setzte sich jedoch mit der unmittelbaren Vergangenheit und mit Problemen der eigenen Zeit auseinander. Zahlreiche linksgerichtete Schriftsteller, Komponisten, Regisseure, Schauspieler und Maler, von Bertolt Brecht über Ernst Toller, Hanns Eisler, Erwin Piscator, Helene Weigel bis zu John Heartfield arbeiteten mit. Die Inhalte bestimmte zunächst das expressionistische Theater, das sich aber nach 1923 weitgehend überlebt hatte.[186] Erwin Piscator setzte technische Mittel wie Fotografien, Musik und Filme zur „Steigerung des Szenischen ins Historische" ein. Solchen Ansätzen stand Valeska Gert Fred Hildenbrandt zufolge kritisch gegenüber: „Sie fand, daß falsch und unwesentlich Theater gespielt wurde, sie fand das Theater, so wie es sich in der Zeit herausgebildet hatte, unsäglich langweilig und belanglos, sie fand die Stücke belanglos und sie fand die Darsteller belanglos."[187]

Ihren Vorstellungen vom „Menschentheater" gab sie im April 1923 in einem Artikel im „Berliner Tageblatt" programmatische Konturen: Podium statt Bühne, keine Dekoration, keine Requisiten, keine Kostüme, keine Masken. „Jeder sieht so aus, wie er immer aussieht [...]. Der Schauspieler dieser Bühne muß erzogen werden, wahr, innig und intensiv zu empfinden und seine Empfindungen einfach, ohne jede Pose und ohne jedes falsche Pathos in Form der Stimme, des Gesichts und des Körpers umzusetzen."[188] Alle Akteure sollten in Kittel gekleidet sein. Keine Musik.[189] Gleichwohl hatte für sie auch das „reine technische Theater" neben ihrem „Menschentheater" seinen Platz. Ihre Theaterästhetik setzte sie in die Praxis um, als sie am 20. April 1923 in der „Tribüne" eine „Salome"-Inszenierung auf die Bühne brachte. Die Vorstellung war zugleich die letzte.[190] Fred Hildenbrandt resümierte 1928: „Es wurde ein katastrophaler Abend [...]. Sie wollte das reine abstrakte und absolute Theater. Das wurde nicht ganz begriffen.

Nur vergaß sie selber, daß ein solches Theater [...], auch vollkommene Darsteller erfordert." Das „vollkommene, abstrakte, absolute Theater" könne es nicht geben.[191]

Demgegenüber gehörte Bertolt Brecht mit seiner epischen Theatertheorie zu den Wegbereitern der Neuen Sachlichkeit. Er fand sie durch Valeska Gerts künstlerisch realisierte Sozialkritik umgesetzt.[192] Brecht sah in ihr eine der Schauspielerinnen „für ein scharfes und naives Theater". Mit ihr, Forster, Homolka, Legal, Müthel, Neher, Wäscher, Weigel und Wieman „könnte man jedes Stück der Weltliteratur spielen."[193] Er holte Valeska Gert 1922 für einen Auftritt an die Münchner Kammerspiele. Dort trat sie am 30. September in Brechts und Karl Valentins Improvisationstheater „Die rote Zibebe" mit ihrem Tanz „Canaille" auf. Brecht wollte den „American Way of Life" mit seinen Importen nach dem Ersten Weltkrieg parodieren, die die Künstler der 1920er Jahre tief beeinflussten.[194] Orgelmusik begleitete sie, eine Idee, die auf Brecht als Regisseur zurückging. Ihr Tanz über ein Straßenmädchen und seine käufliche Liebe war eine von zehn unterschiedlichen Nummern unter dem Obertitel „Der Abnormitätenwirt". Die jeweiligen Protagonisten warteten auf der Bühne, jeweils umgeben von Kästen, die vorn durch einen Vorhang abgeschlossen waren. Der Conférencier öffnete den Vorhang und „wie eine Automatenfigur rollte oder trippelte der damit Aufgerufene aus seinem Kasten nach vorn" und begann seinen Vortrag. Brecht und Joachim Ringelnatz rezitierten aus ihren eigenen Werken.[195] Durch ihre politische Aussage waren die einzelnen Nummern miteinander verknüpft. Am 27. Juli 1929 kam es erneut zu einer Zusammenarbeit mit Brecht. Zum Abschluss des Baden Badener Musikfestes wurde sein intermediales „Lehrstück" uraufgeführt, zu dem auch Carl Kochs Film „Totentanz" gehörte. Valeska Gert tanzte darin den „Tod". Teile des Publikums, sowohl Fachleute als auch Kurgäste, reagierten ablehnend.[196] 1931 trat Valeska Gert gemeinsam mit Lotte Lenya und Helene Weigel in Brechts „roter Revue" „Wir sind ja soo zufrieden" auf.[197]

Bereits Mitte der 1920er Jahre hatte Valeska Gert allerdings gefühlt, dass sie ihrem Tanz neue Impulse geben musste: „Bis dahin waren meine Tänze verstummte Schreie gewesen. Ich suchte. Das

Neue, das ich fand, war die Synthese von Tanz, Mimik, Laut und Sprache. Alles zusammen schleuderte ich in einem Schwung aus meinem Zentrum."[198] Ihre Verbindung von „Bildakt" und „Tonakt" führt sie zum Kabarett. Anders als die Diseusen dieser Zeit setzt Valeska Gert hier sowohl ihren Körper als auch ihre Stimme ein.[199] Im Frühjahr 1926 schließt sie sich Friedrich Hollaenders Ensemble „Laterna Magica" an, zu dem u.a. auch Blandine Ebinger, Aribert Wäscher und Annemarie Hase gehören: „Es war eine Gelegenheit, eine selbst erfundene Sprechszene zu machen. Es trieb mich, Liebesworte zu gestalten [...]. Auf den Proben lebte ich mich so lange in das Wesen hinein, bis ich Worte und Sätze fand, die mich lösten. Dann ordnete ich die gefundenen Sätze und es entstand ‚Die Diseuse'. Durch diese neue Ausdrucksmöglichkeit wurde auch meine Liebe zu den Tänzen wieder frisch."[200] Friedrich Hollaender berichtet in seinen Erinnerungen über die Ausstattung des Stückes: „Lotte Pritzel, die erfinderische Puppenmacherin [...] ersann den Trick, alle erforderlichen Kostüme aus farbigem Papier zu machen. Sie können sich nicht vorstellen, welche pariserischen Abendkleider sie zauberte, welche grotesken Tierköpfe, welch abenteuerliche Tanzkreationen für die verrückte Valeska Gert! [...] Es wurde eine ‚ganz wahnsinnig schöne' Premiere [...] Nicht nur, daß keines der Papierkleider riß, daß keine Pointe unter den Stuhl fiel [...], jeder schien das Gefühl zu haben, einer Erstgeburt beizuwohnen."[201] In ihrer Autobiographie von 1968 blickt Gert auf diese Zeit zurück: „Spielte ich Theater, sehnte ich mich nach dem Tanz, tanzte ich, sehnte ich mich nach Theaterspielen. Das war ein Konflikt, bis mir der Gedanke kam, beides zusammenzuziehen: Ich will Menschengestalten tanzen. Ich erfand eine ganze Ballung, von der eine Strahlung die moderne Tanzpantomime war, eine andere Strahlung der abstrakte Tanz, andere Strahlungen waren satirische Tänze, Tontänze, expressionistische Tänze [...]."[202]

Film

1924 begann ihre kurze Karriere als Filmschauspielerin. Zwischen 1910 und 1920 hatte sich der Film als Massenmedium etabliert und trat nun in Konkurrenz zu Theater und Literatur. Allein in Berlin gab es 1921 schon 418 Kinos mit 148.000 Plätzen. Hier saßen Angehörige verschiedener Einkommens- und Berufsgruppen als Zuschauer nebeneinander. Nach Hollywood war die deutsche Filmwirtschaft die zweitgrößte Filmindustrie der Welt. Mit Fritz Lang, Ernst Lubitsch, Friedrich Wilhelm Murnau und Georg Wilhelm Pabst als Regisseure erhielt der deutsche Film auch internationales Renommee.[203] „Die Filmerei", schrieb Valeska Gert Anfang der 1970er Jahre an Volker Schlöndorff, „hab ich nur ganz nebenbei zwischen Tourneen gemacht."[204] Sie wirkte gleichwohl in neun Stummfilmen mit,[205] so in dem von Georg Wilhelm Pabst (1885–1967) gedrehten Film „Die Freudlose Gasse" (1925). In diesem Psychogramm der Inflationszeit stellte sie in einer Nebenrolle eine Kupplerin dar, die als Bordellwirtin u.a. Greta Garbo dem Metzgermeister Werner Krauss zuführt[206] und die Orgien im Haus arrangiert.[207] In solchen Filmen mit ihrer „offene[n] und poröse[n] Dramaturgie" konnten Chargenspieler die „Erzählungen des Nebenbei" zu „glanzvollen Miniaturen und eigenständigen Episoden runden."[208] Solche Rollen kamen Valeska Gerts pantomimischem Spiel entgegen.

1926 schreibt Brecht das Filmexposé für „Die Erschießung der Tänzerin Mata Hari" mit Valeska Gert in der Hauptrolle; das Projekt bleibt unrealisiert. 1931 ist sie jedoch in der von Pabst 1931 verfilmten Brechtschen „Dreigroschenoper" an der Seite von Rudolf Forster, Carola Neher, Fritz Rasp und Lotte Lenya als Frau Peachum zu sehen. Ebenfalls 1926 engagiert Jean Renoir sie für seinen Film „Nana". Er hatte Berlin nicht zuletzt wegen der deutschen Schauspieler als Drehort gewählt, „unter denen die bedeutendsten Werner Krauss und Valeska Gert waren."[209] 1929/30 wird sie von Robert Siodmak für „Menschen am Sonntag" engagiert.

Paris

Ihre Tanz-Tourneen führen Valeska Gert nach 1918 ins In- und Ausland. Sie tritt u.a. in Amsterdam, Bukarest, Moskau, Oslo, Paris, Prag, Wien und Zürich auf.[210] Die Rezensionen sind geradezu überschwänglich. So schreibt die „Neue Zürchcher Zeitung“: „Der Glanzpunkt ist Valeska Gert. Sie fesselt und fasziniert. Kein Nerv an ihr, der nicht mittanzt und mitempfindet, bis in die Fingerspitzen ist alles an ihr pulsierendes Leben. Was Valeska Gert in ihren Tänzen bringt, ist vollendet in der Technik und einzig in der Auffassung.“ Die Prager Zeitung „Bohemia“ meint: „Am Beschauer ziehen lauter vollendete Bilder vorüber, lebendig gewordene expressionistische Illustrationen.“ Das Budapester „Neue Pester Journal“ schreibt: „Sie tanzt Persönlichkeiten, Tragödien, grimmige Humore, witzige Sarkasmen. In ihren Charakterbildern lebt der Geist, die Sitte einer Zeit.“ Und der Oslorer „Aftenposten“ findet die hübsche Formulierung: „Es war etwas ganz Neues, ein fremder Vogel voll von Märchen.“[211] 1918 ist sie in Bukarest mit Eric Charells Ballettgruppe. Dort spielt sie Fred Hildenbrandt zufolge auf Abendgesellschaften die „gepflegte, höfliche, guterzogene, kultivierte Lady [...].“[212] In Oslo zieht sie nach ihren Auftritten in einem Kabarett „mit der Heilsarmee durch die nächtliche Stadt, wieder und wieder.“ Bildungsbeflissen war sie auf ihren Tourneen nicht, glaubt man ihrem Biografen. Sie habe weder Museen noch Galerien, Theater oder Konzerte besucht.

Paris, wo sie erstmals 1925 auftritt [213], wird eine besondere Stadt für sie. Sie nutzt ihre freie Zeit, um im Viertel um die Place de la Bastille in der engen Gasse der Rue de Lappe die verrufenen Apachenkneipen aufzusuchen. Dort verkehrten Gauner und Zuhälter,[214] die zu Habanera- und Tangomusik tanzten. „Dort lebt sie jene Seite ihres Wesens aus, um deretwillen sie in den guten und bürgerlichen Gesellschaften nicht gerne gesehen wird.“[215] Sie kann sich vom Licht auf der Bühne entfernen und inkognito in die Nacht eintauchen.

Möglicherweise kannte Valeska Gert solche Lokale schon aus Berlin, in denen die feine Gesellschaft zeitweise in die Sphäre der Proletarier und Unterwelt eintauchte.[216] Im Frühjahr 1930 besucht sie gemeinsam mit Sergej Eisenstein zunächst den Magic Cityball der Homosexuellen und Transvestiten, um anschließend erneut in Apachenlokalen in der Rue de Lappe einzukehren.[217] Auf dieser Tour ist auch Hans Sahl dabei: „Ich hielt mich bescheiden im Hintergrund [...], während Eisenstein, den Apachen spielend, mit Schirmmütze und rotem Halstuch, mit der träumerisch an seinem Halse hängenden Valeska durch das Lokal schwofte."[218] Sie hatte aber auch keine Scheu, allein dorthin zu gehen, wie Fred Hildenbrandt weiß: „Sie fegt an den unsauberen Tischen entlang und ziert sich nicht, wenn einer der Männer sie anredet oder mit ihr tanzen will [...]. Sie treibt sich mit den Apachen in den dunklen Gassen herum, ohne Furcht."[219] Kamen sie ihr zu nahe, wusste sie sich zu wehren.

Das Romanische Café

In Berlin ist Valeska Gert regelmäßig Gast im Romanischen Café,[220] das 1916 gegenüber der Gedächtniskirche an der Tauentzien-/Ecke Budapester Straße eröffnet worden war.[221] Das Café, so Else Lasker-Schüler (1869–1945), „gehörte uns Künstlern und dem Bürger Berlins, der sich heimisch zwischen uns abenteuerlichen Menschen fühlte, zwischen hell und dunkeläugigen.“[222] Paul Erich Marcus zufolge gab es dort „viele Figuren“, „von denen man nie erfuhr, wovon sie ihre Existenz bestritten. Auch sahen durchaus nicht alle wie verkannte Künstler aus, die auf den Tag warteten, der ihnen Entdeckung und Anerkennung bringen sollte.“[223] Für Erich Kästner (1899–1974) war es der „Wartesaal der Talente“[224]. „Wer nicht vergessen werden wollte“, schreibt Elias Canetti (1905–1994), „mußte sich sehen lassen.“ Hier wurden Hans Sahl zufolge „Karrieren gemacht und wieder vernichtet.“ Manche Karrieren, so Paul Erich Marcus, „liefen bis nach Hollywood, in ein großes Theater oder in ein Landhaus, das aus Tantiemen wuchs.“[225]

Im „Magazin der aktuellen Ewigkeitswerte“ vom August 1926 beschrieb der Journalist Matheo Quinz das Lokal als „eine große Badeanstalt“, die „in ein größeres Bassin für Schwimmer und ein kleineres für Nichtschwimmer eingeteilt“ sei. Die Besucher der zwei Abteilungen haben kaum etwas miteinander zu tun [...].“[226] Im „Schwimmerbecken“ mit seinen etwa 20 Tischen tummelten sich dem Autor zufolge u.a. Filmleute und „abgebaute Dramaturgen“. Im „Nichtschwimmerbecken“ mit seinen 60 bis 70 Tischen sah man u.a. den Journalisten Egon Erwin Kisch, den Schriftsteller Leonhard Frank, den Kunsthändler Alfred Flechtheim, den Theaterregisseur Leopold Jessner, den Maler Otto Dix und die Tänzerin Celly de Rheidt. „Die Besucher des Romanischen“, so Géza von Cziffra, „kamen hierher, um zu kämpfen. Gegen den Freund am gleichen Tisch, gegen den Freund oder Feind am Nebentisch, mitunter gegen die ganze Welt. Freilich,

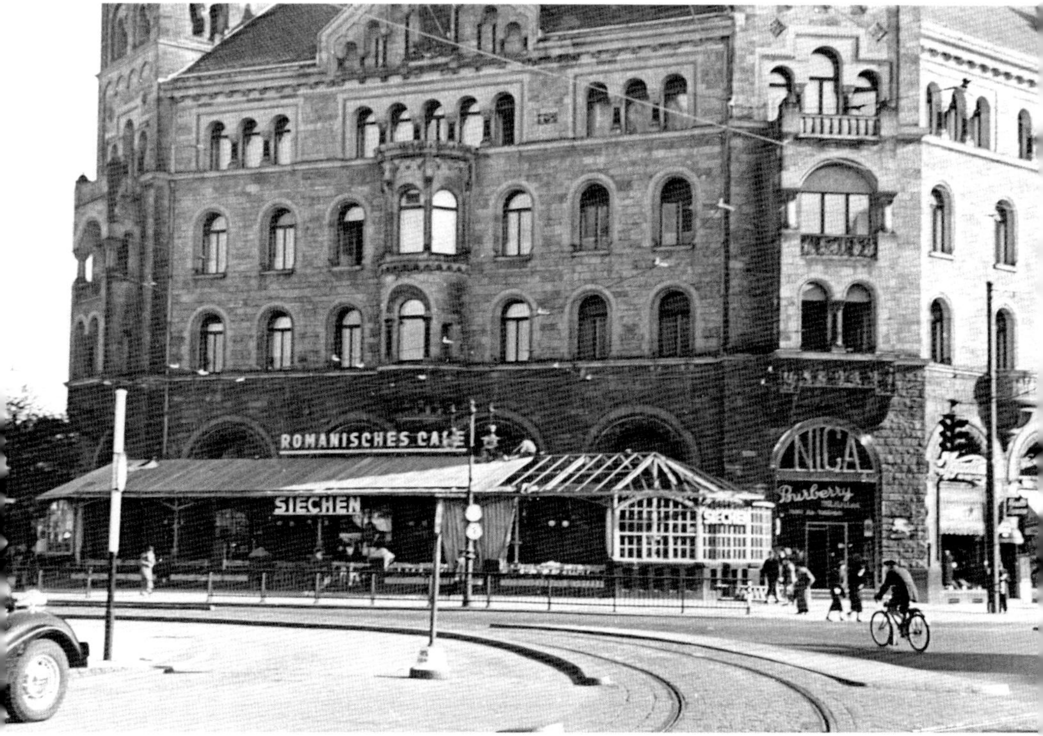

Außenansicht des Romanischen Cafés in Berlin (1901–1943), um 1935

nur mit Worten und mit dem Bleistift, die Arrivierten mit der Schreibmaschine."[227] Valeska Gert las dort Zeitungen, traf Freunde und Kritiker und verfolgte aktuelle Diskussionen, die sie für sich selbst künstlerisch verarbeiten konnte.[228] Dort lernte sie auch ihre große Liebe kennen, den Schauspieler Aribert Wäscher (1896–1961).[229] Er war 1919 nach Berlin gekommen und damals noch mittellos. Fred Hildenbrandt vertraute sie an: „Etwas muss ganz klar sein. Ich liebe nur etwas dicke Männer, die gleichzeitig sehr bleich sind."[230] „In seiner Nähe", so Gert, „fühlte ich mich wohl. Er strömte Wärme aus wie ein großer Kachelofen."[231] In der Talkshow „Je später der Abend ..." von 1975 sagte sie auf die Frage, warum sie ihren Geliebten nicht geheiratet habe: „Man wohnt getrennt und man liebt sich länger." Wäscher

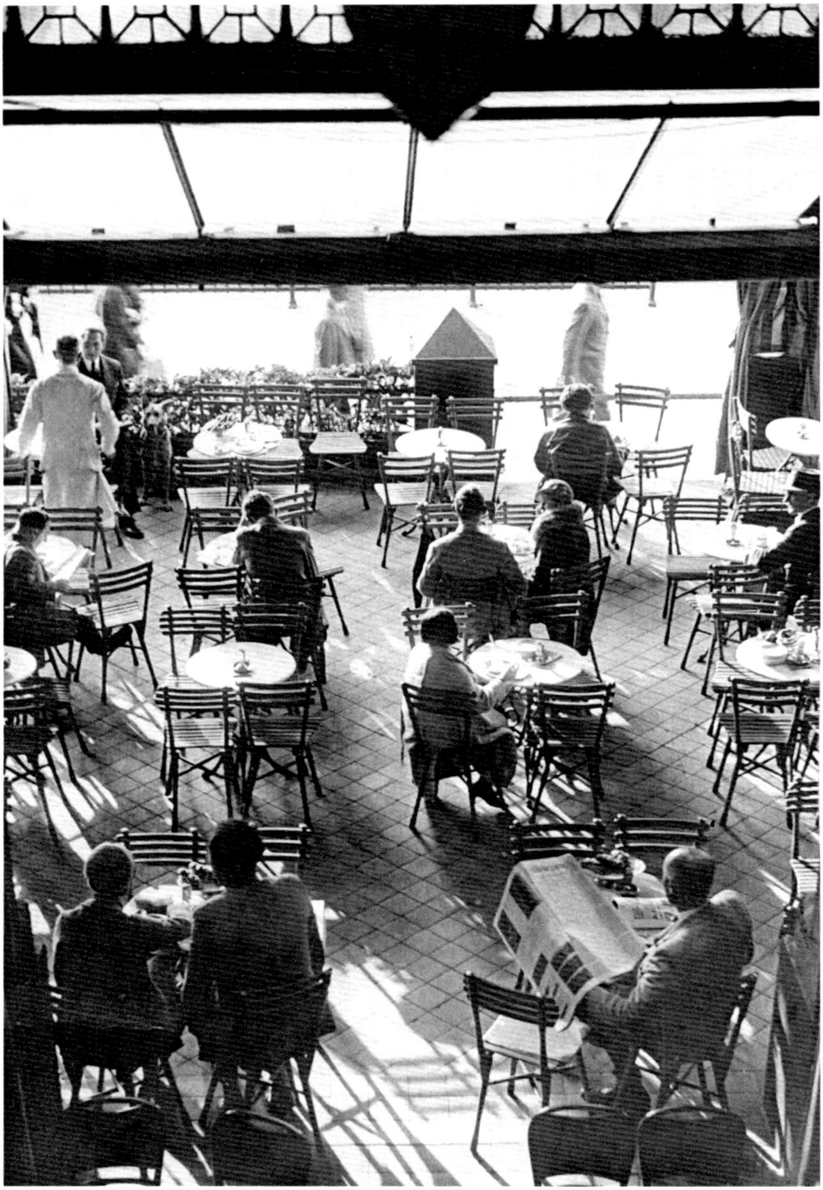

Im Romanischen Café in Berlin, 1925

spielte von 1920 bis 1955 in über 100 Filmen, u.a. mit Hans Albers, Paul Dahlke, René Deltgen, Willy Forst, Lilian Harvey, Zarah Leander, Marika Rökk, Heinz Rühmann, Hans Söhnker, Ilse Werner und Olga Tschechowa. Ab 1926 spielte er am Staatlichen Schauspielhaus.[232] Zeitgenossen beschreiben Wäscher als sehr kultiviert. Er machte sich auch einen Namen als Verfasser von Gedichten und Kurzgeschichten, die die Spalten der Berliner Zeitungen füllten.[233] Er „las nicht, wie ich, Kitsch"[234], meinte Valeska Gert Jahrzehnte später.

Der Schauspieler und Regisseur Axel von Ambesser (1910–1988) beschreibt seinen besten Freund als „zartbesaiteten" und „hochempfindlichen" Menschen: „Alle nannten ihn Ari. Er hieß Aribert Wäscher, er war sehr groß und hatte den fetten Körper eines verfressenen Lüstlings. Er gehörte zu den Kolossen des unvergleichlichen Chargen-Spieler-Ensembles [...]. Sein eigentliches Feld waren aber die Schieber, die Mörder, die Feiglinge, die Korrupten, Schleimigen und Verruchten, da brauchte er keine Konkurrenz zu scheuen [...]. Er liebte [...] die berauschende Ausstrahlung der Frauen, der eleganten Damen, der schlichten Bürgermädchen wie auch die der ordinären Bordellbewohnerinnen [...]."[235] Valeska Gert belasteten diese Vorlieben. Er habe sie „mit den reizvollsten Frauen" betrogen, und sie sei deshalb „sinnlos eifersüchtig" gewesen. „Mit dieser Eifersucht band er mich, sonst wäre ich ihm weggelaufen wie den anderen."[236] In ihrer Autobiographie von 1973 berichtet sie, sie habe einen „Ruf als großer Vamp" gehabt.[237] Fraglich bleibt, wie sehr ihr öffentliches Bild ihrem privaten Leben entsprach. Denn sie schreibt auch, Aribert Wäscher habe zu einer Bekannten der beiden gesagt: „Scheint eine Nonne zu sein. Dabei erzählt man das Gegenteil von ihr." Daraufhin soll diese geantwortet haben: „Alles Klatsch." An anderer Stelle gibt Valeska Gert einen Dialog mit Wäscher wie folgt wieder: „A. Sie gelten als personifiziertes Laster. V. Haha. A. Und sind eine Nonne. V. Ich denke, wenn ich mit sowas anfange, kann ich nicht aufhören. A. Also eine gehemmte Hemmungslose oder eine hemmungslos Gehemmte. V. Kann stimmen."

Sie selbst sagt von sich, sie habe in ihrer Jugend „gepettet und mit Männern geschlafen." In ihrer ersten Autobiographie berichtete sie

Der Schauspieler Aribert Wäscher, 1939

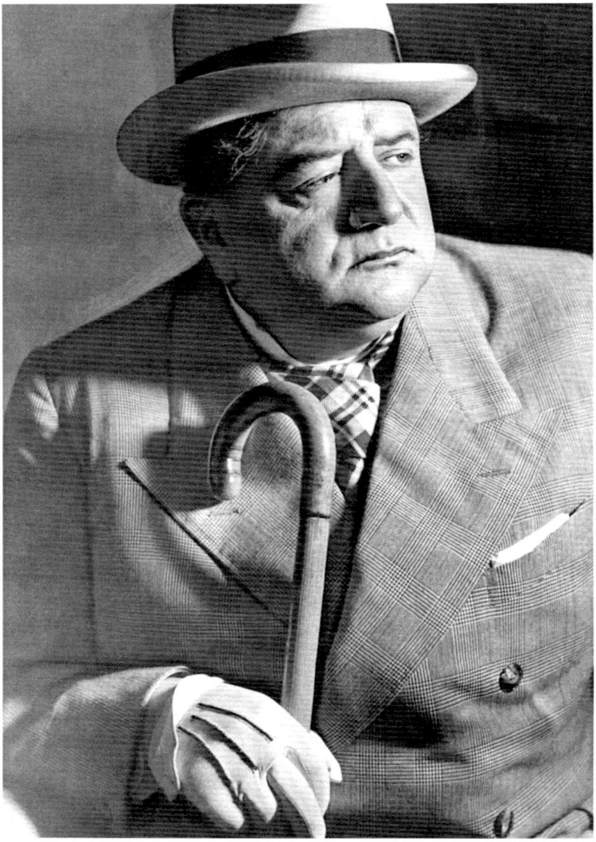

aber auch, ihr erster Mann sei für sie „eine Art ‚lieber Gott'", der ihre sexuellen Eskapaden stets dulde.[238] Nach Charlotte Baldner (1901–1996), der Tochter des Berliner Warenhausbesitzers Leopold Lindemann und Ehefrau des Cellisten Max Baldner (1887–1946), habe Valeska Gert zwar „hemmungslos" gewirkt. Jedoch: „Im äußeren Leben war sie das Gegenteil von dem, was sie darstellte, scheu, ungeheuer sensibel, unsicher, mimosenhaft empfindsam und in ihrem Innern bescheiden und ängstlich; nach außen provozierte sie die Menschen, indem sie sich durch ihre Kleidung und das stark geschminkte Gesicht aus der Menge abhob; das tat sie aus Trotz [...]. In ihrem wahren

Innern war sie eine sehr zarte Seele voller Angst und Scheu vor den Menschen."[239]

Lebensweisen, die bürgerliche Konventionen hinter sich ließen, zogen Valeska Gert zweifellos an. Ihre Egozentrik und ihre Neigung zu eruptiven Reaktionen waren ebenfalls bekannt. So schrieb Fred Hildenbrandt 1928, „ihr Benehmen" sei „eine einzige Katastrophe." Man könne sie „einfach nicht einladen, weil man nicht sicher ist, was sie im Laufe des Nachmittags oder im Laufe des Abends alles an peinlichen Dingen anstellt."[240] Ihren Pariser Tanzmanager warf sie aus dem fahrenden Auto. „Ich habe nicht so leicht einen anderen Manager bekommen, sie hatten Angst vor mir."[241] Auch bei anderen Gelegenheiten ging sie einem Streit nicht aus dem Weg. „Krach", so berichtete sie Fred Hildenbrandt bei ihrem kurzen Wiedersehen nach dem Zweiten Weltkrieg in Berlin, „hat mein ganzes Leben beschattet, und Krach und Unfrieden werden mich immer begleiten. Ich bin so gebaut, ich reize die Leute bis zur Tollwut."[242]

Kampen in den 1920er Jahren – Natur als Gegenwelt zur Großstadt

Den Sommer verbrachte Valeska Gert meistens an der See. Sylt und insbesondere Kampen war sie seit 1920 verbunden, das sich seit dem Ende des 19. Jahrhunderts zu einem Erholungsort entwickelte. Schon Mitte des 19. Jahrhunderts waren erste Badegäste auf die Insel gekommen, doch lebten die Sylter bis in die 1920er Jahre vorwiegend von Fischfang und Landwirtschaft. Die Insel hatte 1925 knapp 7.000 Einwohner. Über die Hälfte davon lebte in Westerland, in Kampen lediglich 176.[243] An diesen Verhältnissen änderte sich bis zum Beginn des Zweiten Weltkriegs wenig: Kampen zählte jetzt 380 Einwohner, Westerland 5.560.

Westerland war bereits während des Kaiserreichs Zentrum des Fremdenverkehrs auf der Insel. Zwischen 1904 und 1913 erhöhten sich die Übernachtungszahlen von fast 19.000 auf 30.000, vor allem durch Selbstständige und leitende Angestellte.[244] Mehr als ein Viertel der Urlauber kam 1904 aus Berlin.[245] Der Journalist Erich Kuby (1910–2005) alias Alexander Parlach erinnerte sich 1962 im „Stern" an Familienurlaube dort: „[…] ich habe doch noch den Klang im Ohr, mit dem in meiner Familie über Westerland gesprochen wurde – damals, als es im ersten Krieg gerade unterging, das kaiserliche Westerland mitsamt seiner feinen Gesellschaft. Sie fühlte sich repräsentativ für den Staat, für das Reich. Die Sandburgen sahen aus wie ein sommerlanger Sedanstag: über und über geschmückt mit Fähnchen und Wimpeln in Schwarz- Weiß-Rot. Die kleinsten Kinder, kaum daß sie laufen konnten, trugen Matrosenmützen mit kaiserlichen Emblemen."[246] Für Vergnügungen aller Art war gesorgt: Kurkonzerte und - theater, Tanzveranstaltungen, Dampferfahrten, Seehundsjagden, Feuerwerke, Tennisturniere, viele saisonal geöffnete Geschäfte für Andenken und Kunstgewerbeartikel und auch 450 in der Lesehalle ständig bereit gehaltene Zeitungen und Zeitschriften sorgten dafür, dass sich die Gäste

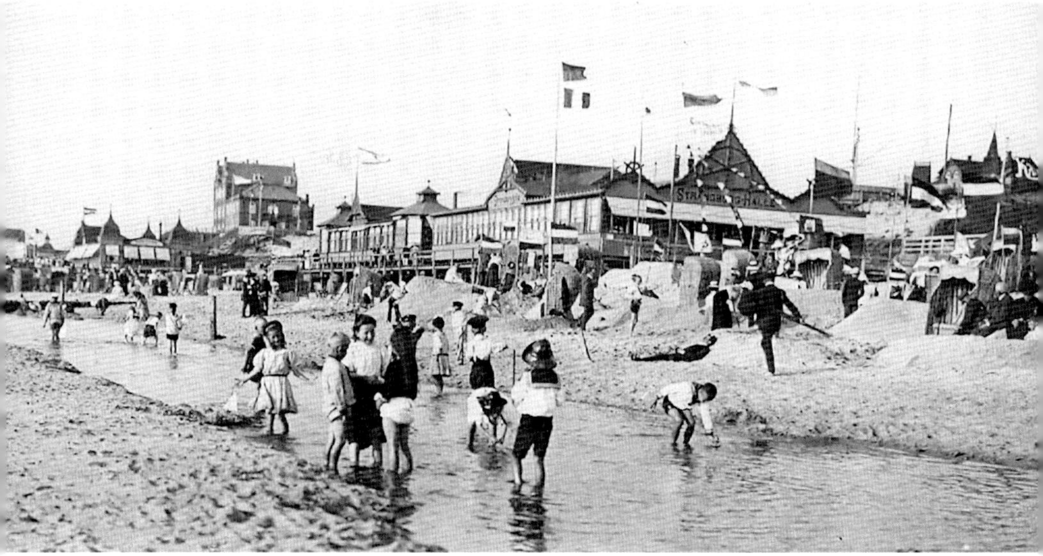

Strand in Westerland, 1908

nicht langweilten.[247] Auch in den Jahren nach dem Ersten Weltkrieg konzentrierte sich der Fremdenverkehr auf Westerland. Dorthin zog es viele Prominente aus Theater, Film und Sport. Zu den Mitgliedern des besonders exklusiven „Club der Westerländer" zählten u.a. Hans Albers, Marlene Dietrich, Willy Fritsch und Max Schmeling.[248] Ihr bevorzugtes Tanzlokal war das „Trocadero" in der Strandstraße.[249] Zu Schauspielerkollegen meinte Hans Albers (1891–1960) dazu: „Ihr braucht gar nicht erst anderswo zu suchen. Der Sylter Strand und das Baden im Meer bleiben unerreicht. Ein einziger herrlicher Tag gleicht auf Sylt sieben unfreundliche aus."[250]

Dagegen zog es damals zunächst nur wenige Gäste in das kleine Fischerdorf Kampen. „Die Landschaft", erinnert sich Herbert Ihering, „verdient es, daß die Besten sie zuerst als Sommerort gegen das mondäne Westerland und gegen das Familienbad Wenningstedt für Künstler entdeckten [...]. In Kampen hatten wir herrliche Tage und ausgelassene Nächte."[251] Der Ort sei Anfang der 1920er Jahre „arm und klein" gewesen, schreibt Valeska Gert. „Nur ein paar Häuschen

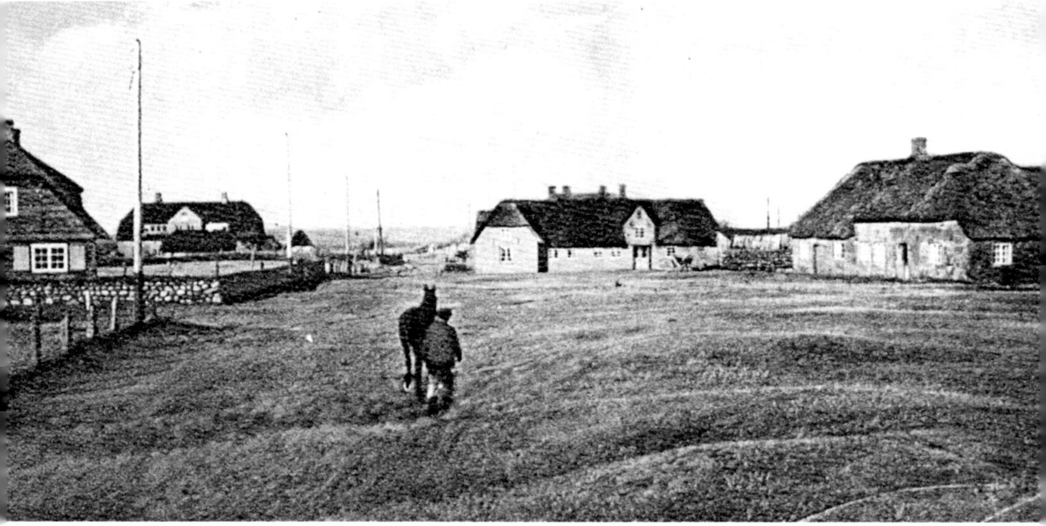

Dorf Kampen, aus: Reiseführer Nordseebad Kampen/Sylt, 1928

standen dicht auf kräftig duftendem Heidekraut [...]. Komfort gab es nicht, keine Badezimmer, kein fließendes Wasser, keine Heizung. Wasser mußte man aus dem Brunnen pumpen."[252] Sie hatte als kleines Mädchen mit ihrer Mutter und ihrem Bruder schon die Ostsee kennengelernt.[253] Nach Sylt kam sie erstmals spätestens im Sommer 1920. 1922 mietete sie sich mit ihrem Ehemann in einem Zimmer bei einem Maler namens Albrecht in Kampen ein.[254] Im selben Haus wohnte damals auch der Dirigent Otto Klemperer (1885–1973). Mit ihm diskutierte sie über Gerhard Hauptmann und Stefan George. Die Diskussion endete mit einem Eklat, der Gerts Rigorosität und ihren Eigensinn zeigt: „Er fand Hauptmann größer, ich George. Schließlich fragte er ärgerlich: ‚Was kennen Sie eigentlich von beiden?' Ich: ‚Nichts.' Empört stand er auf und sprach nie wieder mit mir."[255] 1923 reiste sie in Begleitung Aribert Wäschers an; 14 Tage später kam ihr Ehemann nach.[256]

Hans Sahl zufolge traf man Anfang der 1920er Jahre in Kampen Menschen, „die der aufreibenden Erholungswelle von Norderney oder Westerland entflohen waren, Philosophen, die mit Gott haderten

[...], einsame Kunstgewerblerinnen, die in den Dünen ihre Körper der Sonne darboten und warteten, von Pan geküßt zu werden [...] und Dichter [...], die [...] ihre Verse der Vergessenheit übermittelten. Kampen mit seiner noch nicht kommerzialisierten Schönheit, seiner Nähe zum Unmittelbaren und Elementaren, verschaffte mir ein Gefühl von Freiheit [...].“[257] Gelobt wurden vor allem der Strand, die Brandung sowie die Reitwege am Watt entlang der Dünen. Unterkünfte boten seit 1894 das Kurhaus oder Privatquartiere.[258] Erich Kuby schreibt über diese Jahre: „Man wohnte in Kampen, wie sich's traf: unter den Strohdächern bei den Einheimischen [...]. Es gab einen Gasthof, „Das Rote Kliff“, an der Lister Straße. Da wurde gegen Ende der zwanziger Jahre am Montagabend getanzt. Das war das Äußerste, was an Vergnügungen geboten wurde [...]. Ein reicher Hamburger wohnte im sogenannten Bahnwärterhäuschen und rief gegen Mittag mit Kuhglocken seine Freunde zu einem Sektfrühstück.“[259] Valeska Gert berichtet dagegen, samstags habe es „Dorfschwoof“ mit Blaskapelle abwechselnd in einem der beiden Kampener Gasthöfe gegeben, im Kurhaus und im „Zum Roten Kliff“. Mit den Feriengästen zogen dort ungewohnte Verhaltensweisen ein. So transferierte Gert die großstädtische Attitüde der Geschlechterüberschreitung in das ländliche Kampen, indem sie mit Edith, der Frau von Siegfried Jacobsohn, tanzte.[260] Der Verleger Jacobsohn (1881–1926), Herausgeber der „Weltbühne“, hatte schon vor dem Ersten Weltkrieg eines der ältesten Bauernhäuser auf Sylt gekauft.[261] Im Vergleich zu Wangerooge sei die Insel „tausendmal schöner und ebensoviel mal mehr Nordsee.“[262] Seinen Eindruck von den Einheimischen fasste er in die Worte, die Kampener seien „degenerierte Seeräuber“ und „schlimmer als der Hausvogteiplatz [...]. Sie singen: ‚Wir sind s-tolz, daß wir Friesen sind.‘“[263]

Anfang der 1920er Jahre eröffnete die Schauspielerin Klara Tiedemann (1891–1979) das Haus „Kliffende“ am Nordweststrand mit Fremdenzimmern und Vollpension. Am Ende des Jahrzehnts galt es als Geheimtipp. Ihre Gäste holte die Wirtin mit der Kutsche vom Hafen in Munkmarsch ab. Zu den eifrigen Reitern unter ihnen gehörten der Komponist Erich Kleiber (1890–1956) und die Bildhauerin Renée

Klara Tiedemann, 1930er Jahre

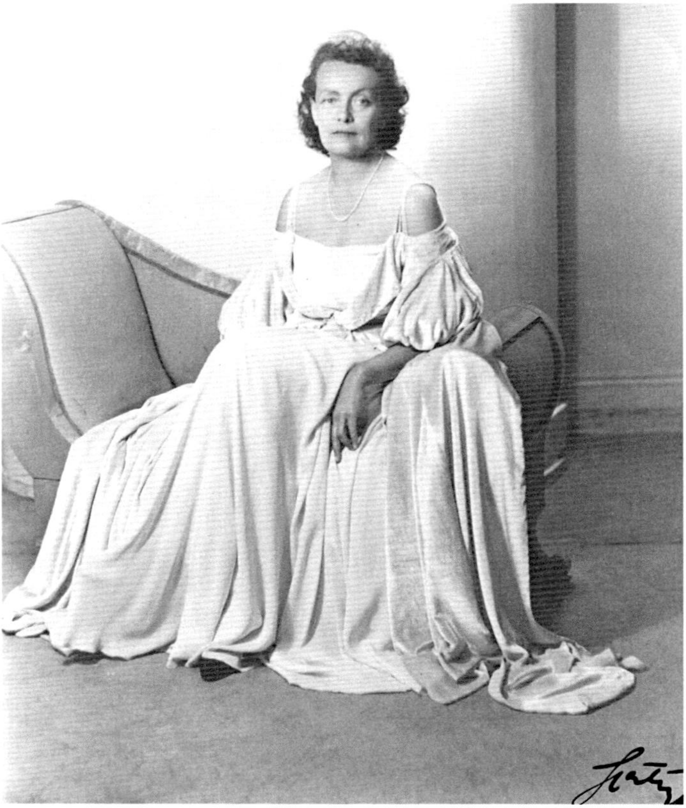

Sintenis (1888–1965). Thomas Mann machte 1921, 1927 und 1928 Urlaub in „Kliffende" und lobte Kampen seinem Bruder gegenüber: „Hier ist es eigentümlich schön und aufregend."[264] Am 30. August 1928 schrieb er in das Gästebuch von Klara Tiedemann: „Nicht Glück oder Unglück – der Tiefgang des Lebens ist es, worauf es ankommt. An diesem erschütternden Meere habe ich tief gelebt, und was es aufregte, das wird, gebe es Gott, irgendwie einmal ehrenhaft fruchtbar werden. Auch will ich wiederkommen [...]. Wir reisen leider wieder einmal. Wie gut, daß Kliffende bleibt."[265] Valeska Gert kehrte nur zu „knusprigen Schrippen" und „Edelkaffee" ein, wohnte jedoch wie die meisten nach wie vor privat.[266]

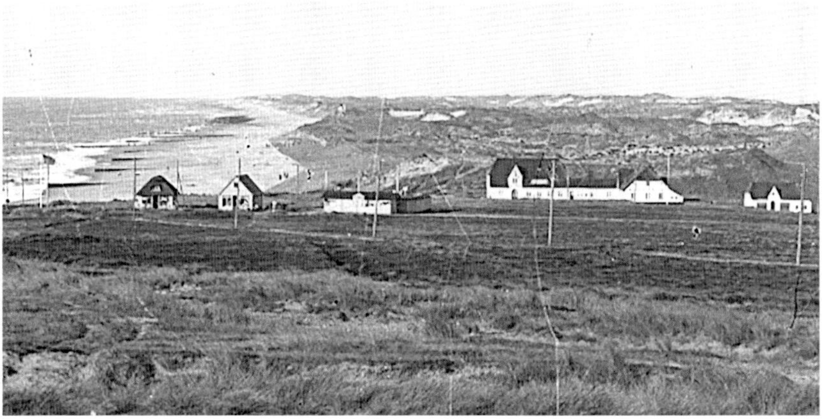

Haus Kliffende, undatiert

Die Saison war auf die Sommermonate beschränkt. Im Spätherbst fing die Zeit der freien Weide an, in der Schafherden über die Insel zogen und Futter auf den kargen Heiden suchten.[267] Die Insel blieb allen Umwelteinflüssen schutzlos ausgesetzt, Küstenverbauungen gab es noch nicht. Eine besonders starke Sturmflut, bei der es auch Kampen schwer traf, ereignete sich im August 1923. Große Teile des Strandes an der Kampener Westküste brachen ab. Klara Tiedemann, deren Pension nahe der Küstenlinie lag, erlebte das Verschwinden der Dünenreihe vor ihrem Haus über Nacht: „Strandkörbe treiben an uns vorbei, die man so schnell nicht bergen konnte. Sie schlagen gegen das Kliff und brechen mitten durch. Dann treiben sie zusammen mit Kisten, Tonnen, Brettern, Fässern in das Dünental unter dem kleinen Leuchtturm."[268] Siegfried Jacobsohn (1881–1926) berichtete seinem Freund Kurt Tucholsky im folgenden Jahr: „Der Strand steht nicht mehr ganz. Das heißt: beim kleinen Leuchtturm ist der Einbruch der Nordsee durch die Dünen hindurch so weit in die Heide hinein erfolgt, daß ich den Eindruck habe, in dreißig Jahren wird die eine Insel zu zweien geworden sein."[269]

Bis 1927 war die Insel vom Festland aus nur mit Fähren von Hoyerschleuse bei Tondern nach Munkmarsch oder per Schiff von Hamburg und Bremen aus über Helgoland und Wyk nach Hörnum zu erreichen.[270] Über den neuen Hindenburgdamm konnte man mit dem Personenzug, ab 1932 mit dem Autozug bis nach Westerland fahren. Reisende von Berlin nach Sylt nahmen um 7.05 Uhr den Zug am Lehrter Bahnhof und erreichten um 12.15 Uhr Hamburg, um 18.18 Uhr Westerland.[271] Von dort ging es mit dem Autobus oder einem Mietwagen nach Kampen. Man konnte aber auch die Inselbahn nehmen, die bis Kampen (1903)[272] und List (1908) führte.[273] Außerdem bot die 1926 gegründete „Deutsche Luft Hansa Aktiengesellschaft" täglich Flüge von Hamburg und von anderen Großstädten zum Flugplatz in Tinnum an, die sogenannten Badeluftreisen.[274] Die bessere Erreichbarkeit der Insel erhöhte auch deren Besucherzahl, so dass der Schriftsteller Hans Fallada, der mit seiner Frau 1929 einen Tagesausflug dorthin unternahm, über den „übervollen Strand" klagte.[275]

Vor Kampen machte diese Entwicklung ebenfalls nicht halt, wenn auch in begrenztem Maße. Ab 1925 ergänzten Pensionen und Sommerhäuser das Angebot. Vor allem der Dammbau brachte mehr Gäste. 1.560 waren es im Jahr zuvor, 3.660 im Jahr darauf.[276] 1928 bestand Kampen dem Bäderführer zufolge aus 59 Häusern.[277] 40 von ihnen

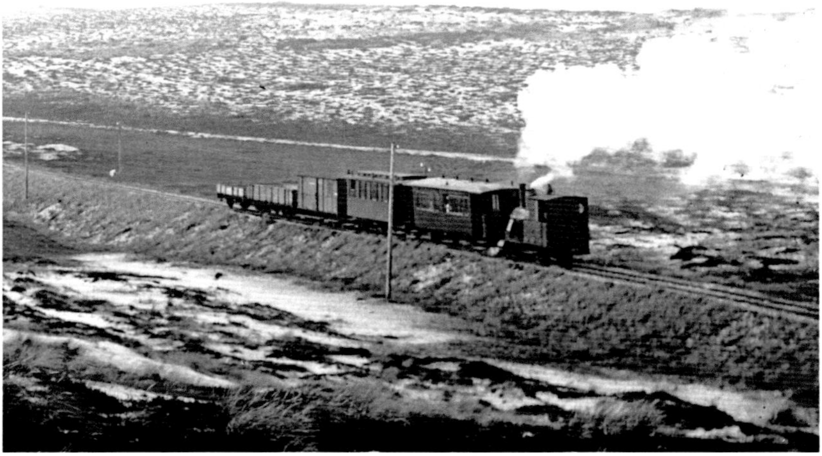

Nordbahn nördlich Kampen, undatiert

boten Übernachtung mit und ohne Frühstück an, drei auch eine „Küche zum Selbstbewirtschaften“. Die Bettenzahl reichte von drei bei Johann Johannsen bis 130 im Kurhaus. Insgesamt standen 700 Betten zur Verfügung. Wer länger als drei Tage blieb, musste einmalig Kurtaxe von zwölf Reichsmark pro erste Person zahlen, für jedes weitere Familienmitglied acht. Der Zutritt zum Strand war dagegen frei.

Der Ort setzte in der Werbung auf das Besondere. Der Bäderführer von 1928 warb damit, dass sich Kampen „seinen Charakter als Friesendorf bewahrt“ habe: Es biete „dem ruhe- und erholungssuchenden Fremden fernab vom Trubel der Großstadt und von lauten Vergnügungen einen idealen Ferienaufenthalt [...]. Die bevorzugte Lage hat eine bemerkenswerte Auslese der Gäste bewirkt. Es sind vor allem Naturfreunde, Künstler, Gelehrte, höhere Beamte, wie überhaupt feinsinnige und gebildete Menschen, die hier in der großen wunderbaren Natur ihre Ferien verbringen.“ Die Wellen am Kampener Strand seien die „stärksten auf der Insel, das Badeleben ganz zwanglos und von keinen Toilettensorgen beschwert, jeder lebt, wie er will.“ Wer wolle, spaziere „im Bademantel vom Schlafzimmer unmittelbar ans Meer.“ Auch Mit-

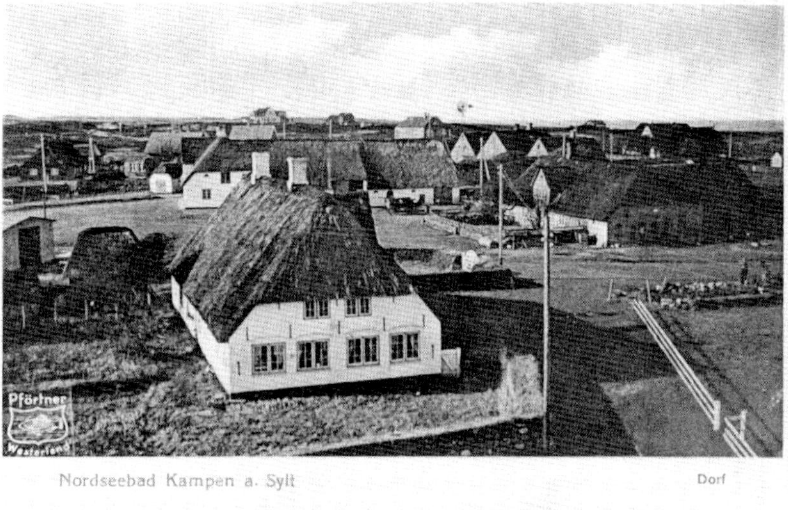

Dorf Kampen, ca. 1928

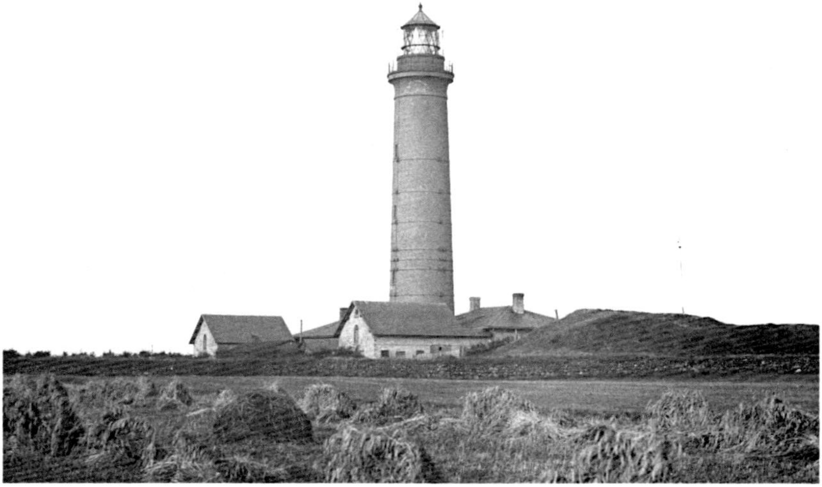

Leuchtturm Kampen, ca. 1928

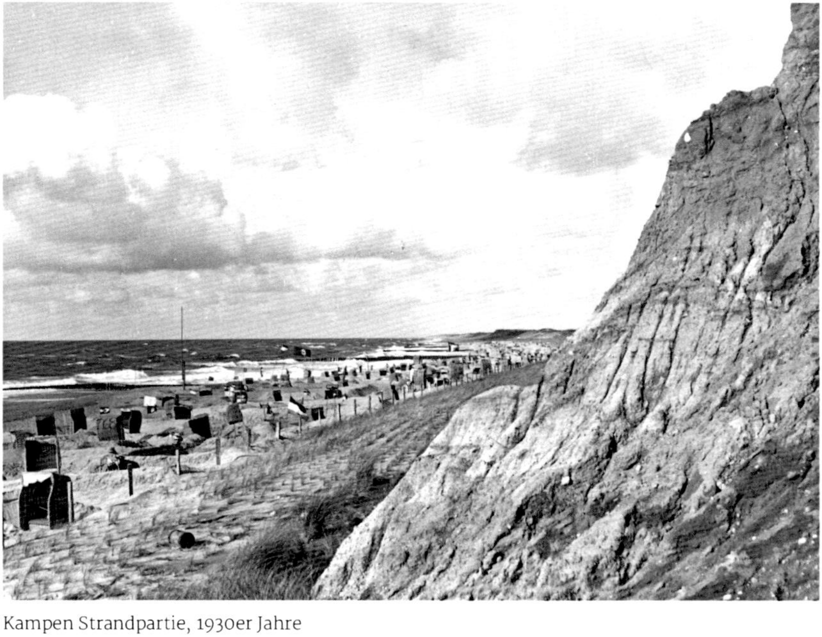

Kampen Strandpartie, 1930er Jahre

glieder der Reichsregierung des Jahres 1925, Reichskanzler Hans Luther, Reichsminister der Finanzen Otto von Schlieben und Außenminister Gustav Stresemann verbrachten hier ihren Urlaub. Die Akten reisten in fünf Koffern mit.[278] Die Anziehungskraft des neuen Modezieles war allerdings auch nicht zu übersehen, folgt man der Beobachtung des Herausgebers des Weimarer Kulturmagazins „Der Querschnitt". Hermann von Wedderkop (1875–1956) meinte 1927: „Was gestern noch am Kurfürstendamm spazierenging, liegt plötzlich hier am Strand."[279]

Als Ausflugsziele[280] boten sich die Uwe-Düne, die Vogelkoje als „Urwald im Kleinen" und das „freideutsche Jugendlager Klappholttal mit einer künstlerisch sehr gut geleiteten Handweberei" an. Wer eine gute Kondition mitbrachte, konnte den Kampener Leuchtturm besteigen. Für die Besichtigung des Hühnengrabes „Denhoog" in Wenningstedt sollte man eine Taschenlampe mitbringen, „da man in dem Dämmerlicht Einzelheiten (Gletscherschliffe usw.) sonst nicht unterscheidet." Schiffsausflüge führten nach Amrum, Föhr und zu den Halligen. Man konnte aber auch im Kurhaus Kampen ein Auto mieten oder dort ein Pferd, ebenso im „Kliffende". Das nahmen auch Valeska Gert und Aribert Wäscher wahr.[281] Fritz Jahns vercharterte Segelboote. Angeboten wurden auch Seehundjagden und sogar Inselrundflüge.

Das Strandleben blieb zwanglos, wie es der Bäderführer versprach. So zog Jacobsohn niemals seinen gelben Bademantel aus und „badete frisch wie ein Fisch in der Nordsee."[282] Aribert Wäscher und Valeska Gert kleideten sich dem Schauspieler Hubert von Meyerinck (1896–1971) zufolge in jenen Jahren „wie Halbwilde". Er selbst sei mit den beiden in Trainingsanzug und grellem Schal am Strand gelaufen. Sie hätten in ihrer Aufmachung wie „Strauchdiebe" ausgesehen.[283] Siegfried Jacobsohn war von Valeska Gert fasziniert. Er berichtete seinem Freund Kurt Tucholsky nicht nur über das Inselleben, sondern auch über die Tänzerin. Einerseits bezeichnete er sie in seinen Briefen als „schwarzbehaarte Rübe" (1922) und „schwarzes Scheusal" (1926).[284] Andererseits spielte er mit ihrem Image, wenn er 1923 Tucholsky mitteilte: „Ich bade hier täglich zwischen Felix Hollaender und den Söhnen des Kronprinzen und August Wilhelms, und nie ohne Valeska Gert.

Das lockt Dir [sic!] hoffentlich. Her zu mir!"[285] Seine Formulierung bezog sich auf frühere geradezu voyeuristische Kommentare. So hatte er am 11. Juli 1920 geschrieben: „Die Geschichten von Valeska Gert, die hier ist, müßte man sammeln: ‚Immer, wenn ich unterwegs einen andern lieb haben will, schreib ich meinem Mann einen Eilbrief. Dann telegraphiert er immer: Mach, was Du willst.'"[286] Wenige Tage später: „Was Prickelndes hat Valeska schon [...]. Sie ist eine Kreuzung von Orska und Lasker-Schüler, und da könnte ich jahrelang mit ihr auf einer einsamen Insel, einer viel, viel einsameren, als Sylt ist, verbringen."[287] Und 1922: „Valeska ist das überhaupt häßlichste Aas, das Europa aufweist. Sie möchte immerzu, aber auf dieser geschmackvollen Insel findet sich keiner."[288]

Belegbar ist allerdings nur, dass Valeska Gert auch auf Sylt, wo Nacktbaden als Ausdruck der lebensreformerischen Freikörperkultur an manchen Strandabschnitten nicht unüblich war, durch ihre liberale Einstellung zum Körper und zur Sexualität auffiel. Schon im Sommer 1917 war sie im Urlaub in Koserow an der Ostsee nackt im Wald spazieren gegangen.[289] In Kampen lag sie gern nackt in den Dünen, wohl wissend: „Das war schlecht für meinen Ruf." Im Rückblick meinte sie in Anspielung auf die Buhne 16 (Strandaufgang „Abessinien") der 1960er Jahre, es habe dort damals „weder Abessinien noch Minihöschen"[290] gegeben. Sie selbst beschreibt außerdem, dass sie bei politischen Diskussionen ihrem eruptiven und „rechthaberischem" Temperament nachgab, indem sie ihren Argumenten handfest Nachdruck verlieh: „Auf Edith [Jacobsohn] war ich schnell drauf und würgte sie, weil sie mir nicht glauben wollte [...]. Der spätere Kultusminister der DDR war mir zu doktrinär, wollte nicht einsehen, daß ich recht hatte, wupp, da bin ich auf ihn raufgehüpft – er lag am Strand in Kampen – und habe ihm eine geklebt."[291]

Doch die Insel ist auch Rückzugsort, an dem sie sich entspannen kann. Im Frühjahr 1927 ist sie nach einem „hemmungslos durchliebten und durchtanzten Winter" in einer Krise mit Erschöpfungszuständen und „wochenlange[n] Depressionen". Sie fährt nach Sylt, wo sie ihre innere Balance wiederfindet: Ich „aß, trank, atmete, badete. Der Sturm konnte nicht stark genug sein. Wenn man nur noch gebückt vorwärtsgehen kann, dann ist es gerade richtig. Oder wenn es so regnet, daß die Kleider am Körper kleben. Und in der Sonne liegen, bis die Haut schmort. Ich hatte meine Kraft wieder."[292] Spätestens 1931 kaufte Gerts Ehemann ein Grundstück am Wuldeweg in der Kampener Heide, denn am 14. Oktober 1931 beantragte sie als „Frau von Krause" beim Kreisausschuss Südtondern in Niebüll die dortige Errichtung eines Wohnhauses. Bereits am 28. erteilte ihr das Amt Sylt die Genehmigung. Und am 6. Mai 1932 erfolgte die „Gebrauchsabnahme" für den Neubau durch Kreisbaumeister Karstens. Das Haus, eher eine Kate, wurde aus Oldenburger Klinkern gemauert, der Innenbereich bestand aus verputzten Zementsteinwänden.[293] Der Kauf des Grundstücks und der Bau des Hauses zeigt nicht nur die Verbundenheit Valeska Gerts mit Kampen. Er war auch eine Reaktion auf die aktuellen Entwicklungen in Deutschland, die sie selbst direkt betrafen.

Die 1930er Jahre

Ab 1929/1930 bemerkt Valeska Gert einen stimmungsmäßigen Umschwung. Sie erinnert sich, dass die Leute Angst hatten, zu ihren Auftritten zu kommen. Ihre Agentur Wolff & Sachs habe ihr gesagt, „daß es immer schwieriger würde, in der Provinz Gastspiele zu machen, daß man meiner Kunst immer Antipathien entgegenbringt. Dann das Rassendenken. Valeska Gert, eine Jüdin! Ich bin Deutsche, geborene Berlinerin, aus Berlin Charlottenburg, und ich habe auch nie anders gefühlt."[294] Bis 1933 vertrat die Agentur viele jüdische Künstlerinnen und Künstler, veranstaltete u.a. die Konzerte der Berliner Philharmoniker und „Abende hervorragender Tänzerinnen".[295] Die Tochter des Gründers Hermann Wolff (1855–1902), Edith Stargardt-Wolff, beschreibt die Situation aus ihrer Erinnerung: „Angst vor den Machthabenden spielte zu dieser Zeit bei hoch und niedrig die größte Rolle. Nur nicht aus dem Gleichschritt fallen, um nicht ausgeschaltet oder verdächtigt zu werden, das war die Parole des Tages. Zu gefährlich war für den einzelnen der leiseste Widerspruch oder Zweifel. Ja, den geheimsten Regungen wurde nachgespürt. Tief und bitter wurde das von vielen empfunden."[296] Schließlich leitete die Inhaberin Luise Wolff (1855–1935), die nach dem Tod ihres Mannes die Agentur weitergeführt hatte, 1934 die Liquidation ein, die 1935 abgeschlossen war.[297]

1930 wurde Valeska Gert vom Chefideologen der Nationalsozialisten, Alfred Rosenberg, als Künstlerin und als Jüdin öffentlich angegriffen.[298] Die neue Zeit machte sich bemerkbar, als die Berliner Theateragentur Otto Mertens Ende Dezember 1930 vergeblich beim Stuttgarter Nationaltheater anfragte, ob sie dort im Januar 1931 einen Tanzabend geben könne – 1923 und 1929 war sie bereits in Stuttgart aufgetreten.[299] Der Rückgang von Auftrittsmöglichkeiten bringt sie dazu, ihr eigenes Kabarett zu gründen. Im im Februar 1932 eröffneten „Kohlkopp" trat sie als Sängerin und Tänzerin auf. Aribert Wäscher rezitierte Reklameverse einer bekannten Berliner Schuhputzmittelfirma.[300] Ein gern gesehener Gast war Ivy Litvinov (1889–1977), die Ehefrau des russischen Volkskommissars für Auswärtige Angelegenheiten Maxim Maximowitsch Litvinov (1876–1951). Sie schätzte Gert seit ihrer Tournee durch die Sowjetunion und hatte auf deren Einladung hin auch mit ihrer Tochter Tanja Urlaub an der Ostsee gemacht. Ivy führte nun illustre Gäste in das Kabarett, u.a. den deutschen Hirnforscher Prof. Oskar Vogt (1870–1959), der nach Lenins Tod 1924 dessen Gehirn untersucht hatte.[301]

Bereits nach drei Monaten muss Valeska Gert ihr Kabarett wieder schließen. Ab November 1932 tritt sie in der „Katakombe"[302] des Kabarettisten Werner Finck auf. Es befand sich seit Oktober 1929 am Potsdamer Platz im Keller des Berliner Künstlerhauses Bellevuestr. 3, später in einem Bierlokal am Tiergarten.[303] Der Raum fasste etwa 200 Personen.[304] Julia Tardy-Marcus, die später im Pariser Exil Tanzabende mit Valeska Gert gab, erinnert sich: „Die Ausstattung war einfach, es gab einen Vorhang. Beleuchtung, man schminkte sich selbst, jeder brachte seine Requisiten mit [...]. 1931 konnte die Kabarettistin Annemarie Hase (1900–1971) noch in Friedrich Hollaenders „Tingel-Tangel" in der Revue „Spuk in der Villa Stern" zur Habanera aus George Bizets „Carmen" das Lied „An allem sind die Juden schuld" singen: „Ob es regnet, ob es hagelt, ob es schneit oder ob es blitzt. Ob es dämmert, ob es donnert, ob es friert oder ob es schwitzt, ob es schön ist, ob's bewölkt ist. Ob es taut oder ob es gießt, ob es nieselt, ob es rieselt, ob du hustest, ob du nießt: An allem sind die Juden schuld! Die Juden sind an allem schuld! Wieso, warum sind sie dran schuld? Kind, das verstehst du nicht, sie sind dran schuld!"[305] Und im November 1931 konnte dort noch Valeska Gert u.a. mit Lotte Lenya und Helene Weigel in der von Bertolt Brecht geschriebenen Revue „Wir sind ja sooo zufrieden" mit ihrer Parodie einer „Koloratursängerin" und ihrem „Tod" auftreten.[306]

Nach der Machtübernahme 1933 hatte jedoch das Kabarett im Allgemeinen einen schweren Stand. Georg Thomalla (1915–1999), der in dieser Zeit im „Kabarett der Komiker" auftrat, schreibt dazu Ende der 1980er Jahre: „Natürlich machen wir Kabarett nicht im Sinne der aggressiven Zeitkritiker, unsere Darbietungen sind eher harmlos und belustigend [...]. Mit den Mächtigen legen wir uns nicht an [...]. Alle retten sich – wenn eben möglich – zu dieser Zeit in die belanglose Harmlosigkeit [...]. Wir haben gearbeitet und keine großen Fragen gestellt [...]. Narren in schlimmer Zeit sind wir alle gewesen und Hofnarren noch dazu."[307] Der 35-jährige polnische Adlige Antoni Graf Sobanski, der als Korrespondent für die Warschauer Wochenzeitschrift „Literarische Nachrichten" nach Deutschland gereist war, schreibt 1934 über die Stimmung in Berlin: „Jeder fürchtet sich vor der eigenen Stimme und den eigenen Gedanken [...]. Das Netz des Terrors ist mittlerweile so lückenlos und engmaschig, so dicht, dass es ohne Anwendung von Gewalt oder anderen drastischen Mitteln funktioniert."[308]

Diese Zustände betrafen insbesondere auch Valeska Gert, denn sie galt nach Axel von Ambesser als „die extreme Verkörperung dessen, was die Nationalsozialisten haßten. Dabei war gar nicht so sehr die Tatsache entscheidend, daß sie Jüdin war, sondern die Art ihrer Auftritte, die sie als ein unentwegtes ‚Dem-Spießer-ins-Gesicht-Schlagen' gewertet wissen wollte. Das reichte vollauf, um sie zum Haßziel der Nazis zu machen."[309] Wie intensiv die Tänzerin schon während der 1920er Jahre mit Antisemitismus konfrontiert wurde, ist im Detail nicht überliefert.[310] Es ist aber davon auszugehen, dass auch sie die Ermordung Walter Rathenaus am 24. Juni 1922 in Berlin durch Rechtsradikale nicht unberührt ließ.[311] Die massiven Ausschreitungen gegen Juden auf dem Kurfürstendamm durch 1.000 SA-Leute am 12. September 1931[312] und nach der Reichstagswahlvom 5. März 1933, die Bücherverbrennungen[313] sowie die Aufforderungen zum Boykott jüdischer Geschäfte erlebte sie mit, ebenso weitere Schritte auf dem Weg der ökonomischen und gesellschaftlichen Isolierung: das Verbot, Vereinen und Clubs beizutreten oder Hotels, Gaststätten, Cafés, Theater, Konzerte, Kabaretts, Kino und Museen zu besuchen, Autos zu fahren, Fahrräder zu besitzen und Bücher zu kaufen. Ab Anfang Dezember 1938 war es Juden in Berlin verboten, mit „Ariern" gemeinsam auf der Parkbank zu sitzen.

Beruflich hatte nicht nur Valeska Gert ihren Veranstalter in Deutschland verloren. Sie durfte auch als Jüdin nicht Mitglied in der am 22. September 1933 von den Nationalsozialisten eingerichteten „Reichskulturkammer" sein, was de jure einem Berufsverbot gleichkam.[314] Als Jüdin konnte sie nur noch in dem im Frühjahr 1933 gegründeten „Kulturbund der deutschen Juden" (später: „Jüdischer Kulturbund") auftreten.[315] 1936 umfasste er 180.000 Mitglieder. Mit Beginn der Vernichtungsaktionen wurde er im September 1941 aufgelöst.[316] Vor diesem Hintergrund ist ihre Aussage zu sehen, sie habe seitdem bis 1938 „praktisch hier nicht mehr arbeiten" können, sondern nur noch im Ausland.

Wie für andere war es nun überlebensnotwendig, sich durch Zeitungen und Radio zu informieren. Was hörte sie? „Hitler bellte im Radio, Göring röhrt, und Goebbels schrie seifig verlogen."[317] Die Straßenszenerie bedrängte sie visuell: „Die drohenden Hakenkreuzfahnen, die engen gefährlichen schwarzen Uniformen der SS, die plumpen Schritte der SA, die Überschriften im Völkischen Beobachter und im Angriff, man konnte ihnen nicht entgehen. An den Mauern klebten Seiten aus dem Stürmer. Im Ewigen Juden und im Erwachenden Berlin hatte man mir eine ganze Seite Text und Fotos gewidmet."[318] Künstler und Freunde wie Bertolt Brecht, Friedrich Hollaender, George Grosz, Else Lasker-Schüler, Klaus Mann, Walter Mehring, Carola Neher, Hans Sahl, Conrad Veidt und Helene Weigel hatten Deutschland bereits kurz vor oder nach dem Reichstagsbrand vom 27. Februar 1933 verlassen. Kurt Tucholsky lebte schon seit 1929 in Schweden; Blandine Ebinger emigrierte 1937 in die USA.

Valeska Gert will dem Regime zunächst trotzen. Zwei Monate nach der Machtübernahme verfasst sie für die Zeitschrift „Gegner. Zeitschrift für neue Einheit" einen Artikel, in dem sie sich als Tänzerin zum Kommunismus als Gegenbild zum Nationalsozialismus bekennt.[319] Die Zeitschrift war „Sammelbecken einer linken und nationalrevolutionären Opposition." Zu ihren Autoren gehörten u.a. Axel Eggebrecht, Oskar Maria Graf, Raoul Hausmann und Ernst von Salomon. Im selben Monat wurde die Zeitschrift verboten, und die Redakteure in ein Sonderlager verschleppt und misshandelt.[320]

Valeska Gert musste den Selbstmord einer Tante und deren Sohn sowie ihrer Nichte beklagen.[321] Am 10. September 1935 verkündete

Adolf Hitler dann auf dem Reichsparteitag die „Nürnberger Gesetze“, die u.a. Ehen und den außerehelichen Geschlechtsverkehr zwischen Nichtjuden und Juden verboten.[322] Valeska Gert war sich spätestens jetzt darüber im Klaren, dass das NS-Regime keine vorübergehende Erscheinung sein würde, wie viele Juden zunächst geglaubt hatten. In ihren Erinnerungen schreibt sie dazu: „Als ich von den Rassengesetzen im Radio hörte, wußte ich: jetzt ist alles aus.“[323] Ihr Ehemann hielt diese neue Situation nicht lange aus: „Er wurde unruhig, hatte Angst und ließ sich von mir scheiden.“[324] Sie selbst habe jetzt das Gefühl gehabt, „in der Luft“[325] zu baumeln. 1973 schreibt sie rückblickend noch deutlicher: „Mir war zumute wie einem, dem der Stuhl weggezogen wird und nun am Galgen baumelt.“[326]

Lange will sie die Verdrängung ihrer Person und ihrer Kunst aus dem öffentlichen Raum nicht akzeptieren. Sie versucht, sich in dieser Zeit der Ausgrenzung und Verfolgung durch Tourneen in anderen Ländern ein Stück Freiheit und Selbstbestimmtheit zu bewahren. Sie kehrt jedoch auch immer wieder nach Berlin zurück, nicht zuletzt, um Aribert Wäscher nicht zu verlieren. Mitunter riskieren beide noch einen Kinobesuch, wobei sie darauf achten, nicht zusammen gesehen zu werden, denn das hätte das Ende seiner Filmkarriere bedeutet: „Ging ich mit ihm ins Kino, nahm er eine Loge. Ich kam nach Anfang, wenn es schon dunkel war.“[327] Gingen beide Essen, saß sie mit dem Rücken zu den anderen Gästen. „Kam der Kellner mit einem Zettel, wurde Wäscher kreidebleich. Vielleicht schrieb der Wirt, ich solle das Lokal verlassen. Aber es war nur eine Bitte um ein Autogramm. Ich stand auf, in der dunklen Rankestraße trafen wir uns wieder. Er kam nur nachts in meine Wohnung, am Tag war es zu gefährlich […]. Ich wurde fast wahnsinnig.“[328] Valeska Gert spürte diese Erniedrigungen körperlich: „Wäschers Liebe fing an abzubröckeln […]. Ich blieb in Berlin, bis es mit Wäscher nicht mehr ging, bis wir beide den Alpdruck nicht mehr aushalten konnten.“[329] Seine Filmkarriere ging gleichwohl ungebrochen weiter. Hatte er von 1920 bis 1932 in 20 Filmen mitgespielt, so übernahm er von 1933 bis 1945 in 68 Filmen eine Rolle.

Valeska Gert heiratete dagegen am 24. April 1936 auf Anraten Aribert Wäschers den jungen englischen Schauspieler und Schriftsteller Robin Hay Anderson (1913–?), den sie in London kennengelernt hatte und der sie nach eigenem Bekunden „sehr verehrte“[330]. Durch ihre Heirat erhält sie einen britischen Pass, „und mir stand die Welt wieder offen“[331]. Der Pass schützt sie vor nationalsozialistischer Verfolgung und hilft ihr später, nach Amerika zu kommen. Die Hochzeitsreise führt nach Paris, wo sie die Hochzeitsnacht in einem der Apachenlokale in der Rue de Lappe verbringen.[332] „Unsere Trauzeugen redeten ihm noch ab, als wir schon auf dem Weg zum Standesamt waren.“[333] Die Ehe bleibt platonisch, doch sind beide trotz Zweckheirat „voneinander fasziniert“[334]. Allerdings behält Gert einen kühlen Kopf, als er eines Nachts zu ihr kommt. „Seine Nasenflügel bebten wie die eines Karnickels, so nervös war er. Das stieß mich ab. Ich gab ihm zwei Schlaftabletten und sagte: ‚Da, nehmen Sie die, Sie werden gut schlafen.‘“

Nach Tanzabenden 1934 und 1935 in London, Oxford, Cambridge und Manchester[335] mietet Valeska Gert 1936 mit einer Wigman-Schülerin, der Kommunistin Julia Marcus, in Paris ein kleines Theater. Es gehörte zur „Künstler-Akademie“, die Isadora Duncans Bruder Raymond unterhielt. Marcus erinnert sich an die zehn Tanzabende mit Valeska Gert wie folgt: „Das Theater war in einem sehr vernachlässigten Zustand. Während wir tanzten, konnte es geschehen, daß Mäuse über die Szene huschten, oder auch eine von der Straße verirrte Katze. Flöhe auf dem abgenutzten Teppich waren auch nicht selten und die Vorhänge ein einziger Staubfänger.“[336] Zum Publikum bemerkt Gert 1973 rückblickend: „Wie immer kam zu meinen Vorstellungen alles, was gut und teuer war.“[337] Erwin Blumenfeld (1897–1969) fotografierte sie in erotischer Pose.[338] Im Mai 1936 gibt sie in Wien „Tanzabende“.[339]

Sylt in den 1930er Jahren

1933 verbrachte Valeska Gert noch ihren jährlichen Sommer auf Sylt, gemeinsam mit Aribert Wäscher. Selbst der beste Freund Wäschers, Axel von Ambesser, ist nicht frei von antisemitischen Stereotypen bei seiner Schilderung: „Arm in Arm“ wandernd „durch die melancholisch ernste Weite der ‚nordischen‘ Landschaft am Heiderand des Watts [...]. Ari und Valeska waren wirklich ein groteskes Paar. Er kurzhaarig, riesig, seinen Hängebauch in etwas zu lange Shorts gepreßt, aus denen die langen blassen Beine herausstachen, die dann wieder in superkurzen Söckchen endeten, stolzierte neben Valeska her, die klein, gedrungen und mit einer gewaltigen schwarzen Mähne ausgestattet neben ihm herwatschelte. Ich wähle diese etwas saloppe Formulierung absichtlich, weil die beiden wirklich so aussahen, als wären sie vom lieben Gott extra so für das antisemitische Stürmer-Hetzblatt erschaffen worden. Meine Freunde und ich bewunderten es, daß Wäscher sich so ungeniert und ostentativ mit Valeska zeigte, speziell in Kampen, dem Modebad, das nach der Machtergreifung auch Goebbels und Göring gelegentlich besuchten.“[340]

1936 nimmt sie ihren neuen Ehemann mit. „Wenn Jack mitkommt, dachte ich, kann nichts passieren. Ich bin verheiratet mit ihm, und niemand kann auf den Gedanken kommen, daß Jack nur Bewachung ist.“[341] Die Situation empfand sie jedoch als „unerträglich. Ich gefährdete Aribert, weil das, was wir taten, ‚Rassenschande‘ war.“[342] Beide wussten, dass das antisemitische Hetzblatt „Der Stürmer“ Beispiele für „Rassenschande“ anprangerte. Aribert Wäscher wohnte jetzt wegen der „Rassengesetze“ vorsichtshalber im Kurhaus, wo er vom Wirt vor der Geheimen Staatspolizei gewarnt wird. Die Überwachung der beiden durch die Gestapo, die mittlerweile auch auf der Insel Quartier bezogen hatte, bleibt den beiden nicht verborgen: „Ständig waren Gestalten mit weißblonden Augenwimpern in unserer Nähe. Sie saßen im Strandkorb nebenan und beobachteten uns mit Ferngläsern von der Düne. Gingen wir spazieren und ich drehte mich um: Da waren sie, nicht abzuschütteln."[343]

Die zunehmend repressive Stimmung verfolgte sie: „Die Nazispitzen kamen nach Kampen. Ein SA-Mann buddelte neben unserem Korb eine Kuhle, stellte einen Strandkorb hinein und umrahmte die Burg mit einem Drahtzaun. Als sie fertig war, schritt Hermann Göring, steif wie eine Statue, über den Strand [...]. Der immer ängstliche Wäscher sagte: ‚Komm, wir lassen unseren Korb woanders hinstellen. Vielleicht schießt jemand auf Göring, zielt falsch und trifft mich.' Wir zogen um."[344] Sylt entpuppte sich wie auch andere Badeorte an Nord- und Ostsee zu dieser Zeit[345] längst nicht mehr als der Zufluchtsort, der er einst für sie gewesen war. Die Weimarer Republik und ihr politisches System hatten auf den nordfriesischen Inseln nicht wirklich Fuß gefasst.[346]

Ideen vom Friesentum konnten die Nationalsozialisten mühelos aufgreifen und in ihrem Sinne umdeuten.[347] So sprach Gauleiter Hinrich Lohse (1894–1964) im Vorfeld der Reichstagswahl vom 14. September 1930 auf Sylt und Föhr auch die „Judenfrage" an: „Die Juden schafften nicht, sondern sie rafften nur und beherrschen unser Volk. Die Juden dürfen keine Staatsbürger sein [...]."[348] Am 3. Oktober 1930 gründeten schließlich sieben Sylter in Westerland die erste NSDAP-Ortsgruppe.[349] Im März 1932 gab es bereits Ableger in Morsum, Archsum und List. Auch der Aufbau der SA vollzog sich spät, aber rasant. Im Oktober 1931 umfasste sie 80 Mitglieder, im Juli 1933 über 200. Die Nationalsozialisten hatten damit einen „Machtapparat geschaffen, der [...] in der Lage war, die Ziele der Partei gewaltsam durchzusetzen."[350] Die Reichstagswahl am 5. März 1933 brachte ihnen auf der Insel hohe Stimmenanteile. Sie reichten von 45 % in Rantum bis über 70 % in Wenningstedt und List, Morsum und Archsum.[351]

Zahlreiche Funktionsträger des NS-Regimes zählten zu den Feriengästen, unter ihnen z.B. Dr. Josef Mengele, der spätere berüchtigte Lagerarzt im Konzentrationslager Auschwitz, Justizminister Hans Kerrl und Hitlers Stellvertreter Rudolf Heß.[352] Im Sommer nach der Machtübernahme kam Hermann Göring ebenfalls wieder zum Baden und zur Seehundjagd. Er logierte zunächst in Kampen, ließ sich 1937 sogar ein Ferienhaus in Wenningstedt bauen. Die „Sylter Zeitung" schrieb darüber: „Es war selbstverständlich, dass die Kampener Bevölkerung dem Ministerpräsidenten dafür dankte, dass er gerade hier seinen Urlaubssitz gewählt hatte. Dafür dankte auch Gemeindevorsteher T. besonders und trug dem Ministerpräsidenten die Ernennung zum Ehrenbürger Kampens an, welche dieser dankend annahm."[353]

Schon 1933 hatten viele jüdische Gäste auf ihre Ferien auf Sylt verzichtet und zogen stattdessen die benachbarte dänische Insel Röm vor; ein Trend, der sich in den folgenden Jahren fortsetzte.[354] Ab Ende 1935 wurde es für jüdische Gäste nur schwer möglich, Strandbäder zu besuchen.[355] Ab dem 16. Juni 1939 durften sie Erholungsstätten nicht mehr aufsuchen. Ferien im Ausland bedeuteten für sie deshalb, solange sie reisen konnten, für eine kurze Zeitspanne dem Naziterror nicht ausgesetzt zu sein. Der Historiker Fritz Stern schreibt dazu in seinen Lebenserinnerungen: „Meine Familie lebte für ihre befristeten Fluchten ins freie Ausland. Im Sommer 1936 fuhren wir nach Dänemark. Ferien an der See waren ohnehin aufregend, aber hinzu kam die Aufregung des Grenzübertritts, wenn der Zug von der deutschen Seite mit ihren verhaßten Uniformen hinüberfuhr auf die andere, freundliche Seite, wo die Uniformen ein Gefühl schützender Autorität vermittelten [...]. Unausweichlich endeten die Ferien und das Gefühl der doppelten Freiheit mit der Rückkehr zur gewohnten Furcht, zu den realen Unannehmlichkeiten Deutschlands und zum potentiellen Terror."[356] Die „Sylter Zeitung" zitierte in einem Bericht über einen „Nationalen Abend der NSDAP" im Jahr 1933 den Westerländer Ortsgruppenleiter: „Wir Nationalsozialisten sind stolz darauf, in wie viel stärkerem Maße als früher man jetzt fast nur noch blonde, arische Menschen an unserem Strande findet."[357] Ab März 1934 sollten auf Anweisung des Bürgermeisters von Westerland keine Juden mehr das Bad besuchen.[358] Doch auch noch in den folgenden Jahren fanden jüdische Gäste auf der Insel Unterkunft, vor allem auch in Westerland. Nicht alle Vermieter mögen den Rassenhass mitgetragen, andere vielleicht aus geschäftlichen Interessen gehandelt haben.

In den Strandburgen und Vorgärten in Westerland wehten nun Hakenkreuzflaggen, wenn auch zunächst zumeist nur im Winter,

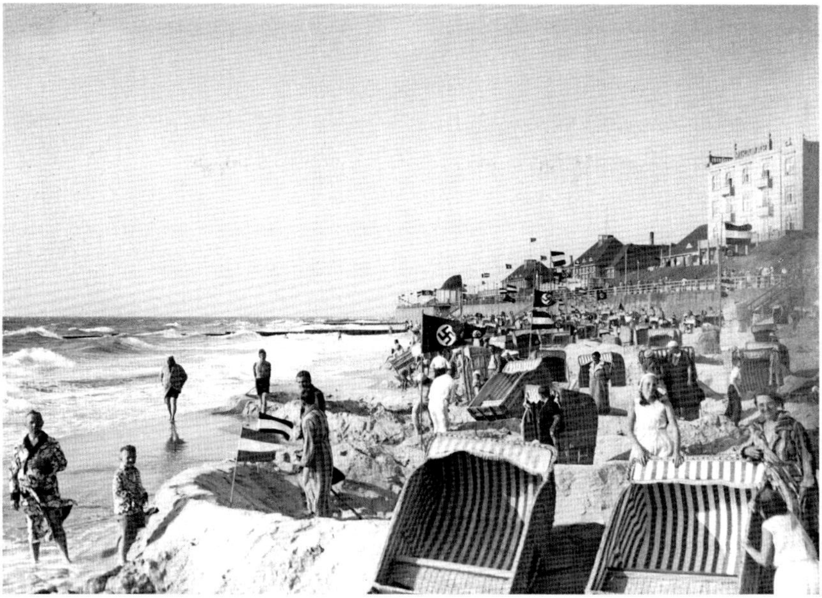

Strand Westerland bei Miramar, 1936

während im Sommer noch die schwarz-weiß-rote Fahne der Deutschnationalen gehisst wurde. Der Westerländer Ortsgruppenleiter nahm dies im August 1935 zum Anlass, zu verkünden: „Hier sind Juden willkommen! Wir aber wollen dafür sorgen, daß die Juden bei uns nicht mehr einziehen."[359] Der Westerländer Verkehrsverein ließ zu Pfingsten 1936 eine Bekanntmachung in der „Sylter Zeitung" veröffentlichen, in der alle Vermieter „dringend darum gebeten" wurden, „die ihnen vom Verkehrsverein zugestellten Schilder mit den Aufschriften „Juden unerwünscht" und „Deutsches Geschäft" in deutlich sichtbarer Form anzubringen. Es darf unter keinen Umständen dazu kommen, dass Westerland nach und nach wieder in erheblichem Umfange von jüdischen Gästen besucht wird, weil dieses den Interessen unseres Bades nicht dienlich ist."[360] Nach 1938 heißt es in der „Sylter Zeitung" dazu: „Das Fehlen dieser Schilder an Gästehäusern und Geschäften sollte den Gast oder Käufer stutzig machen, mit wem er es hier zu tun hat."[361] Im August erließen Wenningstedt, Kampen,

List und Hörnum dann ein Aufenthaltsverbot für jüdische Gäste. Wer weiterhin Juden aufnahm, musste mit einer Gefängnisstrafe oder einer Geldstrafe bis zu 15.000 Reichsmark rechnen.[362] Es gab aber auch Insulaner, die heimlich Widerstand leisteten, indem sie z.B. 1935 den „Stürmer-Kasten“ in Braderup beschädigten.[363] Wer das NS-Regime offen anprangerte, musste mit seiner Überstellung in ein Konzentrationslager rechnen, wie der Sylter Heimatdichter Jens Emil Mungard, der 1938 im KZ Sachsenhausen starb.[364]

Emigration

Nach ihrem an die Nerven gehenden Aufenthalt auf Sylt fährt Valeska Gert 1936 für sechs Wochen in die „Neue Welt“. In New York tritt sie beispielsweise am 6. Dezember mit ihren Nummern „Boxer“, „Girl in Spring“ [Jugend im Mai], „Music Hall“, „Death“, „Vienna Lady – 1890“, „Strip-Tease (first performance)“ sowie mit „Canaille“ und „Procuress“ [Kupplerin] auf.[365] Klaus Mann, der zu ihrem Bekanntenkreis gehörte, notiert in seinem Tagebuch: „Abends: mit E[rika Mann, d. Verf.], Michael, Rolf Nürnberg im Tanzlokal von Valeska Gert; teilweise höchst grässlich; teilweise, immer noch, stark; (Baby; Tod; Diseuse.) [...].“[366] Sie selbst meinte 1968 zu ihrem damaligen Auftritt: „[...] Ich war in einer solchen katastrophalen Verfassung, daß ich den Abend verpatzte. Lasch saß ich in der Garderobe, als Klaus und Erika Mann mich besuchten. Klaus sagte, wenig feinfühlend: ‚Früher fand ich Sie so toll, daß ich nachts von Ihnen träumte, kann es nicht mehr verstehen.‘ Ich war zu starr, ihm zu erklären: ‚Früher gab es Hitler nicht, jetzt lebe ich in einem Alptraum, aus dem ich mich nicht lösen kann.‘“[367]

Ihr Versuch, im europäischen Ausland einen neuen Platz für sich zu finden, schlägt fehl. Im Mai 1937 gibt sie einen Abend in der Londoner Conway-Hall,[368] im September 1937 „weilt sie in Paris“[369]. Im November 1937 folgt erneut ein Auftritt in London im Musical von Cecil Landeau und George Frank Rubens („IT'S IN THE BAG“). Dem englischen Kritiker Oswell Blakeston zufolge wurde es „ein tödlicher Flop. Um sich ihren Lebensunterhalt zu verdienen, gab sie den Huren von Soho Unterricht in Liebesdingen.“[370] Bis Ende 1938 hält es Valeska Gert noch in Berlin aus. Nach dem November-Pogrom 1938 flieht sie schließlich, wohl im Januar 1939,[371] von Frankreich aus in die USA: „Mir war jetzt alles egal, ich wollte jetzt weg. So weit war ich endlich, jetzt, im Dezember 1938.“[372]

Die Gefühle der Emigranten beschrieb der Architekt Erich Mendelssohn (1887–1953) in einem Brief an seine Frau vom 3. Februar mit den Worten: „Überall Käfige und Ketten [...]. Man schließt uns aus vom Gnadentisch, von der Menschenwürde, von der Menschlichkeit. Also muß man sich freimachen und diesem Kreis den Rücken kehren.“[373] Die bürokratische Seite der Emigration Valeska Gerts beleuchtet ein Führungszeugnis vom 28. Dezember 1939. Darin ist vermerkt, dass „Frau Gertrud Anderson, geborene Samosch [...]“ vom 11. Januar 1892 mit Unterbrechung bis zum 1. Juni 1938 und vom 5. Januar 1939 bis 1. Juni 1939 in Berlin gewohnt habe. Strafen seien nicht verzeichnet. Die Diskrepanz zwischen den überlieferten Daten und der Darstellung Valeska Gerts könnte dadurch erklärbar sein, dass sie für die New Yorker Einwanderungsbehörde eine feste Adresse an ihrem alten Wohnort nachweisen musste.[374]

Die Entscheidung, dem NS-Regime in die USA zu entfliehen, hatte Valeska Gert allein getroffen, wohl um ihren ersten Ehemann und Aribert Wäscher zu schützen. Erst vom Schiff aus telegrafiert sie ihnen und Robin Hay Anderson, sie sei „auf dem Weg nach Amerika“[375]. Wie alle Emigranten musste sie ihr bisheriges Leben hinter sich lassen. Allerdings kannte sie die USA bereits und hatte dort Bekannte. Sie verfügte über Geldmittel und einen englischen Pass. Sie war also nicht in einer so schwierigen Lage wie andere. Ihr blieb das Schicksal vieler Flüchtlinge erspart, die in die USA wollten: das Elend des französischen Internierungslagers, die zermürbenden Versuche, ein Visum zu erhalten, und die Einreiseprozedur. Für sie wie für alle Emigranten bedeutete die Flucht jedoch den Verlust der Heimat, die Trennung von Familie und Freunden, den Verlust von Besitztümern und die Unsicherheit über die Zukunft.

Der arrivierte Schriftsteller Thomas Mann stellte diese Situation in einem Brief an Walter von Molo unmittelbar nach dem Krieg dar: „[...] Aber das haben Sie nicht gekannt: das Herzasthma des Exils, die Entwurzelung, die nervösen Schrecken der Heimatlosigkeit.“[376]

„Hitlers Krallen“, schreibt Valeska Gert 1973, „haben vielen bis ins Ausland wehgetan. Emigranten haben seelischen Schaden erlitten und konnten nicht weiterarbeiten, viele haben sich das Leben genommen, fast alle meine Bekannten sitzen unproduktiv im Ausland herum, weil ihnen der Boden unter den Füßen genommen wurde.“[377] Was sie selbst mitnahm, war ihr künstlerisches Potenzial und die Erinnerung an ihr Leben in Europa.[378]

Im Exil

Die USA nahmen insgesamt 130.000 aus Deutschland und Österreich Vertriebene auf,[379] von denen 70.000 in New York blieben. Die Stadt hatte 1938 7½ Millionen Einwohner, von denen eine Million in Manhattan lebte.[380] Dort angekommen, war man als Emigrant zunächst weitgehend auf sich gestellt, sofern man nicht Verwandte oder Freunde hatte, die weiterhalfen, oder von einer der Hilfsorganisationen unterstützt wurde. Alice Herdan-Zuckmayer (1901–1991) beschreibt diese erste Zeit: „Ich kann mich wenig an jene Zeit erinnern, ich weiß nur, sie war erfüllt von falschen Hoffnungen, verlorenen Illusionen, Abwehr, Entwurzelung und Kampf um die Existenz. Das war die erste Phase der Emigration mit allen Stationen des unpersönlichen, allgemeinen Emigrantenschicksals. Es war der übliche Verlauf, man hatte keinen Anspruch darauf, eine Ausnahme zu sein."[381]

Ähnlich erging es Valeska Gert. Dabei hatte sie zunächst das Glück gehabt, dass ein amerikanischer Manager bei einem ihrer Tanzabende in Paris im Herbst 1938 auf sie aufmerksam geworden war.[382] Er engagierte sie nach New York und gab ihr ein Ticket für die Hin- und Rückreise sowie 500 Dollar Vorschuss. Er holte sie auch, begleitet von Filmleuten, am Schiff ab. Am nächsten Tag erfuhr sie jedoch, dass er einem Schlaganfall erlegen sei. Nach einem kurzfristigen Engagement am Cherry Lane Theatre versuchte sie vergeblich, eine Anstellung in einem der großen Kaufhäuser von Macy's und Woolworth zu erhalten. Doch „weder wußte ich, wie man Geld verdient, noch wie man die richtigen Kontakte schließt. Kontakte schließen gehört in Amerika zum Karrieremachen."[383]

Schließlich besinnt sie sich auf ihr Beziehungsnetzwerk, wie viele Emigranten. Sie schreibt der Schauspielerin und Drehbuchautorin Salka Viertel (1889–1978),[384] die mit ihrem Ehemann, dem Regisseur Berthold Viertel (1885–1953), seit 1928 eines der Zentren der deutschsprachigen Kolonie in Hollywood bildet.[385] Dort lebten 1938 allein mehr als 800 Emigranten mit Verbindungen zum Film,[386] unter ihnen auch manche, mit denen Valeska Gert in den 1920er Jahren zusammengearbeitet hatte. Die Sache ließ sich für Valeska Gert gut an, denn Salka Viertel wollte sie mit Charlie Chaplin bekannt machen, den sie anlässlich der Dreharbeiten zu seinem Film „Der Große Diktator" Ende 1939 kennengelernt hatte.[387]

Daraufhin fährt Valeska Gert im Mai 1939 mit dem Bus an die Westküste. Ihre Hoffnungen, Fuß zu fassen, zerschlagen sich jedoch nach kurzer Zeit.[388] Auch Ernst Lubitsch (1892–1947) kann nicht helfen.[389] Durch ihr exzentrisches Verhalten verprellt sie zusätzlich viele ihrer alten Weggefährten. Sie ist sexuellen Übergriffen ausgesetzt, „denn mein Ruf als Sexvamp war groß."[390] Salka Viertel lädt sie zum Lunch in die Kantine von MGM ein, um ihr zu sagen: „Ich glaube, es ist besser, Sie fahren wieder ab."[391] Daraufhin kehrt Valeska Gert nach New York zurück, wo ihr vereinzelte Auftritte in verschiedenen Theatern vermittelt werden.[392]

Am 16. März 1940 steht sie mit der russischen Sängerin Sarah Goldstein/Gorby (1900–1980) im „Barbizon Plaza Theatre" auf der Bühne. Die Werbung dafür kündigt sie auf Deutsch an: „Der Abend verspricht besonders interessant zu werden. Valeska Gert ist wohl das ungebundenste und persönlich überraschendste Talent der modernen deutschen Tanzbühne. Ihre Verwandlungsfähigkeit ist bis zur Unheimlichkeit grossartig und trotzdem einfach. Ihre Typen, für die die Nacht alle ihre Farben gemischt hat, entstehen aus Motiven einer unerschöpflichen Künstlerphantasie."[393] Ab dem 6. Oktober 1940 kann sie erneut im „Cherry Lane Theatre" in der Commerce Street auftreten. Dieses Mal bestreitet sie vier Abende mit der österreichischen Kabarettistin und Diseuse Sonja Wronkow (1901–1987), die bereits 1933 aus Berlin nach Wien und 1939 ins Exil in die USA gegangen war.[394] Valeska Gert kannte Wronkow aus ihrer gemeinsamen Zeit in der „Katakombe". Im Programmheft wird Valeska Gert dieses Mal mit einer Rezension von Alfred Richard Meyer aus den 1920er Jahren wie folgt vorgestellt: „Go [one year] to every recital of Valeska Gert and you will change from a psychologist to a metaphysician. You will go through hell. Sometimes she will make you beastly drunk but finally

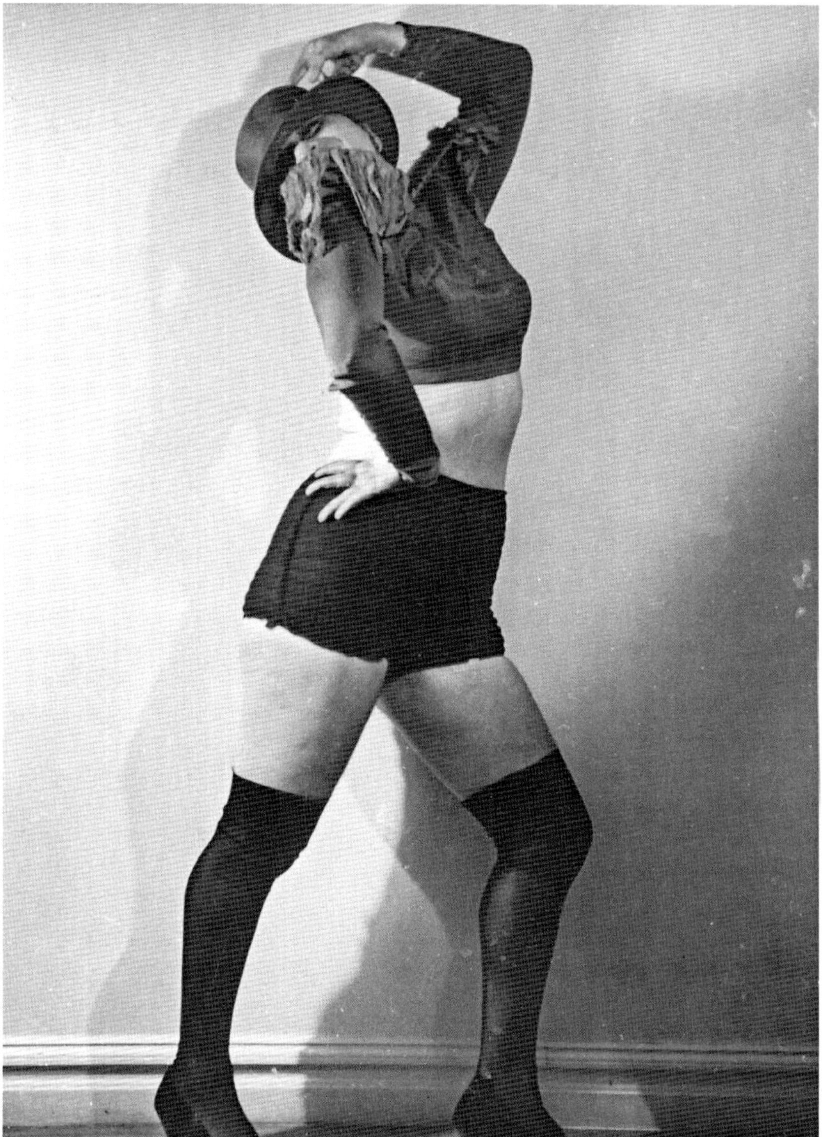

Lisette Model, Valeska Gert, „Ole“, 1940, Gelantin silver print, 24,6 x 19,6 cm

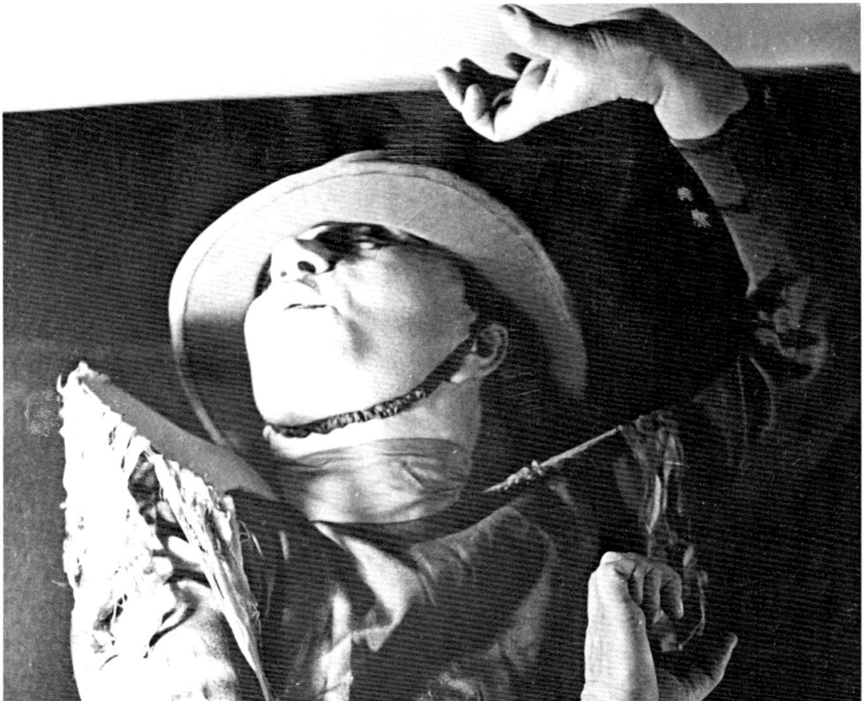

Lisette Model, Valeska Gert, „Ole“, 1940, Gelantin silver print, 24,5 x 17,3 cm

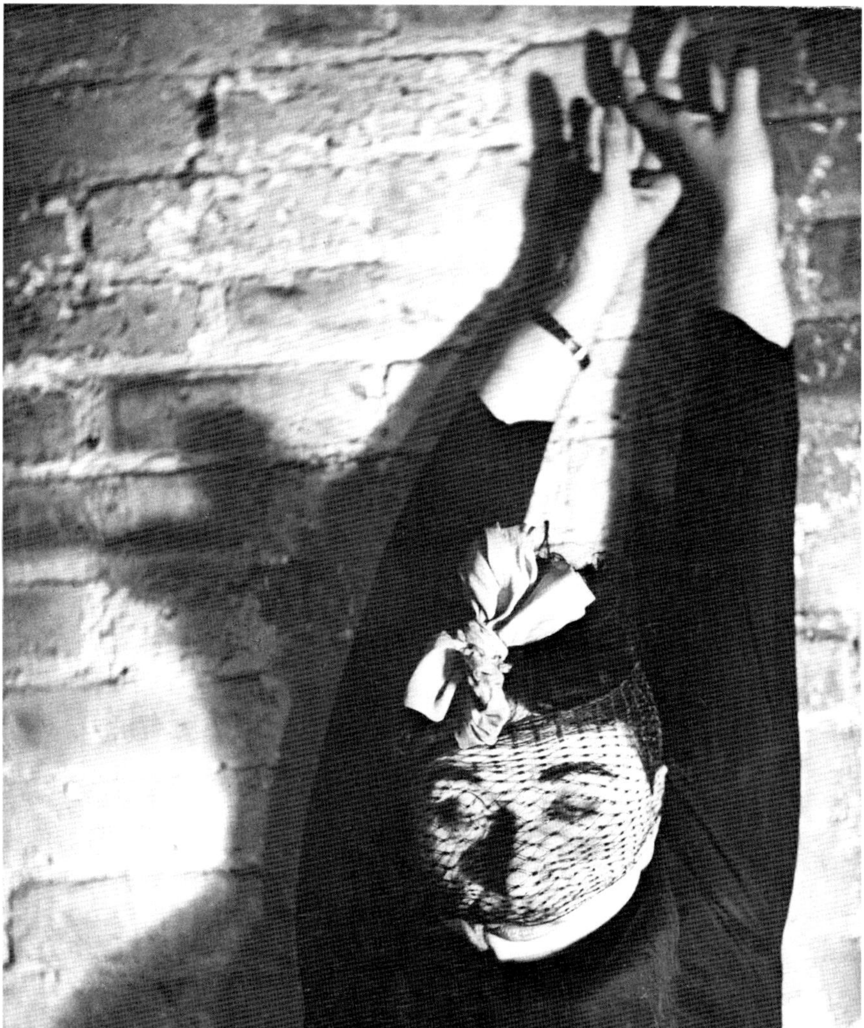

Lisette Model, Valeska Gert, 1940, Gelantin silver print, 34,6 x 27,7 cm you will arrive smiling at the comic only to look eternally for this one shining meteor Gert, for whom downfall means only resurrection."[395]

Der „Aufbau" vom 4. Oktober kündigt die beiden Künstlerinnen ebenfalls an: „Sowohl Valeska wie auch Sonja bringen zum ersten Mal ein zum Teil englisches Programm: ‚World's Fair, Radio Speaker, Parodie auf Bonny Baker', ‚Wie man in den verschiedenen Ländern liebt' usw."[396] Ein Rezensent berichtet über Gerts Auftritt in dem „durch seine Montmartre-Atmosphäre reizvollen" Theater: „Valeska Gert bringt ihre hart profilierten Groteskcharakteristiken, die fast überscharf in der Wirkung ihrer Demaskierung sind."[397] Die Fotografin Lisette Model (1901–1983), die im Oktober 1938 nach New York emigriert war und Valeska Gert schon aus Europa kannte, fotografierte sie dort bei ihren Tänzen „Wien 1890", „Tod", „Baby" und „Olé".[398] Die Fotos waren im Mai/Juni 1941 in Models erster Ausstellung in New York zu sehen, die die Photo League veranstaltete.[399] Doch der Durchbruch gelang Valeska Gert nicht. Schließlich wendet sie sich an den National Refugee Service, von dem sie wöchentlich sieben Dollar erhält. Sie mietet für vier Dollar ein kleines Dachzimmer: „mein Leben spielte sich auf dem Bett ab."[400]

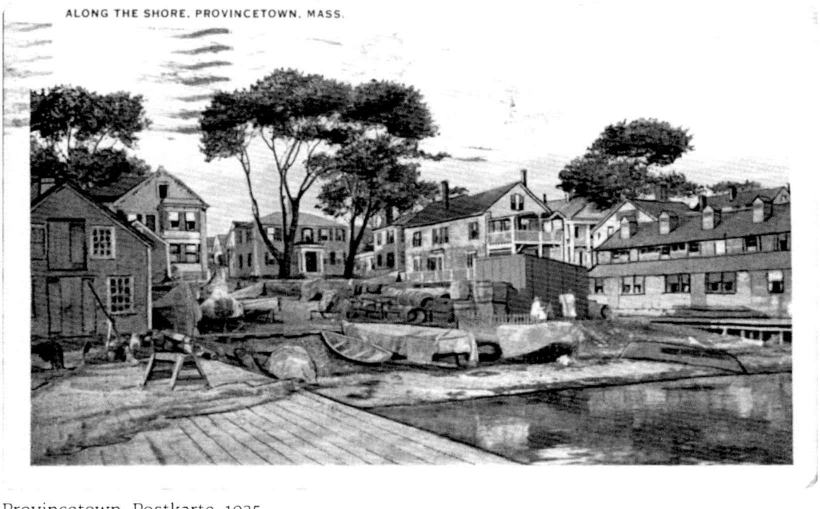

Provincetown, Postkarte, 1935

Provincetown

Als sie es im Sommer 1940 vor Hitze in New York nicht mehr aushält, fragt sie den Schriftsteller Hermann G. Weinberg, ob es denn in Amerika auch „richtige Fischerdörfer" gebe. Er empfiehlt ihr Provincetown. „Nun wußte ich, wohin ich fahren mußte."[401] Sie reist über Boston in den Ort an der Nordspitze von Cape Cod/Massachusetts – mehrere Aufenthalte sollten noch folgen. Das kleine Fischerdorf hatte seit den 1890er Jahren einen Aufschwung als Sommerfrische erlebt; zahlreiche Künstler und Schriftsteller ließen sich dort nieder.[402] Während des Zweiten Weltkrieges war ein großer Teil der Atlantikflotte der U.S. Navy in Provincetown stationiert, wodurch „hundreds of sailors were strolling the streets and innumerable visitors were going to Land's End to meet or, perhaps, to have sex with them."[403] Während des Krieges entwickelte sich Provincetown zudem zum Mittelpunkt der Schwulenszene und Treffpunkt europäischer Künstler wie Charlie Chaplin, George Grosz und Max Ernst.[404]

Valeska Gert mag sich von der zwanglosen Atmosphäre angezogen gefühlt haben. Hinzu kam, dass die Landschaft um Provincetown derjenigen Sylts glich. Für Hans Sahl, dem 1940 ebenfalls die Flucht aus Frankreich in die USA gelungen war, bot Cape Cod „eine der schönsten Landschaften Amerikas", die „in der Verbindung von Meer, Wäldern und Seen und in ihrer meilenweiten Dünen- und Strandeinsamkeit viele Künstler und Dichter bewogen hat, sich hier anzusiedeln [...]. Tagsüber schrieben sie, malten, musizierten, schwammen, aber am Abend wurde getanzt, getrunken, gebadet im Mondschein. Da lag man naß unter Sternen und liebte sich, da brannten die Lichter auf den Dünen, da tanzten braungebrannte Mädchen in bunten Kostümen, Blumen im Haar [...]. Cape Cod, das war für mich, der ich aus dem Faschismus kam, die Freiheit, das war das grenzenlose, überwältigende Berauschtsein von der Natur, vom Meer, vom Menschen, vom Wein, von der Lust und von der Liebe und vom Geruch der Mädchen."[405]

George Grosz schrieb dem Schriftsteller Ulrich Becher im Oktober 1939: „Cape Cod ist wunderbar [...]. Mann, hier sind keine Dünen, es sind richtige Sandwolkenkratzer – enorme unbegangene Natur. Seit der Quäker hier landete (ich meine die Pilgerväter), ist es kaum begangen worden. Viel Charakter und wild wie früher [...]. Teile mit Baumbestand wie ungefähr Mecklenburg, aber nicht so schütter und geizig." Und einem anderen Bekannten teilte er kurz darauf mit: „Es ist etwas Wunderbares, so allein in der Natur zu arbeiten [...]. Manchmal spie der Ozean Fische aus, einen Meter lang [...]. Das Leben einfach und rustikal, so wie es vor 100 Jahren war."[406]

Für Valeska Gert war Provincetown aber auch „der Punkt, der am nächsten zu Europa liegt."[407] „Der Ort entzückte mich schon, als ich ihn vom Schiff aus sah. Niedrige Bungalows auf Holzpfählen standen um eine Bucht, leicht und elegant wie Windhunde. Im Hafen schwankten auf leicht bewegtem Wasser rote und grüne Schiffe."[408] Zum Lebensunterhalt arbeitete sie zunächst u.a. täglich drei Stunden lang als Aktmodell in der Kunstschule von Hans Georg Albert Hofmann (1880–1966).[409] Er war 1930 in die USA ausgewandert und hatte an Kunstschulen in San Francisco, Los Angeles und an der Art Students League in New York unterrichtet. Er unterhielt von 1934 bis 1958 dort auch eine eigene Schule, in der er Generationen von Studierenden den abstrakten Expressionismus vermittelte. 1935 eröffnete Hofmann seine Sommerschule in Provincetown, die er bis 1945 führte.[410] Fotografien zeigen, dass sein Atelier in einem Holzhaus lag. An dessen Querseite war ein hohes Sprossenfenster eingelassen, vor dem das Aktmodell stand. Die Studierenden saßen an der fensterlosen Längsseite des Studios auf Hockern vor ihren Staffeleien. 1941 trat Valeska Gert auch im Hafenlokal „White Whale" auf.

Durch Hofmann lernte Gert u.a. den jungen Maler Jackson Pollock und dessen Clique kennen, zu der auch seine spätere Frau, die Malerin Lee Krasner,[411] der Schriftsteller Tennessee Williams (1911–1983) und der Kunststudent Fritz Bultmann (1909–1985) gehörten.[412] Dieser erinnerte sich später an Valeska Gert in Provincetown: „Sie brachte eine internationale Bohème in den Ort. In gewisser Weise war sie auch selbst ein Extrakt derselben, mit ihrer extrem weiblichen Figur, ihren breiten Hüften, ihrer Art zu gehen [...]. Sie machte Provincetown für ein paar Jahre zu einem ziemlich internationalen Treffpunkt. Die Leute kamen nicht direkt ihretwegen, aber doch in gewisser Hinsicht deshalb, weil sie sich dort aufhielt, denn dann mußte der Ort eine besondere Freiheit aufweisen. Und von den künstlerischen Auftritten und ihrem späteren Lokal in Provincetown ist zu sagen, daß hierdurch eine Entwicklung zu den ‚summer-supper-clubs' eingeleitet wurde – zuvor gab es nur einfache Kneipen für die Fischer."[413]

Die „Beggar Bar" in New York

1941 steht für Valeska Gert fest, dass sie von Tanzauftritten nicht leben konnte. Sie führte das auf die „strengen, unnachsichtigen Frauenvereine, unter deren Brillen sich rings in den Staaten Rekorde von Unsittlichkeiten ereigneten"[414], zurück. Tennessee Williams hatte im Sommer 1941 ihre Tanzpantomimen im „White Whale" gesehen und riet ihr, ihr Talent in einem eigenen Lokal in New York zur Geltung zu bringen. In Manhattan in der Morton Street/Ecke Bleecker Street zwischen 6th und 7th Avenue am Übergang von Greenwich Village und Little Italy mietete Valeska Gert Kellerräume an.[415] Um den Broadway herum hatte sich eine reichhaltige, von Emigranten getragene deutschsprachige Kabarett-, Kaffeehaus- und Kleinkunstszene entwickelt, vom „Café Old Europa" über den „Broadway Fiaker" und dem „Café Vienna" auf der 77. Straße, das eine Mischung aus Kabarett, Konzerten und Tanzen anbot, bis zum „Café Grinzing".[416] Die Dichterin Mascha Kaléko (1907–1975), die in den 1920er Jahren Teil der künstlerischen Avantgarde Berlins gewesen war, beschreibt das Greenwich Village der 1940er Jahre als „Stadt in der Stadt", die

„Abends, wenn die Neon-Lichter leuchten [...] ganz entfernt an Paris, Montmartre erinnert [...]. Hier werden alle Sprachen gesprochen und sogar Berlinisch kannst du hören, waschecht in der Morton Street, wenn Valeska Gert mit ihren Refugee-Kellnern abrechnet [...]. Oder gelegentlich auch Jiddisch, wenn Sonja Wronko [...] einen schmettert."[417]

Die Räume des Lokals befanden sich in einem heruntergekommenen Mietshaus und standen schon seit zehn Jahren leer. Das einstmalige Speakeasy lebte nun als „Beggar Bar" wieder auf. Gerts Nachbarn hatten versucht, die Eröffnung zu verhindern, weil sie Übergriffe und Schlägereien befürchteten. Sie selbst war daraufhin von Tür zu Tür gegangen, um Überzeugungsarbeit zu leisten. Therese Pol zufolge, 1941 Redakteurin der deutsch-jüdischen Emigrantenzeitung „Aufbau",[418] musste Gert auch den Inspektor der städtischen Behörde überzeugen. Er monierte, die Gäste säßen im „Beggar Cellar" auf Kästen, in denen früher Seltersflaschen transportiert wurden. Die abgesägten Beine der Tische und Stühle in den vorderen Reihen bemängelte er ebenfalls. Doch überzeugte ihn ihr Argument, dass die weiter hinten sitzenden Gäste „sich nicht die Hälse auszurecken brauchen, um die Vortragenden zu sehen."[419] Schließlich erhielt sie die Konzession und konnte im Dezember öffnen. Dies war umso mutiger, als sich die USA nach dem Überfall auf Pearl Harbor am 7. Dezember im Krieg mit Japan befanden und die Nation in großer Aufruhr war. Doch Valeska Gert gab sich in einem Interview, das Therese Pol mit ihr für den „Aufbau" führte, optimistisch: „Ich werde es schon schaffen [...] schlimmstenfalls kann ich alles selber machen: kochen, bedienen, vortragen."[420]

Die Morton Street ist eine enge Straße. Die glänzend schwarz gestrichene Treppe zum Lokal und der Eingang sind beleuchtet von einer roten und einer blauen Glühbirne. Ein schmuddeliger Raum bot Raum für etwa 30 Gäste. Die Tische und Stühle hatte Valeska Gert eigenhändig bemalt. Das Klavier war blaurot.[421] Einlass war ab 21 Uhr, 21.30 Uhr begann das Programm. Die letzten Gäste gingen erst am frühen Morgen. Einer bezeichnete das Lokal als „most informal of all nightclubs"[422]. Folgt man den Anzeigen im „Aufbau", war die „Beggar

Bar“ von Mitte Juni bis zum 1. September geschlossen.[423] Über die Wiedereröffnung wurde jeweils im „Aufbau“ informiert.[424]

Ihr Personal suchte sich Valeska Gert zunächst über Bekannte zusammen, andere kamen durch Mundpropaganda. Mancher hielt jedoch nicht lange durch oder gab frustriert auf. In einer Stellenanzeige vom 9. Oktober im „Aufbau“ heißt es: „V. G. bildet für ihr Cabaret junge Talente in Tanz und Chanson ohne Honorar aus. Anmeldungen zwischen 8 u. 9 p.m. ausser Montag.“ Anfänglicher Geldmangel bewog Valeska Gert auch, Gäste als Akteure einzusetzen – durchaus mit Erfolg: „Ich dachte mir, ich engagiere allerhöchstens eine Negersängerin oder irgendeine hochblonde Ziege mit guter Stimmlage. Das übrige wollte ich von meinen Gästen machen lassen. Ich gedachte, meine Gäste aufzufordern, ungeniert auf die kleine Bühne zu kommen und irgend etwas zum besten zu geben. Und es klappte eigentlich immer großartig. Wenn jemand völlig unbegabt war, erregte das die tolle Heiterkeit der Besucher. Schließlich wurde meine Bar bekannt.“[425]

Die deutsch-jüdische Theater- und Filmschauspielerin Judith Malina (1926–2015) berichtet über einen Vorstellungstermin im Jahr 1943, bei dem sich die 17-Jährige als Garderobenfrau bewarb:[426] „Es war Valeska, die die Tür öffnete. Valeska versuchte ihren ganzen Charakter in ihrer Kleidung, mit ihrer Schminke und in ihrer Gestik auszudrücken. Sie war komplett extrovertiert. Sie schien sehr groß zu sein, war es aber nicht. Sie schien alterslos alt […]. ‚Kommen Sie‘, kommandierte ein schmaler, roter Mund in einem weiß gepuderten Gesicht. Ihre Augen waren mit starker schwarzer Schminke umrandet […].Sie trug eine schwarze Hose und ein schwarzes Shirt und eine Kette mit roten Perlen um den Hals. Ihr Haar war kohlrabenschwarz und kurzgeschnitten zu einer Art Bürstenschnitt. Ihre gesamte Erscheinung war wild und ihr Ausdruck sollte diese Wildheit unterstreichen.“ Judith Malina gewann den Eindruck, dass Valeska Gert für sich einen Weg gefunden hatte, ihre Exzentrik in Freiheit auszuleben.[427]

In der „Beggar Bar“ dienten kleine Fässer als Tische, auf einem kleinen Podium in einer Ecke stand das Klavier.[428] Die Wände hatte Gert schwarz gestrichen, darauf Beschriftungen wie „CHI-KEN SOUP

$. 25 und COKA COLA $. 10“ in großen bunten Buchstaben, außerdem Figuren von bunten Tänzerinnen, die eine französische Malerin gemalt hatte. An langen Schnüren hingen gelbe und rote Plakate mit Angeboten für „Spezialitäten“, die es jedoch nicht gab.[429] Auch eine Alkohollizenz hatte das Lokal nicht.[430] Valeska Gert bat ihre Freundin Ivy Litvinov, deren Ehemann inzwischen russischer Botschafter in den USA war (1941–1943), ihr bei deren Beschaffung zu helfen: „Sie antwortete, ich sei wirklich naiv. Sie könne nichts mit nite-clubes zu tun haben, nicht mal hingehen, sie sei nur mal auf einer banalen Sightseeing Tour da gewesen.“[431] Stattdessen gab es schließlich eine Art von Eierlikör, gemischt mit Kaffee.

Valeska Gert war Chefin, Anziehungspunkt und Mädchen für alles zugleich. Über die Mühen der täglichen Arbeiten hinter den Kulissen, die sie allein erledigte, schreibt sie rückblickend 1968: „[…] Ich frühstückte und heizte den Ofen, um warmes Wasser zum Geschirrwaschen zu bekommen. Jedesmal explodierte er, bevor er richtig brannte. Ich fegte auf. Dann überschwemmte ich den Steinboden der Küche mit viel Wasser. Meist war das Abflußrohr am Boden verstopft, der Gummisauger weg, verlegt oder gestohlen, ich mußte das Loch mit den Händen ausräumen. Im Abwaschtisch standen Berge von schmutzigem Geschirr von Gästen und Angestellten. Nun kamen die Herren- und die Damentoilette dran […]. Ich scheuerte die Kellertreppe. Im Winter mußte ich den Schnee wegschaufeln […]. Dann wischte ich Tische, Bar, Aschenbecher ab […]. Nach dem Aufräumen ging ich in den Papierladen, Servietten, Strohhalme und Pappe für die Menüs zu kaufen, etwas fehlte immer. Dann zum Schlachter, in den Delikatessenladen [,,,]. Ich kochte Zwiebel- oder Erbensuppe, machte Kartoffelsalat, zündete Gasheizung und Kerzen an, schrieb neue Menükarten, die alten wurden von Gästen als Souvenirs mitgenommen.“[432] Zudem hielt sie Vorträge über das „zukünftige Theater“[433].

Valeska Gert trat „ab und zu“ mit ihren alten Nummern auf, mit Parodien auf Englisch, Deutsch und Französisch.[434] Nach Judith Malina „tanzte und brüllte sie, inszenierte ihre eigene Groteske und die des Restes der Welt. Sie schuf eine kleine Welt, so etwas wie ein Loch, ‚a genuine underground‘.“[435] Gert schildert ihre absurd anmutende

Position als Künstlerin und Wirtin: „Oft, wenn ich auf das Podium stieg, den Kopf zurückwarf und zum großen Schwung ansetzte, flüsterte der Kellner: ‚Valeska, ich habe keine Salami mehr.‘ Ich konnte die Salami nicht aus meinen Gedanken verjagen. Geistesabwesend spielte ich meinen ‚Typ‘ und raste vom Podium in den Delikatessenladen in der Bleecker Street, Salami zu holen.“[436]

In diesem Milieu von Greenwich Village, das Valeska Gert seit ihren Touren durch die Apachenlokale der Pariser Subkultur liebte und in gewisser Weise mit ihrem Lokal – und später mit dem „Ziegenstall“ – kopierte, und besonders in ihrem Lokal trafen als Publikum die feine Gesellschaft der Park Avenue, Künstler vom Broadway, deutsche Emigranten und Subkultur aufeinander, darunter die Schauspieler Judy Garland und Frederic March, die Jazzsängerin Billie Holiday und der russische Maler Evsa Model mit seiner Frau Lisette.[437] Der „Aufbau“ sah „Harvard professors“ und „the soldier, who doesn't like the place but comes every evening“, und solche, die auch Lucius Morris Beebe (1902–1966) hätte beschreiben können, der in der New Yorker „Herald Tribune“ publizierte. Die Verfasserin des Artikels, Tanja Leshinsky, meinte, alle sprächen miteinander und meinten, „they have found what they have been searching for all their lives – a corner of genuine Europeana, Paris, if you wish, or Vienna, or Budapest. It's a long way to 3 Morton Street but once you are there you stay.“[438]

Auch viele „Schwarze“ besuchten ihr Kabarett und wollten nach Gerts Erinnerung vor allem ihre „Berliner Type“ hören, die sie auf Deutsch mit Berliner Dialekt sang. In dieser Nummer verführt eine Achtjährige einen Mann, der später ihr Zuhälter wird. Als sie es nicht mehr aushält, holt sie zwei Freunde zur Hilfe, die ihn umbringen. Sie muss 13 Jahre ins Gefängnis und arbeitet anschließend erneut als Prostituierte.[439] [...] „Späta mußt ick für ihn schuften, da wollt ick lieba jleich vaduften. Doch der paßte nich dem Herrn, er fing an, mia einzusperrn, schikkanierte un krakehlte, fluchte, tobte, schlug und quälte [...]. Bald darauf wurd ick vaknackt, 13 Jahre injesackt. Als ick rauskam, jing ick tingeln inna Baa zu süßen Schlingeln. Un nun steh ick hia für dia, Süßa, Süßa, komm doch, komm doch her zu mia [...].

Komm, ick küß dich süßer Aas, bis du üba hast den Fraß. Alle sollt ihr an mia sterben, imma rin in der Vadeerrrrrrbennnnn!"[440] Gert knüpfte mit dieser Nummer an ihre Canaille-Nummer aus den 1920er Jahren an wie an die „Apachen"-Lieder. Brecht berichtete sie, sie habe auch viele schwule Zuschauer. Er habe gemeint, in seine Aufführungen kämen viele Homosexuelle, weil sie „die Sensitivsten sind und sich für moderne Kunst interessieren."[441]

Sie suchte auch unter Emigranten Publikum. So schaltete sie am 9. Januar 1942 ihre erste von zahlreichen weiteren Anzeigen.[442] In dieser Ankündigung heißt es: „Entertainment – Dance – Akkordion-Musik. Jeden Abend außer montags ab 9.30 Uhr. Gedeck: Hühnersuppe mit Pumpernickel und Creame Cheese oder Knackwurst mit Kartoffelsalat und Kaffee." Am 15. Januar: „Ab 6 Uhr Kaffeehaus, ab 10 Uhr Erste Show." Im Mai dieses Jahres sprach sie im Radio (Station W B N X) über die Gründung ihres Lokals.[443] Doch auch Leute aus der Halb- und Unterwelt bereiteten ihr zunehmend Probleme. Valeska Gert beschreibt manche als „Gangster", als Söhne italienischer Geschäftemacher, die in der Bleeker Street zu Hause waren. Diese „Racketeers" hätten Schutzgeld erpressen wollen, wogegen sie sich jedoch wehrte. Die Folgen waren absehbar: „Sie bestellten nichts, oder wenn sie bestellten, bezahlten sie nicht. Sie aßen Erdnüsse und spuckten die Schalen auf den Fußboden und machten solchen Krach, daß unsere Chansons nicht zu hören waren. Sie zerbrachen Gläser und drohten, mit den Scherben die Pulsadern der Gäste zu zerschneiden, sie zertrümmerten Scheinwerfer und warfen Gläser in die Spiegel. Die Gäste gingen, das war natürlich die Absicht der jungen Gangster, sie wollten mich ruinieren."[444]

In Teilen der Emigrantenkreise regt sich schnell Widerstand gegen die „Beggar Bar". So schreibt ihr der Herausgeber und Chefredakteur des „Aufbau", Manfred George (1893–1965), schon kurz nach der Eröffnung. Er kannte sie aus seiner Berliner Zeit als Theaterkritiker und Feuilletonchef der Zeitung „Tempo". Ihr Programm sei „ebenso geschmacklos wie taktlos." Sie kritisiere amerikanische Einrichtungen und schädige dadurch die „gesamte Immigration ausserordentlich schwer". Sollte sie ihr Verhalten nicht ändern, werde man sie in der

Zeitschrift „aufs allerschaerfste“ angreifen.[445] Gert lenkte jedoch nicht ein und beließ auch die Satire „Daughters of the Revolution“ im Programm: „Das wäre ja gelacht. In Nazi- Deutschland habe ich meinen Mund nicht gehalten, in Sowjetrußland auch nicht – und da soll ich im demokratischen Amerika nicht sagen dürfen, was ich denke! Ich machte die Satire so lange, bis ich sie überhatte.“[446] Angriffe auf ihre Person in der Zeitung unterblieben.

Im „Aufbau“ vom 13. März 1942 hieß es stattdessen, die „Beggar Bar“ sei „einer der romantischsten Plätze in Greenwich Village.“[447] Im September 1942 wies Ivy Litvinov in einem Artikel darauf hin, dass Gerts Kunst „in jeder Generation und jedem Land Aufsehen erregen muss.“ Sie sei eine Person, „die jeden Kompromiss in ihrer Kunst verachtet. Und ihre Leidenschaften reiten ihren Körper, wie ein Mann sein Pferd reitet.“[448] „Unermüdlich, vital, von ihrer Leistung besessen“, so der „Aufbau“ im Mai 1943, regiere Valeska Gert im „Beggar Cellar“. „Sie hat ihr kleines Lokal zu einem internationalen Mittelpunkt von Greenwich Village gemacht.“ Sie habe „neue schauspielerische Formen des Vortrags gefunden, die, wie etwa in der Geschichte von ‚Professor Blitz‘ oder in dem ‚Interview mit einer Neunzigjährigen über Hitler‘, Sprache und Mimik skurril witzig vereinen und Kabinettstücke einer satirisch-grotesken Kleinkunst sind.“[449]

Valeska Gert wollte vor allem eine „Montparnasse atmosphere“ erzeugen.[450] Alle 15 Minuten boten Künstler entweder eine Gesangseinlage oder eine andere Darbietung. Bei ihrer Auswahl achtete sie auf eine Vielfalt von Typen, so dass der Abend eine Gesamtperformance bot. Unter ihren Künstlern waren mehrere österreichische Emigrantinnen wie die österreichisch-jüdische Schauspielerin, Sängerin und Diseuse Maria Collm (pseud. Gerda Gerold, 1901–1988), die 1940 nach New York emigriert war. Im Berlin der 1920er Jahre hatte sie u.a. Chansons von Friedrich Hollaender gesungen. In New York arbeitete sie außer in der „Beggar Bar“ wiederholt im Café Grinzing, im Café Vienna und im „Le Perroquet“.[451] Sie trat als große Dame im Seidenkleid auf. Judith Malina zufolge legte sie „lässig eine Hand auf das Piano, guckte melancholisch zum Pianisten Fred Witt, einem Emigranten, und sang mit ihrer sehr tiefen Stimme das französische

Lied ‚Je me sens dans tes bras si petite'."[452] Maria Collm sang auf Deutsch, Französisch, Italienisch und Russisch.[453] Sonja Wronkow trug ebenfalls Lieder in mehreren Sprachen vor. Dem „Aufbau" zufolge hatte die „Beggar Bar" mit ihr im Mai 1944 „eine neue Nuance bekommen. Sonja singt neue Lieder, die gut in die intime Village-Atmosphäre der Beggar Bar passen. Dieses Boheme-Lokal hält die Tradition des alten Greenwich Village hoch."[454]

1944 gehörten zum Ensemble Elmo Barnay, Maria Collm, Dante, Sada Gordon, Philine Hollaender, Dorothy Johnson, Zita Landis,[455] Mmd. Pumpernickel, Sidney Schwartz, Winnie und Sonja Wronkow.[456] Valeska Gert beschreibt Madame Pumpernickel (Helen Leighton) als eine Comedian mit einer Größe von 1,30 m, die das reinste Nervenbündel gewesen sei. Ihr Auftritt habe ein wenig an DADA erinnert. Sada Gordon habe lustige Geschichten über Partys, Ärzte und über das tägliche Leben erzählt. Dante sei ein überschwänglicher Italiener gewesen, der die Schwalben von Sorrent besang. Pancho, ein Trinker, habe ebenfalls Lieder vorgetragen und berührende Geschichten erzählt. Kandidja Wedekind, die Tochter Frank Wedekinds, trat in knallroter Seidenbluse und roten Stiefeln vier Wochen lang als Bänkelsängerin auf.[457] Judith Malina hatte den Eindruck, dass alle nicht als eigenständige Künstler auftraten, sondern als „kind of entourage for Valeska", die alles dominierte.[458] Gelegentlich halfen Schauspieler und Poeten wie Jesse McCloud, Jackson Mac Low (1922–2004) und Tennessee Williams als Kellner und Rezitatoren aus. Der Schriftsteller beschreibt Valeska Gert in seinen Memoiren als eine „höchst bizarre Person [...], eine Mischung aus Tänzerin und Pantomin", die zudem „Knackwurst und Sauerkraut" servierte.[459]

Valeska Gert muss mit ihrem Kellerlokal nach Anfangsschwierigkeiten viel Geld verdient haben. So ist sie in der Lage, gleich „drei Nutriamäntel auf einmal" zu kaufen. Sie isst so gut, dass sie sich entschließt, in Provincetown eine „Entfettungskur" zu machen.[460] Sie erlebt den „American Way of Life",[461] den Manhattan bietet. Sie erzählt von der Stellung der deutschen Juden, aber auch von der Schwulenbewegung. Sie vergleicht „Schwarze" und „Weiße"; erstere seien „viel vitaler". In Harlem tanzt sie „nach Jazzmusik." An heißen Tagen besucht sie auf dem Broadway gleich drei Vorstellungen hintereinander, weil es „so schön luftgekühlt“ ist. Sie erlebt Auftritte von Frank Sinatra, Danny Kaye und Louis Armstrong.

Anfang 1945 verliert Valeska Gert jedoch ihre Lizenz, nicht zuletzt durch den Ausschank von alkoholhaltigem Eierlikör. Rückblickend schreibt sie über diesen Lebensabschnitt, man habe ihr ihr Kind genommen, das von ihr aufgebaute und zum Erfolg geführte Kabarett: „Meine ‚Beggar Bar‘ war mein Dschungel. Jede Nacht ging ich auf die Jagd nach Menschen, Erfolg und Geld.“[462] Sie fühlt sich „zum zweitenmal vernichtet“ und trotz des Kriegsendes „aus dem Kreislauf ausgeschlossen.“ Sie „gehöre zu nichts und zu niemand“.[463]

Nach dem Verlust ihrer Lizenz tritt sie mit einigen ihrer Künstler andernorts in Manhattan auf. Belegt ist z.B. der Auftritt „Valeska Gerts and her ‚Beggars‘“ am 7. März 1945 abends um 21.00 Uhr im „Master Theatre“, 323 West 103 St. Zu den Interpreten gehörten Zita Landis, Sada Gordon, Mme. Pumpernickel, Elmo Barnay und Fred Witt.[464] Im späteren Frühjahr 1945 fährt Valeska Gert nochmals nach Provincetown und eröffnet dort in ihrem selbst in hellblau, hellgelb und blaurosa gestrichenen Holzbungalow[465] ein Atelier („Studio“) als Restaurant und Kabarett: „Ich, im knallroten Hosenanzug, giftgrünen Schal um den Hals, karikierte eine Nachtklubsängerin, die ihr ganzes Leben lang immer denselben Song singt, 18, 40, 100 Jahre alt. Ich ließ den Song blühen und verwelken.“ Doch im Sommer 1946 muss auch dieses Lokal schließen.[466]

Valeska Gert fuhr 1946 an die Westküste und besucht in Santa Monica Brecht und seine Frau Helene Weigel.[467] Doch im Grunde stand für sie fest, dass sie nach Europa zurückkehren wollte. Sie hatte ihre alten Verbindungen nach Berlin nicht vergessen. So schickte sie sowohl an Helmuth von Krause als auch an Aribert Wäscher monatlich ein Care-Paket. Wäscher habe es zu ihrem Ärger mit seiner „blonden Freundin vertilgt“[468], wie sie noch Anfang der 1970er Jahre empört der Schauspielerin und Diseuse Blandine Ebinger (1899–1993) bei einem Treffen in Berlin erzählte. Allerdings war Wäscher 1947 trotz der schwierigen Ernährungslage „bereits wieder recht angefressen“, wie Axel von Ambesser beim Wiedersehen in Berlin feststellte. Dies hatte er den Lebensmittelpaketen zu verdanken, die er nicht nur durch

Valeska Gert, sondern auch bei seinen Auftritten im Deutschen Theater, in der Volksbühne und im Künstlerklub „Möwe" im russischen sowie im Hebbel-Theater im amerikanischen Sektor erhielt.[469]

Am 7. Februar 1946 genehmigt das britische Generalkonsulat in New York Valeska Gert einen Pass, der ihr die Rückkehr nach Deutschland grundsätzlich ermöglichte.[470] Sie plante, dort ein Lokal wie die „Beggar Bar" aufzumachen. Aus New York schreibt sie am 15. Mai 1946 an den Schriftsteller Erich Kästner (1899–1974), der inzwischen Feuilletonchef der amerikanischen „Neuen Zeitung" in München ist. Sie habe „grässliche Sehnsucht nach Deutschland und möchte so schnell wie möglich zurückgehen. Ich habe hier 4 Jahre lang ein Cabaret gehabt. Beggar Bar. Es hat einen ganz neuen Styl, war ein grosser Erfolg [...]. Ich hielt z.B. auch kritische und satirische Vorträge über Kunst, Politik, und erzählte skurrile Geschichten. Die ganze Aufmachung des Lokals, die Darsteller, alles war skurril. Glauben Sie, dass ich einen Raum, Keller oder Laden finden kann, um so ein Lokal in München zu machen? Wie komme ich nach Deutschland rein? [...] Man sagte mir hier, man müsse von Deutschland aus angefordert werden, um reingelassen zu werden. Können Sie mir dabei helfen? Ich wäre Ihnen sehr dankbar."[471] Und am 17. Dezember schreibt sie ihm aus Santa Monica: „Nein ich bin noch nicht auf dem Wege nach Deutschland, ich weiss nicht, wie man reinkommt. Man muss angefordert werden, um die Erlaubnis vom 2. Allied Government zu bekommen. Würden Sie das nicht tun?"[472] Erich Kästner selbst reagiert zunächst infolge einer Erkrankung nicht. Stattdessen teilt ihr sein Büro am 11. Januar 1947 mit, sie solle sich an Mr. Benno Frank vom Office of the Director of Information Control OMGUS in New York wenden. Erst am 25. Oktober schreibt Kästner einen Brief an ihre New Yorker Anschrift. Er vermute sie mittlerweile schon wieder in Europa. Von einem Besuch in Berlin berichtet er: „Die Berliner sind mehr oder weniger die alten geblieben; von der Stadt selber kann man das nicht behaupten."[473] Doch Valeska Gert war bereits im März 1947 nach Europa zurückgekehrt, jedoch nicht nach Deutschland, sondern über Le Havre in die Schweiz gefahren.[474]

Wieder Europa

In ihren Autobiographien von 1968 und 1973 beschrieb sie ihre Gefühle im Jahr 1947: „Ich brauchte ein Band zu Berlin [...]. Ich bin in Berlin geboren und will in Berlin sterben. Ich will Wäscher, den ich immer noch liebe, wiedersehen, und ich will mit der Jugend zusammenarbeiten."[475] Vor allem hoffte sie, ihr Berlin der 1920er Jahre wiederzufinden. Sie habe sich „aufgelöst", stünde wieder am Anfang und müsse sich „ein neues Leben erkämpfen und gestalten."[476] Aus der Emigrantenzeitung dürfte sie gewusst haben, wie Berlin aussah, hatte doch der Stockholmer Korrespondent der Zeitung am 2. März 1945 unter der Überschrift „Das sterbende Berlin" geschrieben: „Heute ist das gesamte Territorium der Reichshauptstadt ein von Ruinen übersätes Feld, in dem einzelne Viertel wie Oasen aus der Wüste emporragen und den Gegensatz nur noch schauerlicher machen."[477]

Aus der Schweiz nimmt sie zunächst Kontakt zu alten Weggefährten wie Werner Finck und Bertolt Brecht auf.[478] Weil sie keine Zuzugsgenehmigung für Berlin erhält, eröffnet sie im März 1948 in Zürich ein kleines Kabarettlokal („Valeska und ihr Küchenpersonal") gemeinsam mit der Schauspielerin Maria von Ostfelden (1896–1971).[479] Unter den Zuschauern sind auch Albert Bassermann, Bertolt Brecht und die Burgschauspieler Attila Hörbiger und Paula Wessely.[480] Die Schauspielerin Lotte Lieven, die dort einen Auftritt von ihr sah, schrieb an Li Ihering am 11. Mai 1948: „[...] leider bot sie nur 3 oder 4 Sächelchen." Doch sie sei „wieder hingerissen von ihr" gewesen. Valeska Gert habe „von ihrer herrlichen Intensität, ihrer Phantasie und ihrer Originalität nichts eingebüsst." Mit ihrer Geschäftspartnerin sei es allerdings schon wieder zu einem Zerwürfnis gekommen. Vor allem aber die Einreise nach Berlin sei ihr „verwehrt" worden, „und das gab ihr auch einen Chock."[481]

Schließlich darf Valeska Gert am 17. Februar 1949 an Bord eines französischen Militärflugzeugs in das in Besatzungszonen geteilte

Berlin zurückkehren. Werner Höfer schreibt dazu treffend im Vorwort ihrer Autobiographie von 1973: „Als Sie aber ganz oben waren, mußten Sie gehen. Als Berlin ganz unten war, kamen Sie wieder."[482] Gert hatte das Gefühl, in ein Deutschland zurückzukehren, in dem „viele Deutsche der Katastrophe nicht gewachsen" gewesen seien und „selbst litten". Sie hasse die Nazis nicht, weil sie zu Hass nicht fähig sei.[483] Ob diese Worte von 1968 ihren Gefühlen von 1949 entsprachen, sei dahingestellt. Auf jeden Fall kam sie in ein Land, in dem der Antisemitismus weiterlebte,[484] auch wenn die Bevölkerung und die zurückgebliebenen Künstler sich seit dem Sommer 1945 der Entnazifizierung unterziehen mussten.

Der Schriftsteller Alfred Polgar (1873–1955), der 1940 in die USA emigriert war, meinte über die Entnazifizierung im Dezember 1947 sarkastisch: „So ziemlich alle namhaften Künstler Deutschlands, die das Dritte Reich akzeptierten und von ihm akzeptiert wurden, haben den Reinigungsprozeß [...] bereits hinter sich. Nur ein paar besonders schwer zu Säubernde sind noch in der Fleckputzerei, bald werden auch sie für die neue deutsche Demokratie tragbar gemacht sein [...]. Dem Schuster, der für die Nazis Stiefel gemacht hat, zum Treten und Zertreten, wird das nicht so leicht verziehen wie dem Dirigenten, der für sie Musik gemacht hat zu ihrer Erbauung und seelischen Stärkung in den Pausen jenes Geschäfts."[485] Doch Valeska Gert gab sich der Illusion hin, dass die „große Kunstzeit", nach der sie sich sehnte, wiederkam, „genauso wie nach dem Ersten Weltkrieg".[486]

Im Berlin des Jahres 1949 findet sie jedoch keine schnell wieder auflebende Stadt mit reicher Kulturszene. Weite Teile der Stadt sind zerstört. Ihre Heimatstadt steht nun unter der Kontrolle der Alliierten; bis Mai dauert noch die Blockade durch die sowjetische Besatzungsmacht an. Wie Sibylle Niemoeller-von Sell berichtet, gab es Strom nur „stundenweise [...] und möglichst zu Zeiten, in denen keiner darauf gefaßt war. Wie nachts zwischen zwei und vier Uhr. Dann schoß man aus dem Bett, kochte, saugte Staub, wusch und bügelte."[487] Gert sucht ihr Geburtshaus in der Alten Jacobstraße 92 und findet nur noch einen Haufen Steine vor.[488] Paul Erich Marcus, der ebenfalls zu den Rückkehrern aus der Emigration gehörte, schreibt über den

Anblick Berlins: „Es war, als sei ich in Pompeji. Wie die Reste einer untergegangenen Welt sahen Plätze und Häuser aus.“[489] Doch die Zerstörung betraf nicht nur die Gebäude. Berthold Viertel, der für die BBC eine Reportage machen sollte, schreibt seiner Frau Salka: „Weißt Du, wenn man von Ruinen spricht, darf man nicht vergessen, wie viele Menschenruinen es gibt. Das Ganze ist eine Ruine, die Ruine eines Volkes, das dennoch weiterlebt, arbeitet, weiterhaßt, darbt, weiterstrebt [...]. Ja, Berlin ist ein Trümmerhaufen.“[490] Erich Kästner, der eine Woche lang in Berlin war, berichtet nach seiner Rückkehr Axel von Ambesser: „Also, das Berlin, an dem wir alle hängen, gibt es nicht mehr. Aber auch unseren Wunschtraum, daß es sich wieder erheben wird zu der internationalen Metropole, zur großen Theater- und Filmstadt wird, als die wir Berlin noch gekannt haben, müssen wir begraben. Das Berlin wird es jedenfalls zu unserer Zeit nicht wieder geben.“[491]

Diese Erfahrung muss Valeska Gert auch privat machen. Sie sucht Aribert Wäscher auf, und es öffnet eine Frau.[492] Obwohl die Beziehung nicht mehr die alte ist, verbringen sie doch zumindest Anfang der 1950er Jahre einen gemeinsamen Sylturlaub. Sie holen Axel von Ambesser mit seiner Frau und der dreijährigen Tochter vom Bahnhof in Westerland ab. Ambesser zufolge war „der gewaltige Eindruck, den das extreme Paar auf jeden unvorbereiteten Menschen machte“, immer noch präsent: „Beide sahen eigentlich genauso aus wie im Jahre 1933. Valeska allerdings hatte zur Feier unserer Ankunft noch zu allem Überfluß einen flammend roten Mantel angelegt.“ Seine Tochter habe bei dem Anblick zuerst geschrien und dann zu ihrem Vater gesagt: „Papi, wir schauen einfach gar nicht hin.“[493] 1954 heiratet Wäscher die Schauspielerin Gudrun Genest (1914–2013).

Die Berliner Presse nimmt von der Rückkehrerin durchaus Notiz und kündigt ihre ersten Auftritte in Tanz-Matineen an. Im „Tagesspiegel“ schreibt der Journalist Herbert Pfeiffer am 11. März 1949 u.a.: „Valeska Gert war ein Bürgerschreck, der oftmals ausgepfiffen wurde [...]. Sie zeigte die Seele in ihren Verdauungsstadien [...]. Der Akzent ihrer Auftritte liegt heute mehr auf Diseuse als auf der Bewegungskarikaturistin.“[494] Doch schon anlässlich dieser Auftritte fühlt sich Valeska Gert zurückgestoßen. Gegenüber Mascha Kaléko berichtet sie 1956, ihr Klavierbegleiter Günter Neumann habe es ihr damals übel genommen, dass er sie am zweiten Abend nicht erneut am Flügel begleiten durfte. „Und dafür hat er mir die ganze Clique mit Rias gegen mich aufgestellt, so daß ich von seiner Clique als letzten Dreck erklärt wurde.“[495] Diese Anklage mag stark subjektiv begründet gewesen sein. Sie macht jedoch deutlich, dass sie kaum Zugang zu den damaligen Künstlerkreisen in Berlin gefunden hatte. Die Jugend zog es, wie sich Wolf Jobst Siedler erinnert, an andere Orte: „Überall schossen Bars und Kabaretts aus dem Boden, oder sie etablierten sich in den Kellergeschossen von Ruinen.“[496] Seit Ende 1945 existierte schon Willi Schaeffers „Kabarett der Komiker“, danach eröffnete die „Dachluke“, in der Ralf Wolter und Günter Pfitzmann auftraten. Im Kabarett „Die Außenseiter“ war u.a. Hubert von Meyerinck zu sehen, ab Juni 1946 kamen der „Ulenspiegel“ und schließlich auch „Lord Henry“ in der Pariser Straße hinzu, wo Robert T. Odeman wirkte.[497] Berühmt war vor allem das kurzlebige, im Sommer 1949 von dem Maler Alexander Camaro mitgegründete Künstlerkabarett „Badewanne“.[498] Dort verkehrten der Erinnerung Siedlers zufolge diejenigen, die „wenig später in den Berliner Theatern, Konzerten und in der Kunst eine Rolle spielte[n].“[499] Im Oktober 1949 kam dann das Kabarett „Die Stachelschweine“ hinzu, von dem Valeska Gert allerdings nicht viel hielt. Sie habe damals feststellen müssen, dass Berlin provinziell geworden sei, meinte sie in einem Interview in den 1970er Jahren.[500] In ihrer Autobiographie von 1968 spricht sie von der Berliner Kabarettszene als vom „Einheits-Kabarett, eigentlich politische ‚Minirevue‘“, das es „mehr oder weniger gut in ganz Deutschland“ gab.[501] Vor allem aber musste Valeska Gert damit leben, dass viele frühere Weggefährten tot oder nach ihrer Emigration im Ausland geblieben waren wie z.B. Maria Collm, die in Kanada lebte, Julia Tardy-Marcus, die Paris zu ihrem Lebensmittelpunkt gemacht hatte, oder Sonja Wronkow, die nun in Tel Aviv wohnte und mit der sie nur korrespondieren konnte.

Valeska Gerts Kabarett in Berlin

Im Oktober 1949 eröffnete Valeska Gert in Berlin im Opernkeller in der Kantstraße ihr neues Kabarett „Bei Valeska". Sie stattete es mit „kleinen, niedrigen Tischen und Bänken" aus, „damit das Publikum auf dem Boden bleibt, wenn Valeska Gert allabendlich – von Scheinwerfern auf Bierfässern angestrahlt – auf das Podium steigen wird."[502] Als sie nach eigenem Bekunden Erfolg hatte, sei gegen sie intrigiert worden, und sie habe den Raum an einen anderen Kabarettisten verloren.[503] In der Paulsborner Straße richtete sie daraufhin in einem leerstehenden Gemüseladen die „Hexenküche" ein. Das am 21. Oktober 1950 eröffnete Lokal beschrieb Mascha Kaléko 1956 gegenüber ihrem Mann: „Sieht aus wie die Beggarbar, nur groesser. Alles in schwarz und mit Spiegelscherben an die Wand geklebt [...]. Die einzige Speisekarte auf gelbe Pappe geschrieben, enthaelt auch die ‚Spezialitaet' „GOULASCHSUPPE' (macht sinnlich) steht in Klammern daneben."[504] Geboten wurden Pantomimen und Lieder der Jahrhundertwende sowie utopische Sketche.[505] Junge Schauspieler wie Klaus Kinski traten auf, Villon- und Rimbaud-Gedichte rezitierend,[506] außerdem die Berliner Diseuse Ada Hecht (1912–2001).

Zu den Gästen zählten Gert zufolge vornehmlich Künstler, Geschäftsleute, Politiker, Adlige und Angehörige der Unterwelt. Sie selbst nennt namentlich den Dichter Gottfried Benn (1886–1956) und den Regisseur Jürgen Fehling (1885–1968).[507] Mascha Kaléko sah „Wirtschaftswunder-Schieber mit Dienstmaedchentyp-Damen, dick wie Faesser. In Pelzen. Das tanzt, Schmerbauch an Schmerbauch ... ekelerregend."[508] Valeska Gert erzählte ihr bei einem Besuch im Café „Bristol" am Kurfürstendamm, was sie von solchen Gästen hielt: Sie wolle „wieder einmal nach Amerika [...], weil der Geschmack hier vernazit" sei. „Weil ich keine politischen Kabarettsachen mache, krieg ich keine guten Kritiken – Berlin ist Front-Stadt und die Presse beguenstigt nur polit. Kabarett', sagte sie."[509] Doch von Gerts Darbietungen ist Mascha Kaléko sehr angetan: „Apropos Valeska: Die hat ein paar gute Nummern gebracht gestern – was ihre Leute da offerieren ist nebbich [jidd. jämmerlich, d. Verf.], aber sie sehr gut, – wenn auch in ihrem etwas sonderbaren Stil, aber sie ist wirklich in Trance, wenn sie das macht. Eine Szene: Japaner macht Japanerin Liebeserklaerung, ist toll. Eine andere: Die Spielerin (eine in Monte Carlo) auch sehr gut."[510]

Dagegen erinnert sich eine andere Besucherin: „Wir fühlten uns sofort wie in der Vorhölle [...]. Ein festes ‚Programm' gab es nicht. Mal tanzte sie einen Ausdruckstanz auf einer winzigen Bühne, grell angestrahlt, mal sang sie an die Theke gelehnt ein französisches Chanson. Alle Darbietungen wirkten wie plötzliche Einfälle. Die Atmosphäre war absolut unwirklich, sie verdichtete sich noch, als die Gulaschsuppe fertig war und in gefräßigter Stille von allen gegessen wurde."[511] Valeska Gert habe mit der „Hexenküche" „im Alleingang die Welt der zwanziger Jahre" beschworen, „lange bevor sie wieder nostalgisch in Mode gekommen war", so der Ballett- und Tanzkritiker Klaus Geitel (1924–2016) 1975 in der „Welt".[512] Und der Komponist Hans Werner Henze schreibt in seinen Lebenserinnerungen 1996, er sei „gern und oft" dort Gast gewesen und habe „die ziemlich dreisten Provokationen Valeskas und ihrer eher amateurhaften Entourage hervorragend" gefunden.[513]

Das bezog sich wohl auf Tanznummern, in denen sich Valeska Gert mit ihrer Rückkehr nach Deutschland auseinandersetzte. Sie beklagt das Schicksal einer Remigrantin aus Amerika, die nach einer kurzen Zeit medialer Aufmerksamkeit erkennen muss, dass „Respekt nur Formensache war" und „jeder einstige Hajott" gegen sie „ein Gott" sei. „Drum, Remigrant, erwarte Kampf statt Glück, Deutsche gehen zwei Schritte vor und ein[en] gehen sie zurück."[514] In ihrer Nummer „Mannequin von Grieneisen" – der Name nimmt Bezug auf Berlins größtes Bestattungsinstitut – wird sie noch deutlicher: Sie vergleicht ihr Schicksal mit einer Leiche, die niemand mehr haben will. Voller Sarkasmus zeigt sie den einzigen Weg auf, der ihr bleibt: Als Mannequin führt sie „Särge in allen Breiten" vor, „für schlanke und beleibte Leichen." Ihr bitteres Resümee lautet: „Dann ging ich hin, von wo ich hergekommen. Kommt nicht zurück, wenn ihr schon mal verschollen."[515] Nach eigener Aussage spielte sie das Mannequin „als eine schillernde, halbverfaulte Gestalt, voller Kindlichkeit, Laster, Eitelkeit, Ehrgeiz, Liebe und Bitterkeit in den Knochen, die nur noch spärlich mit Fleisch bedeckt sind. Töne und Gesten duften verführerisch nach Verwesung."[516]

Valeska Gert ist sehnsuchtsvoll aus der Neuen Welt zurückgekommen und kann nicht an ihre einstigen Erfolge anknüpfen. Sie findet ihre alte Welt nicht wieder: „Kommt man von der Emigration zurück nach Deutschland, ist man unbekannt. Andre haben den Platz eingenommen."[517] An anderer Stelle resümierte sie, „es wäre klüger gewesen, im Winter in New York Kabarett zu machen" und nur im Sommer in Deutschland zu leben. „Mein Leben wäre noch bunter geworden. Und in Deutschland hätte man mich mehr geehrt."[518] Doch ganz vergessen ist sie nicht. Der Journalist Walter Kaul schreibt 1950 im „Kurier": „Einzigartig, ja einmalig ist aber die Vortragskunst der Hausherrin, die ihre pantomimische Darstellung um das Mittel des Sprechgesanges bereichert hat – und es grenzt ans Wunderbare, daß ihre ungewöhnliche Körperphantasie noch von der faszinierend suggestiven Tonphantasie übertroffen wird! Wie die Gert als Säugling aus Urlauten ein surrealistisches, abstraktes, absolutes Lied komponiert, wie sie als ‚Mannequin von Grieneisen' einen jenseitigen Tonfall – nein, Tonhall! – findet, oder wie sie als Masseuse über alle ordinäre Robustheit hinaus einen maschinell-sadistischen Rhythmus knetet, das wäre, unter ausländischem Namen als Gastspiel serviert, eine stupende Sensation."[519]

Eine ihrer provozierenden Nummern ist die Figur der Kriegsverbrecherin Ilse Koch (1906–1967), Ehefrau des Kommandanten im KZ Buchenwald, die 1951 zu lebenslanger Freiheitsstrafe verurteilt wurde.[520] Valeska Gert greift in ihrem selbstverfassten Stück das kollektive Beschweigen des Nationalsozialismus und des Holocaustes an und rüttelt damit an einem Tabu. So heißt es u.a.: „Arbeitet schneller, die Augen heller. Marsch, marsch, schlagt euch auf den Arsch. Dies ist kein Erholungsaufenthalt, gehorcht ihr nicht, mach ich euch kalt [...]. Prügle dich halb tot, friß deinen eignen Kot."[521] Valeska Gert beschreibt, wie sie diese Rolle spielte: „Sie befiehlt schneidend scharf, peitscht, grellt höhnische Laute und schmeichelt dann geil, süß, verlogen und heuchlerisch. Manche Gäste verließen schockiert die ‚Hexenküche'."[522] Provokation fand in Zeiten des beginnenden „Kalten Krieges" nicht jeder opportun. Und sicher wollte nicht jeder an sein Mitläufertum erinnert werden, das Gert in dem politischen Text „Der Jubler" anprangerte: „Wilhelm, Ebert, Brüning, Hitler, wer regiert, wird bejubiliert [...] Wohn ich im Osten, bin ich hin, seh ich Stalins Bart und Kinn, leb ich im Westen als feiner Mann, da bet ich eben Truman an. Ob Dollar oder Rubel, ich jubel, jubel, jubel."[523] Besonders drastisch setzte sie dieses Thema in „Die Ratte" um. Während der Berlin-Blockade mästet sich die „völkische Ratte" an den Lebensmitteln der Amerikaner, will aber vom „Völk'schen nichts mehr wissen". Die „Ratte" schafft es nicht, ihre Vergangenheit hinter sich zu lassen: „Ich sehne mich nach Blut- und Bodenwurscht, nach rassereinem Blute habe ich Durscht." Im Abgehen sagt Valeska Gert: „Ach verzeihen Sie, ich habe ganz vergessen, wo ich bin."[524]

Klaus Geitel brachte Valeska Gerts Aussage 1975 in der „Welt" auf den Punkt: „Sie setzte mit ihren Songs gern Messer an fremde Kehlen [...]. Sie hockte in ihrem schwarzen Seidenanzug herum [...], verschlagen in die Aufbaubravheit einer zertrümmerten Nation."[525] Sie muss erkennen, dass die Auseinandersetzung mit der NS-Vergangenheit bei ihrem deutschen Publikum nicht ankommt und das Kabarett antikommunistisch sein müsse. Sie selbst schreibt nun „auch ein paar politische Texte, die aber nicht als politisch anerkannt wurden, weil sie nicht gegen den Kommunismus gerichtet waren, wie man es damals in Berlin verlangte."[526] Im April 1956 gibt Gert ihr Berliner Kabarett auf. Dazu nimmt sie in einem Brief Stellung, den sie aus einer Pension in Überlingen/Bodensee am 18. Juni 1956 (?) an den „Berliner Tagesspiegel" schickt: „Der Grund ist der: wenn eine Kabarettistin meiner Klasse freiwillig die Schwierigkeiten in Berlin auf sich nimmt, sich 7 Jahre lang halbtot arbeitet, ist es doch eigentlich selbstverständlich, dass man sie so viel wie möglich unterstützt. Das ist nicht geschehen." Den „letzte[n] Anstoss" habe ein Schreiben Alfred Brauns (1888–1978) gegeben, des Intendanten des „Sender

Freies Berlin". „Ich fragte, warum man mich nie nennt (für die anderen Cabarets wird jeden Tag Reklame gemacht). Er antwortete: Die künstlerische Form meines Cabarets gestatte es nicht, mich zu berücksichtigen. Was meint er wohl damit? Ich habe es als Einzige bewiesen, dass ich Weltklasse bin. Vor einem Jahr übrigens wurden alle meine jetzigen Nummern von Cinématheque in Paris gefarbfilmt für ihr Archiv." Im französischen Radio habe man sie als „plus grande mime de l'Europe" angekündigt und einige ihrer Nummern wie „Ilse Koch" und „Baby" gesendet. Der „Südwestfunk hat nach meiner Rückkehr aus Amerika und Zürich alle meine Nummern aufgenommen und mehrfach gesendet. Weder Rias noch S.F.B. [Sender Freies Berlin, S. M.] hat mich auch nur ein einziges mal gesendet. Nun ja, die Sachen, die ich mache, sind mehr für anspruchsvolle Hörer, das stimmt schon, aber ein guter Conferencier könnte das einem Publikum schon nahe bringen. Ich denke, Demokratien schätzen und stützen besonders das Individuum, die Persönlichkeit? Die Eingleisigkeit, mit der viele hier nur das politische Cabaret gelten lassen, ist verblüffend [...]. Und wenn ich sehr gute Cabarets ausserhalb von Berlin sehe, wird mir wieder deutlich, wie grossstädtisch mein Lokal gewesen ist. Vielleicht war es gerade das."[527] Erst in den 1960er Jahren findet Valeska Gert Anschluss an die Berliner Künstlerszene, die sich neuen Themen und Ausdrucksweisen öffnet und dadurch auch ihre Kunst zu würdigen weiß.[528] Von nun an lebt sie zunächst im Sommer in Kampen, im Winter in Berlin oder in ihrem Appartement in Seefeld/Tirol.

Die Nachkriegsjahre auf Sylt

Im Sommer 1950 fuhr Valeska Gert erstmals wieder nach Sylt. Die Insel, die bis zur Gründung der Bundesrepublik 1949 Teil der Britischen Zone war, hatte sich verändert. Tausende von Vertriebenen und Flüchtlingen, vor allem aus Ostpreußen, lebten dicht gedrängt hauptsächlich in den militärischen Baracken und Gebäuden, die seit den 1930er Jahren für die Küstenverteidigung errichtet worden waren. Die Zustände muss man sich wie auf der ganzen Insel karg bis unbeschreiblich vorstellen, vor allem im „Hungerwinter" 1946/47. Ingrid K. (geb. 1938/40), die mit ihren Eltern mit dem letzten Zug am 21. Januar 1945 aus Breslau fliehen konnte und in einem Flüchtlingslager in Hörnum unterkam, berichtet 1956 darüber. Mit ihrer Mutter sei sie im Frühjahr 1947 auf Hamsterfahrt aufs Festland gegangen. „Vor Niebüll steigen wir aus und ziehen von Haus zu Haus. Welch ein Elend! Oft hören wir, wie die Bauern schnell ihre Tür verschließen, um ja nichts geben zu brauchen [sic!]. Mutti und ich sind mutlos, und es fällt uns sehr schwer, die Menschen um ein paar Kartoffeln und etwas Brot zu bitten."[529] Die Ernährungslage für alle Inselbewohner war so kritisch, dass Viehzähler von Hof zu Hof gingen, um die Anzahl der Schweine zu erfassen. Bauern versteckten den ihnen überlebensnotwendigen Besitz im hohen Reet oder im Keller. Emma Scholz (geb. 1924) aus Morsum berichtet 2002 von einem Bauern, der seine Schweine auf dem Dachboden in die Kornkiste gesteckt hatte. „Als die Viehzähler den Hof verließen, hatten sich die Schweine selbstständig gemacht und guckten grunzend aus der offenen Bodenluke im Giebel den Viehzählern hinterher. Sie haben es nicht bemerkt."[530] Der Journalist Klaus Harpprecht (1927–2016) machte in einer Reportage (wohl von 1948) für die Zeitung „Christ und Welt" auf das Schicksal der Menschen aufmerksam. In seinen Lebenserinnerungen schildert er die Lebensumstände für die Zugezogenen: „Es gab keine Arbeit. Nur wenigen der Männer und Väter war es gelungen, in Wilhelmshaven oder Bremen, vielleicht auch Hamburg einen Job zu finden [...]. Um die Häuschen unscheinbare Gärtchen, in denen ein paar Blumen und ein bisschen Gemüse gediehen; die Erde hatte man von den wenigen, halbwegs fruchtbaren Landflecken hinter den Ufern gegenüber dem Kontinent herbeigekarrt [...]. Zu jener Zeit kein Fernsehen, ein paar Radioapparate. In Westerland manchmal Kino. Keine Unterhaltung. Keine Abwechslung, zumal im Winter. Graue Tage, Monat um Monat."[531]

Viele unterschiedliche Schicksale trafen aufeinander: Ehemalige Soldaten ebenso wie Flüchtlinge, Angehörige von Widerständlern, aber auch Leute, die im Nationalsozialismus schwere Schuld auf sich geladen hatten und auf der Insel untertauchen wollten. Und bald kamen auch wieder erste Touristen, zum einen, weil die großen Ostseebäder im sowjetisch besetzten Teil Deutschlands lagen, zum anderen, weil Sylt unzerstört geblieben war. Kampen glich in den ersten Nachkriegsjahren Erich Kuby zufolge „dem Kampen von 1925 [...]. Ein paar waren gestorben, ein paar kamen nicht mehr, andere kamen wieder – diesmal aus der richtigen Emigration [...]. Im Kliff gab es jetzt samstags Musik."[532]

In Valeska Gerts Kate in der Kampener Heide, die in der Nachkriegszeit von einem Rechtsanwalt in Niebüll verwaltet wurde, lebte zunächst ein Ehepaar Duncker.[533] Nach dem Tod des Mannes wollte die Frau ausziehen. Das erfuhr im Juni 1949 der Schriftsteller Ernst von Salomon (1902–1972), der in Kampen in einem ehemaligen Flakbunker untergekommen war. Er hatte 1948 seine Unterkunft im Klender-Hof verlassen müssen, der im Nationalsozialismus enteignet und von seiner jüdischen Eigentümerin wieder übernommen worden war. Von Salomon wollte Gerts Haus für ein Jahr mieten. Er benötige lediglich ein Arbeitszimmer und ein Schlafzimmer, deshalb könne sie trotzdem in den Sommermonaten dort wohnen. Ein weiterer Vorteil ergebe sich, „wenn Sie die Sorgen um die tägliche Verpflegung ganz meiner Frau überlassen wollen."[534] Zu einer Übereinkunft kam es nicht; das Haus stand leer, als Valeska Gert kam.

Der Kampener „Ziegenstall" – eine wahnsinnige Idee

Auf Sylt trifft sie den Intendanten des Berliner Schillertheaters Boleslaw Barlog. Die Insel, die er seit 1948 kannte, empfand er als „die schönste Badeinsel der Welt [...]. In einem Winter war das Watt zugefroren und neben dem Eisenbahndamm fuhren die Autos über die Eisdecke. Man sparte die Verladegebühr für den Bahntransport über den Hindenburgdamm. Ein wunderbares Erlebnis ist eben diese Insel auch im Winter."[535] Er rät ihr, „so ein Lokal wie in New York"[536] aufzumachen. Sie habe ihm geantwortet: „Hier in diesem Dorf? Das ist eine wahnsinnige Idee."[537] Doch sie beginnt zu überlegen. Von Salomon schickt sie zu dem 35-jährigen Bildhauer Günter Rieck, der in seinem Nebenbunker wohnt, und sich ebenfalls in Kampen etablieren will. Er muss sie bestärkt haben, denn Valeska Gert plant nun, ein neues Haus zu bauen. Sie argumentiert, in einem Gebäude wie ihrer Kate mit einer Grundfläche von etwa 8,50 m x 6,40 m[538] könne „man ja keinen Nachtklub etablieren." Nachdem ihr die Gemeinde jedoch kein weiteres Grundstück verkaufte, konzentrierte sie sich auf ihr Haus aus den 1930er Jahren.

Rieck und Gert reichen noch 1950 kurz hintereinander bei der Gemeinde einen Antrag auf Genehmigung eines Lokals ein. Beide Anträge werden jedoch zunächst abgelehnt mit der Begründung, es bestehe kein „Bedürfnis". Rieck eröffnet dennoch im selben Jahr die „Kupferkanne", ohne Erlaubnis. Gert verklagt die Behörde beim Landesverwaltungsgericht in Schleswig und erhält im Sommer 1951 die Berechtigung, eine „Schankwirtschaft in der Art einer Wein- und Likörstube" zu führen mit Ausschank „sämtlicher geistigen und nicht- geistigen Getränke". Die Erlaubnis galt für den „vorhandenen alten Bau" auf dem Grundstück Nr. 95 in der Kampener Ostheide.[539] Doch schon Monate zuvor ließ sie im Erdgeschoss Wände entfernen. Aus Wohnzimmer, Schlafzimmer, Küche und Bad wurde so der

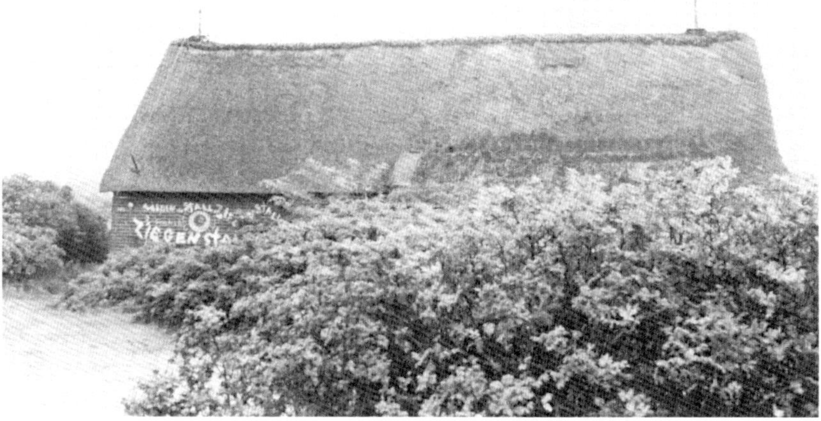

Valeska Gerts „Ziegenstall" in Kampen/Sylt, 1970er Jahre

„Ziegenstall". Der Name war schnell gefunden:[540] Der Raum, den sie zur Verfügung hatte, sei „klein", „karg" und „schmal" gewesen. Deshalb habe sie für seine Einrichtung nur wenig Platz gehabt: „Ich muß schmale Tische machen wie in meinem Nightclub in Provincetown, Krippen werde ich nehmen, Ziegenkrippen! So entstand der ‚Ziegenstall'". Sie betrieb ihn bis zu ihrem Tod im Jahre 1978. Teile des Inventars fanden 2012 zu Gerts 120. Geburtstag den Weg in die Dauerausstellung des Heimatmuseums im Dachgeschoss, das zuvor als Magazin gedient hatte.[541] Den Namen malte sie mit weißer Farbe auf die roten Klinker der Außenseite. Das Häuschen hatte im Erdgeschoss sechs Sprossenfenster mit Fensterläden und zwei kleinere Fenster neben dem Eingang, der auf der Nordseite lag. In einem Anbau aus den 1970er Jahren auf der Westseite gab es später zwei Räume, in denen Angestellte untergebracht waren. Die Toilette für die Gäste befand sich außerhalb des Hauses in einer „Bretterbude".[542]

Auf der Nordseite gab es in den ersten Jahren eine kleine Bar, auf der Südseite eine weitere, größere. Eine Treppe rechts neben dem Eingang führte ins Dachgeschoss, wo Valeska Gert in zwei Kammern lebte. Ging man am Ausschanktresen auf der Ostseite vorbei, befand man sich im rechteckigen Hauptraum. An seinen Wänden lagen bis in die 1960er Jahren zunächst Strohsäcke.[543] Später standen dort Holzbänke mit bunten Polstern, davor sieben Krippen und verschiedenfarbige Holzschemel. Die hölzernen Traufen an den Wänden der Nord-, Ost- und Südseite befestigte der Schauspieler Gert Fröbe,[544] ein häufiger Gast der Anfangsjahre.

Niedrige Zwischenwände teilten den Raum in vier bzw. fünf Kojen, die jeweils acht bis zehn Gästen Platz boten. Alle Krippen ließ Gert nach ihren Vorgaben von einem Sylter Handwerker bauen. Sie bemalte sie selbst. Nach Fred Hildenbrandt hatte Gert bereits in den 1920er und 1930er Jahren „zu starken Farben eine Leidenschaft“, was sich auch in ihren Tanzkostümen zeige. „Das starke Rot, das starke Gelb, das starke Grün, das starke Weiß, das starke Schwarz. Die Zwischenfarben sind ihr ein Gräuel. Niemals braun und niemals grau. Sie treibt einen Farbenkult und stellt kühn die tollsten Farben zusammen.“[545] Die Farbgestaltung der Krippen entsprach also ihrem Farbempfinden. Ihre Bemalung erinnert an die Stilrichtung des Informel, als habe Gert ihre Bewegung im Tanz durch das Hantieren mit Farbe und bewegten Mustern umgesetzt: Eine der Krippen strich sie außen und innen grün und gelb an, auf die Ablagefläche setzte sie fünf Tupfen in den Farben blau, rot und gelb. Die Außenseite einer Krippe schmückt das Wort „Dujardin“ in roten und blauen keilförmigen Buchstaben. Eine andere ist gelb und auf der Innenseite mit roten vollflächigen Kreisen bemalt. Kreise und Keile erinnern an Walter Ruttmanns Film „LICHTSPIEL OPUS 2“ von 1924. Sie sind unterschiedlich groß, nicht exakt gemalt und haben verschiedene Abstände zueinander. Offenkundig ist Valeska Gerts Tanz mit seinen Bewegungswechseln die Grundlage für die Bildidee. Sie tanzte gewissermaßen mit dem Pinsel in ihren Händen.

Ähnlich wie in ihrer New Yorker „Beggar Bar“ und in ihren Berliner Lokalen der Nachkriegsjahre kolorierte Gert die Fenster und Wände, die nur teilweise verputzt waren.[546] Auch hier griff Gert auf ihre Lieblingsfarben zurück. In der „Hexenküche“ dominierten schwarz und rot,[547] im „Ziegenstall“ dagegen blau, rot und gelb. Außerdem bemalte sie die Wände „mit bunten Buchstaben […] wie in allen

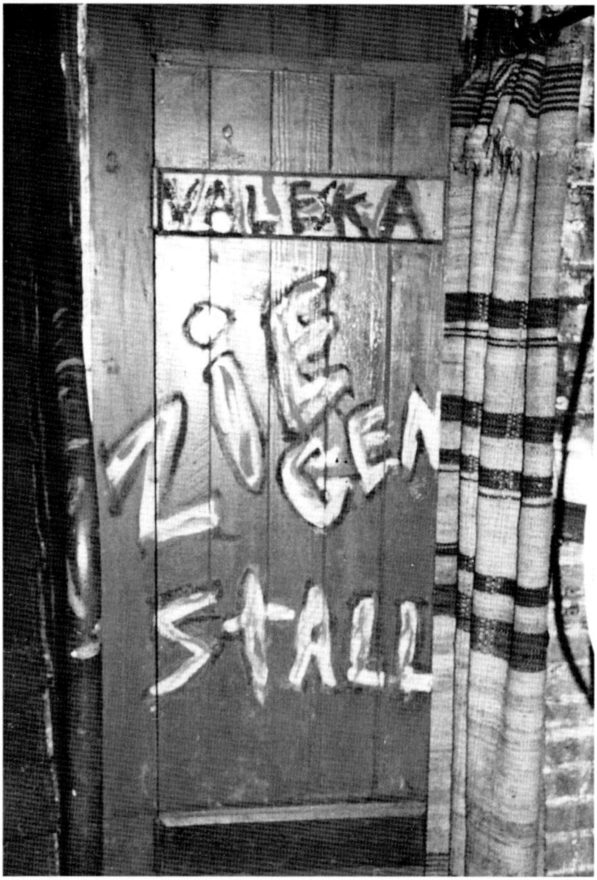

Tür zu Valeska Gerts Wohnung, 1970er Jahre

meinen Lokalen."[548] Die prestigebeladenen Begriffe „Scotch", „Roederer", „Hennessy" und „Mumm" standen in einem seltsamen Kontrast zur übrigen Gestaltung des Raumes und zu Beschriftungen wie „Schaschlick", „Schnitzel", aber auch „Suppen" oder „Valeska" und Sätzen wie „Sie können hier erstklassig essen" und dem – oberhalb der Kojen auf der Südseite – unübersehbar geschriebenen Motto des Lokals „Wer sind die Ziegen? Die Gäste! Denn sie werden gemolken und sie meckern". Verschiedenfarbige Keile, Striche und Kreise ergänzten die Wandgestaltung.

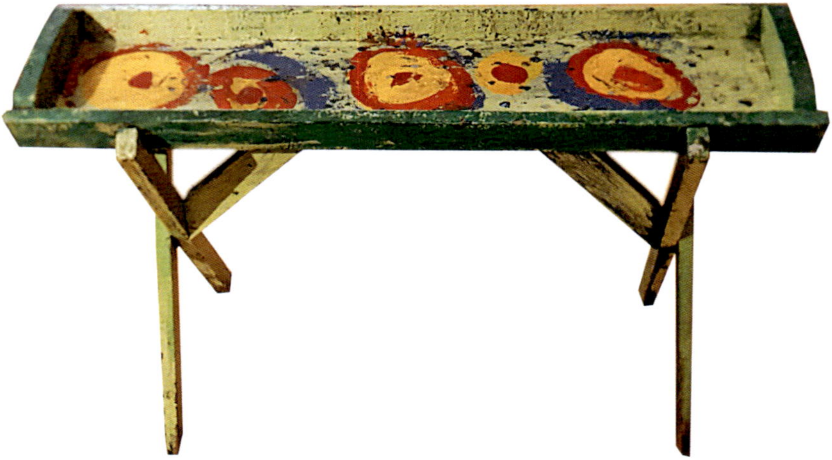

Krippe in der Ausstellungseinheit „Ziegenstall" im Heimatmuseum/Keitum, 1951

Motive waren auch ein Fenster, eine Katze, eine Leiter, ein Blumentopf, ein Vogelkäfig, Gert als Tänzerin im schwarzen Kostüm der 1920er Jahre. Außerdem verewigten sich im Laufe der Jahre Gäste mit Vornamen bzw. Kürzeln, teilweise mit dem Datum ihres Besuches. Auf Fotos ist z.B. zu erkennen: „Ab 1957 HELGE", „HARTWIG + TOPSY", „ULRICH K. CMC 1962", „K.S. + U.S. 1970", „Lilo + Jutta 57–60", „Blacky + Sigrid 1959". Vereinzelt ritzten Gäste Sprüche in die Wände wie z.B. „FUCK FOR PEACE". Auf diese Weise entstanden im Laufe der Zeit sich ergänzende Gedächtnisbilder, ein Jahrzehnte umgreifender Prozess eines memorialen Gemeinschaftswerks. Abstrakte expressionistische Formen befanden sich auch an der Decke. Die Fenster strich Valeska Gert rot, gelb und schwarz, den Parkettfußboden schmückte sie jeden Sommer neu mit „roten und grünen Kreisen, Strichen und Schnecken."[549] Sie begriff diese Flächen ebenfalls als Grundlage für die Umsetzung von Tanz in Malerei: Abrupte Farb- und Musterwechsel repräsentierten den sich veränderten Bewegungsfluss und riefen die Dynamik der Gegenwart ins Bewusstsein.

Fraglich bleibt, ob und welche Anregungen Valeska Gert für diese Muster durch Hofmann und dessen Freundes- und Studentenkreis erhalten hatte. Eine Episode deutet darauf hin, dass zumindest der Kubismus nicht Hofmanns Auffassung von Kunst entsprach. So hatte Valeska Gert gehofft, dass die Malschüler ihr Charakteristikum, ihr „kantiges Wesen“, malten: Aber „nur Drei- und Vierecke waren auf der Leinwand. Warum hatten sie meinen schwungvollen Körper nicht in Kreisen und Kugeln aufgelöst?“[550] Hier greift Gert ebenfalls ihre Gedanken zu Bewegung und Rhythmus auf, die sie in Ruttmanns zweitem Experimentalfilm gefunden hatte.

Die Künstlerin schreibt zu ihrer Inszenierung 1968: „Ziegenstall hat Krippen an den Wänden mit hoch aufgestapeltem frischen Heu drauf, und auch auf dem Fußboden liegt Heu. Viele Gäste empfinden es als unordentlich. Sie wissen nicht, wieviel Mühe es uns jeden Tag macht, diese Unordnung herzustellen. Gläser, Teller wurden auf schmale Krippen gestellt, die vor den mit Säcken beladenen Bänken standen.“[551] Ada Hecht berichtet: „Wenn wir ausfegten, beförderten wir das Heu gleich mit raus, schüttelten es draußen aus und legten es wieder hin. Wenn die Gäste fragten: ‚Sagen Sie mal, fegen Sie nie aus!‘ hat Valeska gesagt: ‚Das muss so sein!‘“[552] Einmal führte das Ausfegen dazu, dass eine Kuh in den Raum kam, die sich wohl vom Heu angelockt fühlte.[553] Seit den 1970er Jahren war allerdings das Auslegen des Bodens wegen der Brandgefahr verboten.[554] Der Berliner Szene-Galerist und Verleger Jes Petersen, der 1971 im „Ziegenstall“ an der Bar stand, meint, Gert sei „stolz auf das von ihr geschaffene Design“ gewesen. „Damals habe ich die Einmaligkeit der Tische und auch manch seltsamer Stühle nicht voll erkannt. In den Jahren danach hat eine Horde von Designern mit ähnlichen Objekten ein Vermögen verdient.“[555]

Die Inszenierung des Lokals spielte bewusst mit antibürgerlichen und mit antistädtischen Attitüden wie Einfachheit, Ländlichkeit, Unordnung. Den bewusst herbeigeführten Eindruck einer improvisierten Unfertigkeit betrachtete Gert offenbar auch als Gegenbild zur autoritären Gesellschaft. Denn nach einer gründlichen Reinigung des „Ziegenstalls“ durch Ada Hecht schimpfte sie: „Was ist das denn? Diese preußische Ordnung! Sie sind wohl wahnsinnig geworden! Also nein! Das Katzenfutter in Reih und Glied aufgestellt. Nee! Was haben

Sie aus meinem Lokal gemacht! Die Krippen – wie die preußischen Soldaten stehen sie da."[556] Damit war sie in den 1950er Jahren ihrer Zeit voraus. So griff sie zum einen das nach wie vor ländliche Flair der Insel Sylt und des Ortes Kampen auf. Zum anderen spielte sie mit dessen Ingredienzen bei der Zurichtung des Raumes für die Gäste. Seine spartanische Einrichtung bildete auch einen deutlichen Gegenentwurf zum ebenfalls 1951 in Kampen eröffneten „Gogärtchen", einem schicken Treffpunkt.

In den Anfangsjahren gab es noch keinen Kühlschrank. Deshalb musste jeden Morgen der Eismann vier Stangen Eis vor die Haustür legen, die Valeska Gert dann in einem Loch unter der Bar verstaute. Eine Reklamepostkarte aus den 1960er Jahren zeigt weitere Details. Inzwischen stand in der Ecke ein Kühlschrank mit der Aufschrift „Mannah Mum", an der Decke hing ein Lautsprecher.[557] Vor der großen Bar boten vier Barhocker Platz, an der Wand dahinter befand sich ein Regal mit Flaschen, darunter ein weiteres Regal mit Gläsern. Links auf dem Tresen waren ein Kofferradio, ein Plattenspieler und ein Gestell für Schallplatten platziert. Infolge der schlechten Leitungen fiel in den ersten Jahren oft der Strom aus; später erzeugten Scheinwerfer gelbes, blaues und rotes Licht. Licht spendeten auch die auf Flaschen aufgesetzten Kerzen. Anders als in der „Beggar Bar" gab es kein Klavier.

Das Sitzen der Gäste auf Heusäcken, Schemeln und Bänken vor niedrigen Krippen und in einer beengten Umgebung erzeugte eine Körperhaltung, die intendiert war. Nicht nur die Getränke mussten auf den Ziegenkrippen abgestellt werden, sondern auch die bauchigen Flaschen mit Kerzen.[558] Man mag sich kaum vorstellen, wie die Gäste in den 1950er Jahren, als es in Gerts Etablissement noch etwas zu essen gab,[559] auch ihre Holzteller mit Brathuhn, Schaschlik, Würstchen, Ziegenkäse oder Gulaschsuppe balancierend dort abzustellen versuchten. Zu dieser sicher zu manchen Zumutungen führenden Inszenierung passte auch, dass die Weinflaschen damals noch unter den Sitzbänken lagerten. Ada Hecht erinnert sich: „Wir mussten immer so nach unten kriechen und die Gäste bitten, sie möchten mal mit ihren Füßen zur Seite gehen, um die Weinflaschen da rauszuholen. Also,

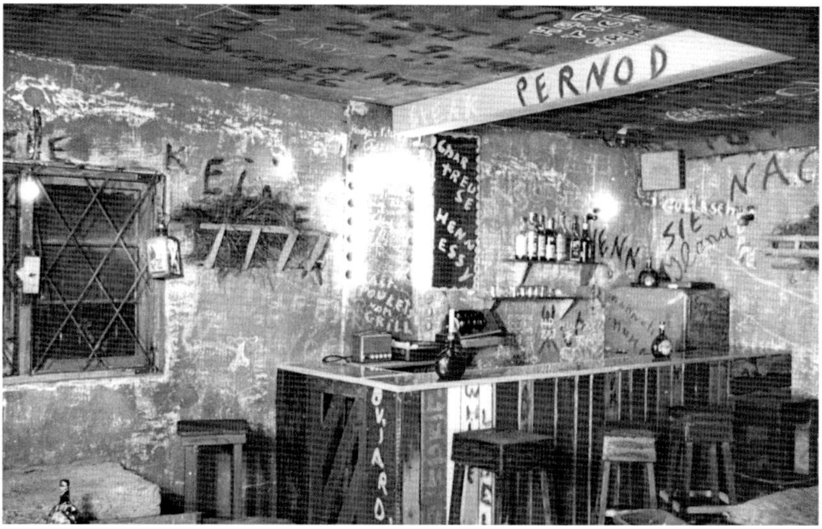

Innenansicht vom „Ziegenstall“, 1960er Jahre

das waren schon herrliche Zustände.“[560] In den 1950er und 1960er Jahren bot Valeska Gert den „Ziegenflipp“ als Getränkespezialität an, der in einer Nuckelflasche serviert wurde.[561]

Valeska Gert bot ihren Gästen noch weitere Zumutungen, die aber gern angenommen wurden: „In meinem Lokal muß gelitten werden. Harte Schemel, teure Drinks und nichts in den Gläsern.“[562] Der Gast als Objekt spiegelt sich dementsprechend auch in der Preisgestaltung wider. „Sie wollte ja kein Bier-Publikum“, so Christiane Retzlaff 2012, „sondern eher diejenigen, die Sekt und Champagner trinken.“[563] Berichtete sie Valeska Gert, dass „eine Art trinkfreudiger Kegelclub“ unten saß, „richtiges Bierpublikum“, meinte Valeska Gert: „Entsetzlich, dann muß ich oben bleiben [...]. Dabei ist das Fernsehprogramm so schlecht.“[564] Werner Höfer klagte ebenfalls über die hohen Preise.[565] Valeska Gert quittierte dies mit Sarkasmus, indem sie Christiane Retzlaff anwies: „Schreiben Sie ihm doch, wir setzen den ‚Höfer-Special‘ auf die Karte für die Minderbemittelten.“[566] Werner Höfer zufolge konnte sie ihre Zuhörer faszinieren. Sie sei jedoch eine schlechte Wirtin, weil sie ihre Gäste nicht zum Verzehr animiere. „Denn Sie trinken nichts, Sie rauchen nicht, und es interessiert Sie kaum, was verzehrt wird […].“[567] Dieses scheinbare Desinteresse Valeska Gerts am Umsatz erweist sich als bewusste Stilisierung, denn sie ließ öfters auf der Getränkekarte die Preise überkleben, manchmal täglich.[568] Ab Juni 1962 konnte man zudem ihre neue Schallplatte mit ihren Liedern im „Ziegenstall“ kaufen.[569] Sänger und Comedian Karl Dall erzählt: „Die Getränke waren sehr teuer und alle gleich warm, in der Regel handelte es sich dabei um die Außentemperatur […]. Ich erinnere mich, dass wir uns furchtbar aufregten, weil wir fünf Mark für einen lauwarmen Schnaps bezahlen sollten. Aber man ging ja in dem Bewusstsein in den Laden, dass man übers Ohr gehauen wird.“[570] Dieses Bild stilisierte Valeska Gert geradezu, indem sie in den 1970er Jahren eine Getränkekarte mit dem Zusatz „Ziegenstall Eintritt nur für Verrückte!!!“ versehen ließ.[571] Den Maßstab für ihre Preisgestaltung bot das „Gogärtchen“, über dessen Getränkekarte Henriette Fischer Valeska Gert mehrfach berichten musste. Sie legte Wert darauf, teurer zu sein.[572]

Der „Ziegenstall“ war so klein und unbequem, dass Aribert Wäscher ihn „eine Folterkammer“ nannte.[573] Helmuth von Krause schrieb ihr nach seiner ersten Besichtigung im Dezember 1957: „Ich habe noch nie so beängstigende Vergnügungsräume gesehen! Waltraud [seine zweite Frau, d. Verf.] meinte, so stelle sie sich das Innere von irischen Bauernhäusern vor, wo hassglühende Irländer blutige Verschwörungen gegen die Engländer planten […]. Aber für die Snobs, die ja wohl den Hauptteil Deiner Kundschaft bilden, ist das wohl das Richtige.“[574] Der Sylter Unternehmer Harry Kress, der als junger Mann Gast war, erinnert sich an eine „relativ dunkle Butze“, in der „schräge Künstler“ auftraten.[575] Eine Sylterin aus Wenningstedt meint, es sei „alles ein bisschen wuschelig und schmutzig“, „recht rustikal“ gewesen, aber dennoch „bisschen was Besonderes.“[576] Der Regisseur und Theaterintendant Boleslaw Barlog (1906– 1999) nannte den „Ziegenstall“ „eine Kabarettscheune“,[577] Hans Sahl einen „Lemurenkeller“[578], Karl Dall erinnert sich an „eine Kneipe außerhalb jeglicher Konvention“.[579] Für Valeska Gerts langjährige Freundin Henriette Fischer (Jg. 1940) war die „Bar“ der „schrägste Ort in Kampen.“[580] Der Sylter Jochen

Dreier, der in den 1960er Jahren Gast war, bezeichnet den „Ziegenstall" als „cool".[581] Der Bildhauer Volker Gerlach berichtet, dass das Lokal unter den Syltern als „verrucht" galt. Man sei dort nur hinein gegangen, „wenn einen keiner sah."[582] Der Videokünstler Ernst Mitzka (geb. 1945) hatte 1969 den allerdings irreführenden Eindruck, der „Ziegenstall" sei ein „Lesbenclub. Eigentlich kam ich da als Mann gar nicht herein"[583]. Der Berliner Travestiekünstler und Kabarettist Hans-Dietrich Kühn, der Valeska Gert in den 1970er Jahren im „Ziegenstall" kennenlernte,[584] empfand die Atmosphäre als „sehr außergewöhnlich, mystisch"[585]. Ein nicht zu identifizierender Stammgast schrieb 1978, man könne „im Liegen und im Stehn trinken, schmußen [sic!], wem das nicht gefällt, der kann ja wieder gehn."[586]

Die antibürgerliche Attitüde zumindest im Urlaub ausleben zu können – das war für viele Gäste attraktiv, außerdem das Gefühl, sich „etwas leisten zu können" und „dabei" zu sein – wer konnte schon wissen, wen man in der Koje nebenan erleben würde. Valeska Gert selbst nannte ihr Lokal einen originellen „Nightclub".[587]

Trotz der Enge schuf sie gegenüber ihren Gästen auch räumlich eine hierarchisch definierte Distanz. Ein Freund, der Journalist Caspar Stichling, schrieb in einem offenen Brief an sie in der Sylter Kurzeitung 1954: „Nun kampierst Du also wieder im Ziegenstall. Ich müßte eigentlich sagen: Du residierst. Denn Du bist eine Königin. Eine Königin der kleinen Kunst, die Du mit groß gemacht."[588] Ihre Persönlichkeit blieb unberührt vom Betrieb des Lokals, während sie von ihrem Platz auf einer Bank alles überblickte und auch gut sichtbar war. So musste jeder Gast an ihr vorbei, jeder Angestellte agierte unter ihrer Aufsicht. „Dort hält sie Hof, nahe dem Eingang und dennoch unnahbar für die Anfechtungen, die das Geschäft mit sich bringt"[589], beobachtete der Fernsehjournalist Werner Höfer 1975 treffend.

Die Abgrenzung der Gäste, die sich der Inszenierung unterwarfen, von denjenigen, die sich das Lokal nicht leisten konnten oder wollten, fand ihre Ergänzung in der Privilegierung einzelner Besucher, die neben Valeska Gert sitzen durften. Wie sich Karl Dall erinnert, saß die in einem schwarzen Hosenanzug gekleidete Valeska Gert Anfang der 1970er Jahre mit einem Gesicht „wie eine Knautschledertasche"

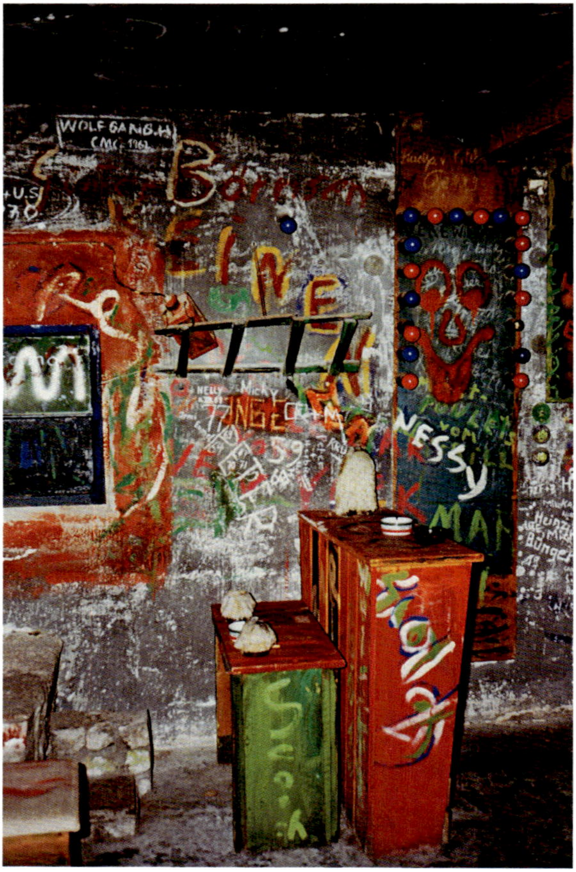

Innenansicht vom „Ziegenstall“, 1970er Jahre

meistens auf einer Bank „vorne links“ im „Ziegenstall“. Es habe „als besondere Auszeichnung“ gegolten, „neben ihr sitzen zu dürfen.“[590] Manchmal platzierte sie sich auch rechts neben der großen Bar auf einem hohen Stuhl. Inge Detlefs erzählt, dass sich Gert „die Gäste herausfischte, mit denen sie reden wollte. Sie habe ihr und ihrem Mann dann viel von den 1920er Jahren und ihrer Exilzeit berichtet.[591] Christiane Retzlaff schreibt über Gerts Bemühungen in den 1970er Jahren, ihr Leben nicht in Vergessenheit geraten zu lassen: „Die ersten Märzstrahlen verlocken zu einer Rastpause auf der Bank am Kaamp

Hüs. Fast zwanghaft wiederholt Valeska die Stationen ihres Lebens: Berlin, Paris, Moskau, New York, Berlin. Sie will mir ihr Leben ins Gehirn speichern [...].“[592] Jenen, die sie mochte, war sie eine gute Erzählerin. Wer mit ihr Kontakt aufnehmen wollte, musste in jedem Fall zu ihr kommen.[593]

Ihre innere Distanziertheit und ihre ausgeprägte Egozentrik wurden sicherlich verstärkt durch ihre Lebenserfahrungen. Das legt zumindest ihre Autobiographie von 1973 nahe: „Viele stoßen sich an meiner Ichbezogenheit. Aber die ist ein wohltätiger Schleier, der sich über mein Wesen legt. Sollte er zerreißen, würde ich die großen Leidenslöcher meines Lebens zu klar sehen, und wer weiß, ob ich dieser Sicht gewachsen wäre.“[594] Ihre Aura dagegen lebte für die Gäste von ihrer Vergangenheit als Tänzerin und Kabarettistin vor allem der 1920er Jahre und von ihrer Emigration in die USA. Dazu schrieb Höfer in seinem Vorwort zu Gerts Autobiographie von 1973: „Manchmal mußte man den Gefährten der Nacht erklären, zu wem der Weg führte, wer Sie sind, wer Sie geblieben sind [...]. Für die Wissenden war Ihr Namen [sic] gleichbedeutend mit Ereignis, wenn nicht mit Ärgernis [...]. Die Gäste kamen, weil sie Besonderes erwarteten oder weil sie sich erinnerten.“[595] Höfer gelang es, vielen seiner Bekannten die Besonderheit des Lokals deutlich zu machen, nämlich das Wiederaufleben des Flairs der 1920er Jahre in der Gegenwart einer Insel, die sich zu einem besonderen Treffpunkt entwickelte. Für ihn war der „Ziegenstall“ ein Wallfahrtsort, in den man jeden Sommer pilgerte und der „austauschbar“ sei „gegen jene atlantische Landzunge [Cape Cod/Provincetown, d. Verf.], auf der [...] Valeska Gert ihre Bar unterhalten hat“ – ein Stück weite Welt in Kampen.

Ihr Lokal war von Juni bis September bzw. Oktober geöffnet. Es profitierte vom deutschen „Wirtschaftswunder“ und von der Entwicklung des Fremdenverkehrs auf Sylt. Er erfasste nun auch die kleineren Inselorte Keitum, Morsum, Archsum und Tinnum (Sylt-Ost). 1956 hatten sie zusammen mehr Übernachtungsgäste als Westerland. Der Trend setzte sich in den darauffolgenden Jahren fort: 1971 zählten die Orte Hörnum, Rantum, Wenningstedt, Kampen, List und Sylt-Ost etwa 1,9 Millionen Übernachtungen, Westerland knapp 1,4 Millionen.[596]

Nicht zuletzt die stärkere Motorisierung der bundesdeutschen Bevölkerung seit Anfang der 1960er Jahre förderte die Entwicklung. So wurden 1948 etwa 12.000 Fahrzeuge gezählt, 1955 waren es bereits 58.000, 1965 fast 160.000 und 1971 schließlich 286.000.[597] Das Auto sorgte auch für erhöhte Mobilität der Urlauber auf der Insel selbst, die nun verschiedene Orte anfuhren. Erich Kuby berichtet, dass vor allem die „Kupferkanne" Mitte der 1950er Jahre zum bundesweiten Geheimtipp und zum Kristallisationspunkt für das neue und zugleich alte Image Kampens geworden war. „Plötzlich kam Kampen in Mode. Eine neue Flüsterpropaganda verbreitete, Prominenz verbringe ihre Ferien in Kampen."[598] Hans Sahl, der in den 1950er Jahren erstmals wieder in Kampen Urlaub machte, dachte „beim Anblick des Badegetümmels am Strand und der sich nackt auf den Dünen zum Sofortgebrauch anbietenden Sekretärinnen und Abteilungsleiterinnen an Ortega y Gassets berühmtes Wort vom Aufstand der Massen. Die Einsamkeit war teuer geworden in einer Zeit der Massenerholung und der durchorganisierten Urlaubsgestaltung."[599]

Der Ort steht nun für FKK.[600] Gunter Sachs, der in den 1960er Jahren in Keitum Quartier nimmt, gibt seine Erinnerungen an die Atmosphäre auf der Insel wieder: „Sylt berauscht mit seinen hellen Nächten und einer eigenen Lebensfreude. Dazu das Enigma von schlanken, braunbeinigen Wesen mit Körpern wie Ebenholz, kühlen, nordisch abweisenden und gleichzeitig einladenden Gesichtern, deren Ausdruck von Sehnen und Fordern, Gebieten und Gehorchen geprägt war."[601] Über den Ruf des Ortes als eines „versnobten Modebades" unterrichtete der Generalbevollmächtigte von Alfried Krupp, Berthold Beitz, im Sommer 1961 den Verleger Axel Springer.[602] Er selbst ist einer derjenigen, der zu diesem Image beiträgt. So nennt Kuby Beitz in seiner Autobiographie leicht überspitzt den „langjährige[n] Herrscher von Buhne 16. Wenn er sagt: Mich friert's, ich zieh' mich an, merken plötzlich alle, daß sie frieren, und ziehen sich an. Bei Buhne 16 am nördlichen Ende von ‚Abessinien' badet, wer dazugehört [...]."[603] Die „neue Gesellschaft" bewege sich mit ihren teuren Autos „täglich höchstens ein paar Kilometer": „Vom Hotel zum Parkplatz, der möglichst nahe am Abessinienstrand liegen soll, vom Park-

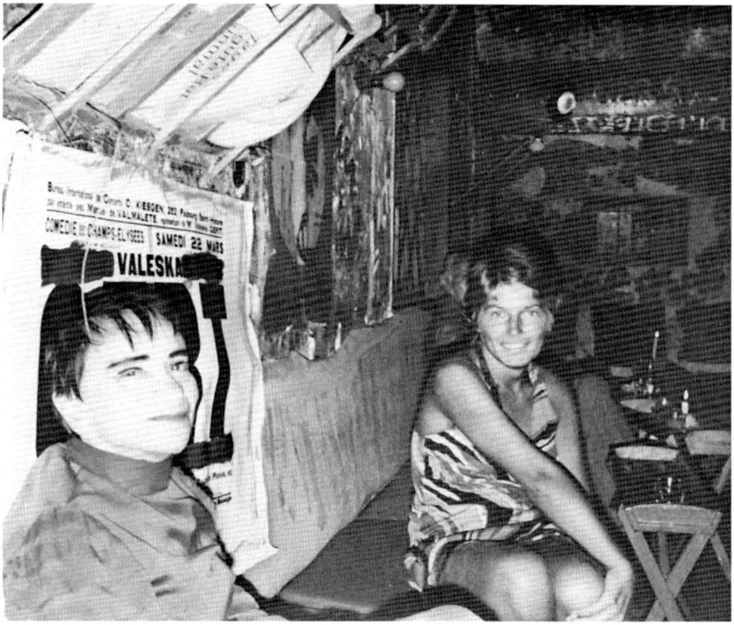

Valeska Gert mit Gast im „Ziegenstall", 1970er Jahre

platz zurück, und zweimal während des Spätnachmittags und abends in die Straße, in der die Lokale liegen: das ‚Gogärtchen', das ‚Pony' und ‚Charly' [...]. Von elf bis vier Uhr in Sonne, Wind und Meer am Strand, von fünf bis sieben Uhr an der Bar des ‚Gogärtchen', von sieben bis elf Uhr an der Bar von ‚Pony', von elf bis drei Uhr an der Bar von ‚Charly.'"[604] In diesem Kontext des „geheimnisvolle[n] und anscheinend lasterhafte[n] Kampen"[605] positioniert Valeska Gert ihren „Ziegenstall".

Über ihr Lokal bemerkte Kuby zwar lediglich, die „vor Generationen Deutschlands berühmteste Grotesktänzerin" habe „wieder einmal ein Lokal aufgemacht, in dem Nachwuchs tanzend bedient. Daß Gisela Tolle eine Schülerin Marcel Marceaus ist, verleugnet sie mit keiner Geste."[606] Durch Valeska Gerts Verbindungen in die Schweiz wird der „Ziegenstall" jedoch bereits 1954 Kulisse eines Sylt-Films, in dem eine Schweizer Filmgesellschaft dort „von außen und in seinem Innern" dreht, berichtet die „Sylter Rundschau".[607]

Valeska Gert trat in den Anfangsjahren noch auf und gab „eine kleine Kostprobe" ihrer Nummern, wie in der „Beggar Bar".[608] In den 1960er Jahren war damit, von Ausnahmen abgesehen, Schluss. Das berichtet 2019 Volker Gerlach, der im Sommer 1963 als 22-Jähriger bei ihr kellnerte.[609] Gleichwohl muss sie als die zentrale Akteurin betrachtet werden, die das Lokal als Ort performativer Akte prägte. Zeitzeugen berichten über ihren extremen Geiz, ihr Misstrauen gegenüber den Angestellten und einen rüden Umgangston. Die jungen Künstler, die sie jeweils für eine Saison engagierte, mussten nicht nur bedienen, sondern sollten durch Auftritte die provozierende Atmosphäre des Kabaretts der 1920er Jahre evozieren. Die Schallplattenmusik wurde dafür jeweils alle 15 Minuten unterbrochen, und neue Gäste mussten an der Tür warten.[610] Nach Jes Petersen wanderten Valeska Gerts Augen „ruhelos zu jedem der Kellner", und sie prüfte „den Pegel der Getränke" mit einem Zentimetermaß nach.[611] Christiane Retzlaff wurde von ihr angeherrscht, wenn sie die Gläser zu voll schenkte.[612] Die Sylterin Inge Detlefs (Jg. 1934), die mit ihrem Ehemann in den 1960er Jahren oft im „Ziegenstall" war, erzählt, dass Valeska Gert „ziemlich hart" mit den Angestellten umgegangen sei. Sie trieb sie an, schneller zu servieren. Waren die Vorführungen zu lang, rief sie dazwischen, sie sollten zum Ende kommen.[613] Auf der anderen Seite akzeptierte sie junge Leute, ohne große Ansprüche an deren formale Qualifikationen zu stellen. So begann Volker Gerlachs „Aufnahmeprüfung" im Juni 1963 mit der Frage, was er denn könne. Er habe geantwortet: „Alles". Daraufhin habe sie ihn gefragt, wie lange er benötige, um 15 Schnapsgläser zu füllen. Er stellte die Gläser in eine Reihe und füllte sie rasch, zur Zufriedenheit der Wirtin.[614]

Bei den künstlerischen Darbietungen ließ Gert, wie sich Christiane Retzlaff erinnert, „die anderen machen, aber kommentierte die Auftritte immer sehr ehrlich und direkt."[615] So konnte es vorkommen, dass sie von ihrem Sitz aus in Ada Hechts Vortrag des Chansons „Madame Arthur ist eine Dame" einstimmte und das Lied doppelt so schnell sang – die Diseuse intonierte es offenbar zu gefühlig.[616] Sie lobte Gelungenes, relativierte aber sofort auch die Leistung des Künstlers: Der in Frauenkleidern auftretende schwule Künstler „Dietmar

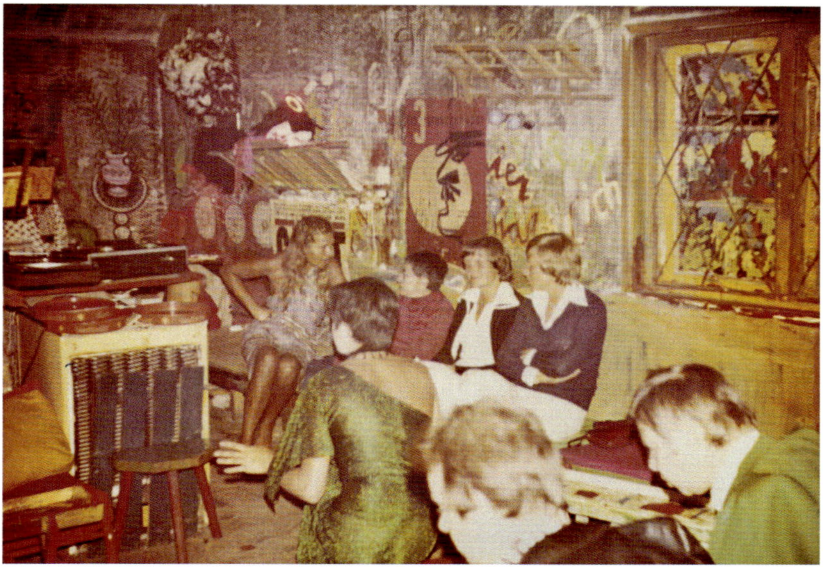

Valeska Gert mit Gästen im „Ziegenstall“, 1970er Jahre

[Lampeitl] singt für Valeska, die jede seiner Bewegungen verfolgt. Artistisch hängt er mit dem Kopf über dem Melkschemel und stöhnt: ‚Ach Egon, Egon, Egon, Egon! Ich bin ja nur aus Liebe zu dir, aus lauter Liebe zu dir, so tief gesunken!‘ Das Publikum jodelt begeistert. ‚Glänzend‘, muß auch Valeska zugeben, um gleich darauf einzuschränken: ‚Lauter begabte Dilettanten.‘“[617] Valeska Gert konnte aber auch uneingeschränkt zugewandt und liebevoll sein.[618] „Dann wieder fürchteten wir alle die Tyrannin in ihr, die mit pointierten Wort-Hieben ihr Gegenüber aushebelte. Wir alle, die wir in ihrem Ziegenstall geschminkt und kostümiert sangen, tanzten und rezitierten, schätzten Valeska Gert vorrangig als ungewöhnliche Persönlichkeit [...]. Sie hatte uns im Griff, Niemand, der sich nicht vor ihrer unbarmherzigen Kritik und dem Todesurteil ‚mittelmäßig‘ fürchtete. Niemand, der ihren Vorstellungen von dichter, intensiver Kunst nicht gerecht werden wollte. Und doch ahnten wir, daß sie uns allesamt zu Recht als ‚begabte Dilettanten‘ abtat. Wir genossen die einzigartige Atmosphäre ihres schrillen Nachtlokals in der Kampener Heide, aber in

Valeska Gert und Ada Hecht (hinter dem Tresen) im „Ziegenstall", 1970er Jahre

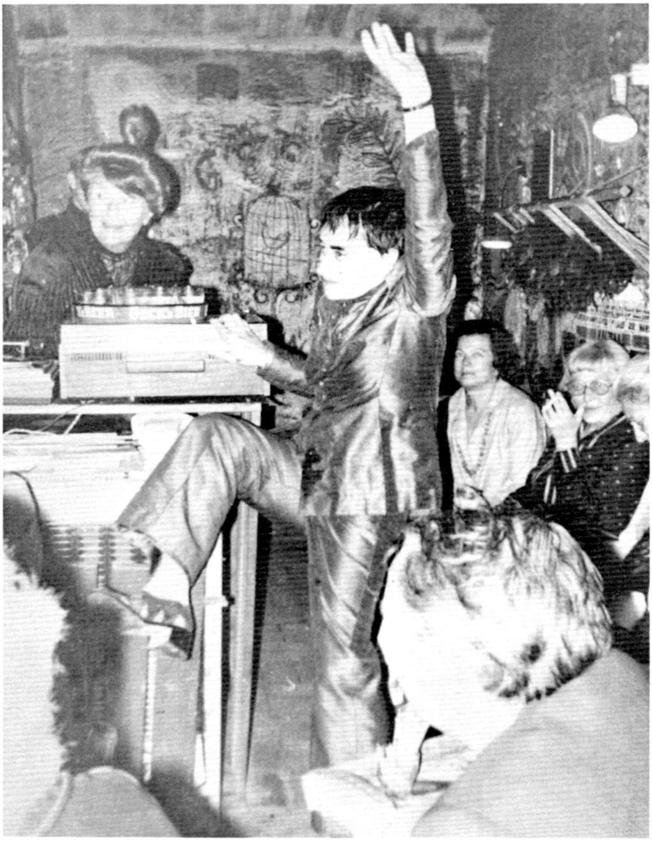

Wirklichkeit wußte niemand von uns, was genau Valeskas Weltruhm als Tänzerin und Schauspielerin begründet hatte."[619]

In der Talkshow „Je später der Abend" von 1975 konstatierte Valeska Gert: „Na ja also so wie in Amerika solche Leute kriegt man nicht. Da ist das Reservoir viel größer." Allerdings fielen bei ihr auch vereinzelt später bekannte Namen durch, die im „Ziegenstall" auftreten wollten. An Ada Hecht schreibt sie, der Kabarettist Hanns Dieter Hüsch (1925–2005) habe „zur Laute vorgesungen". „Ich fand ihn langweilig und schlecht u. nahm ihn nicht." Das gleiche Schicksal widerfuhr der Kabarettistin Hanne Wieder (1925–1990). Gert dazu: Sie „sah Dietmar und sang seinen Stationsvorsteher viel schlechter als er. Wie kommen die bloß alle zu ihrem guten Namen. Das ist doch alles Tinnef.“[620] Karl Dall fand Anfang der 1970er Jahre die Auftritte „unsäglich“ und ohne Schlußpointe: „Valeska lachte am lautesten. Das alles konnte man nur ertragen, wenn man einiges intus hatte und sich entspannt zurücklehnte, um das Biotop auf sich wirken zu lassen [...].“[621]

In der ersten Saison engagierte Valeska Gert u.a. Künstler, die sie aus ihrer Berliner „Hexenküche“ kannte.[622] Hinzu kamen „junge Schauspielschülerinnen des Berliner Hebbel-Theaters.“[623] Später waren ihre Angestellten oft „Ballettratten und angehende Schauspielerinnen, schön und apart und von mir sehr extravagant angezogen“,[624] jede für sich einen besonderen Typ vertretend. Laut Jes Petersen hatte Valeska Gert „einen untrüglichen Blick für die wahre Persönlichkeit dieser neuen Menschen“. „Aus einem bis dahin harmlosen Mädchen wurde ein Vamp.“[625] In ihrer Autobiographie von 1968 heißt es über die unkonventionelle Auswahl ihres Personals lediglich: „Oft werde ich gefragt: ‚Wo bekommen Sie die aparten Leute her, die bei Ihnen arbeiten?‘ Die sind gar nicht apart, wenn sie kommen, ich arbeite sie um.“[626] Henriette Fischer zufolge hat sie „aus den Mädchen im Laufe der Saison immer etwas herausgekitzelt. Weil Valeska die Menschen auf eine gewisse Weise erkannte und ihnen etwas gab. Erstaunlich war diese Freiheitsempfindung, in der sie jeden ganz intim berührte. Diese Frauen veränderten sich plötzlich.“[627] Zur „Umarbeitung“ der Künstler gehörte auch die Kleidung. Christiane Retzlaff erklärte: „Der Reihe nach pilgern wir zu ihr hoch, um vernichtet wieder nach unten zu stapfen. Ada hat diesmal ein farbenfrohes Kleid gewählt, das sie Valeska als erstes vorführt. ‚Wir sind nicht bei Rudi Carrell. Ziehen Sie den Folklorerock aus!‘, kreischt Valeska so laut, daß wir es im Garten hören können. Wie ein geprügelter Hund schleicht Ada die Stiegen hinunter. ‚Muß ich wieder mein schwarzes Schicksalskleid tragen‘, murmelt sie dumpf. Auch meine schlichte Kostümierung findet keinerlei Gnade. ‚Sie sehen aus wie die Wacht am Rhein‘, jammert Valeska. ‚Ziehen Sie was Exotisches an!‘“[628]

Die jungen Leute trugen im Laufe des Abends, im engen räumlichen Kontakt mit dem Publikum, u.a. Texte von François Villon, Bertolt

Brecht, Erich Kästner, Kurt Tucholsky und dem von Gert sehr geschätzten Kabarettisten und Dichter Robert T. Odemann (1904–1985) vor.[629] In den 1960er Jahren begleiteten sie sich mitunter selbst auf der Gitarre.[630] Zum Repertoire gehörten auch Lieder von Gert selbst wie das „Schlummerlied der Erde" oder „Die Berliner Type".[631] Texte für ein „absurdes Kabarett" – „Mord an der Autobahn", „Die Steuer" und „Heimkehrer" – stammten von ihr.[632] Zu ihrer Überraschung schickte ihr Hans Sahl eines Tages ein Chanson, das sie „reizend" fand: „Den Nachtklubköniginnen gefällt es auch sehr [...]. Sigrid [...] wird es [...] im nächsten Sommer bringen. Miss ‚Müde Fliege' lernt noch dran. Ihr Gehirn fasst es nicht so schnell [...], aber auch sie wird das Chanson irgendwann auswendig können. Beiden Damen fehlt es an Ehrgeiz."[633] Ada Hecht, von Valeska Gert als „Servier-Sängerin"[634] bezeichnet, sang Lieder von Claire Waldoff, Kurt Tucholsky, aus der Dreigroschenoper, von Zarah Leander und Chansons von Erich Kästner, mit Klavierbegleitung vom Tonband.[635] Oder sie brachte Rudolf Nelsons „Ladenmädchen": „Erst fielen die Blusen, die Kleider, darauf die Dessous voll Plu, dann fielen die Unterkleider ... Ja und dann, ja und dann ... fiel sie!"[636] Ein Liedertext, geschrieben von „Juliette" im April 1964 wurde zu einer Melodie aus dem Film „Der Blaue Engel" gesungen. Der vierte Vers, „Das Ziegenstall-Girl", lautete: „Ich bin von Kopf bis Fuß auf Ziegenstall getrimmt und das ist meine Masche und sonst gar nichts. Lässig serviere ich Verse und Schnaps und wenn einer frech wird na dafür kann ich nicht. Ich bin von Kopf bis Fuß auf Ziegenstall getrimmt und das ist meine Masche und sonst gar nichts."[637]

Die Zeit der Pariser und Berliner späten 1920er Jahre sollte lebendig werden, in der der Nationalsozialismus die Kultur noch nicht zerstört hatte. Die Gäste der Jahre des Wirtschaftswunders konnten bei solchen Rückgriffen auf eine unbelastete Zeit ihre eigene Vergangenheit in der NS- und Kriegszeit vergessen. Stattdessen bot ihnen Valeska Gert eine antibürgerliche, Geschlechtergrenzen und guten Geschmack des Öfteren überschreitende Provokation, die sie zugleich den 1920er Jahren und der großen weiten Welt nahezubringen schien. Diesem Ziel entsprechend suchte die Künstlerin auch ihr Personal aus. Im

Laufe der Jahre gehörte zu den „Typen“ Daniela, „ein lasterhaftes Araberkind“, Rena mit ihrem „Heiligengesicht“, „die schöne Verena“, Conny, ein „majestätisches Weib“, auf die „zarte Journalisten [...] scharf“ gewesen seien und die am besten die „Wasserleiche“ von Bert Brecht rezitieren konnte, dann Juliette, die „in ihr Trikot Lumpen zu einem Riesenbusen“ stopfte und eine „Parodie auf Abessinien“ vortrug, und Clou, „ein Spießer“, vom Nabel an abwärts nackt. Dazu Pudelstrickmütze, Oberhemd und Wollsocken. Die Serviererin Ilse unterhielt die Gäste mit „unappetitlichen Krankengeschichten. Bestellte ein Gast, fragte sie: ‚Sonst nischt?‘“ Einer der Kellner „pfiff fröhlich, leicht und locker Bach.“ Die Bar machte zeitweise ein „Popverleger“.

Die als Horst aufgewachsene Kamen sang und tanzte in den 1970er Jahren nach indischen Rhythmen und legte gegen Mitternacht als krönenden Abschluss einen Striptease hin, eine Attraktion, für die die Gäste dicht gedrängt bis zur Tür standen.[638] „Einen schöneren Menschen“, so Henriette Fischer, „habe ich nie gesehen. Die schmalen Hüften, diese ganz geraden Beine und die schönen Schultern. Sie hat die Haare nach vorn geschmissen und nach hinten, hat sich unglaublich bewegt, und irgendwann hat sie dann das Tuch gelöst und stand da in ihrer ganzen Schönheit. Und einmal hat sie auch gepinkelt, damit alle sehen konnten, dass sie wirklich eine Frau ist.“[639] Das Spiel mit der Geschlechterrolle setzte Valeska Gert auch bei anderen Gelegenheiten gezielt ein. Das wird deutlich am Engagement ihres Angestellten Dietmar Lampeitl („Mary Klamotte“). Eine ehemalige Angestellte, Micaela, hatte ihn 1974 empfohlen. Er sei „gutaussehend“ und mache auch „komischen Strip“.[640] Im Dezember 1974 schrieb Gert auf einem DIN-A5-Zettel die vertragliche Vereinbarung für die Saison vom 14. Juni bis zum 12. September 1975: „Er macht die Bar und singt oder spricht einige Parodien. Ich garantiere ihm, dass er monatlich mindestens 900,- DM an Prozenten erhält sowie freie Reise 2. Kl. und freie Unterkunft, Kochgelegenheit. Ich bezahle natürlich meinen Anteil an seiner A.O.K.“[641] Auch vom 1. Juli 1976 bis zum 31. August trat Dietmar Lampeitl im „Ziegenstall“ auf, nunmehr für ein „Bedienungsgeld“ von 1.000 DM. Er verpflichtete sich, als „Frau zu arbeiten, jeden Abend aufzutreten und Chansons zu singen + kabarettistische Szenen zu sprechen.“ Aufritt ab 19.15 Uhr, jeweils mit einer Nummer, „ausser bei sehr heissem Wetter.“ Lampeitl gestaltete auch die Getränkekarten. Die handgeschriebenen Preise dekorierte er mit Clowns, Katzenköpfen und Champagnerflaschen. In den 1960er Jahren durfte bis in den frühen Morgen Rock'n' Roll und Beat getanzt werden. Aufgelegt wurden außerdem Schallplatten von französischen Chansoniers wie Charles Trenet, Zizi Jeanmaire und Charles Aznavour.[642] Später galt eine Sperrstunde von Mitternacht an.

Happening-artige Auftritte wie zu Dada-Zeiten ergänzten das regelmäßige Programm. Ada Hecht: „Wir hatten schon viel Spaß. Die Modenschau mit alten Kohlblättern auf dem Kopf. Tobias hat sich eine Grammophonplatte auf den Kopf gebunden und Strohhülsen an Händen und Füßen und alte, mottenzerfressende Pelze [...]. Valeska hat die Ansage gemacht, das bereitete ihr einen Heidenspaß. In so gebrochenem, schlechten Französisch – sie sprach ja eigentlich sehr gut Französisch.“[643] In den 1960er Jahren kam es manchmal auch zum Zusammenspiel von Gast und Angestellten. Ada Hecht berichtet von einem Happening, für das sich Gäste auf den Boden legen mussten und „mit einer Müllschippe oder einer großen Gartenschere“ operiert wurden. „Mit einem Strohhalm wurde der Bauch wieder zugenäht.“[644] Es gab auch Modenschauen, bei denen Männer Frauenkleider trugen,[645] vielleicht eine Hommage Valeska Gerts an die Transvestitenszene im Berlin der 1920er Jahre.

Karl Dall beschreibt eine spezielle Modenschau im „Ziegenstall“, die er sich Anfang der 1970er Jahre zusammen mit dem Hamburger Modemacher und Spezialisten für Pelzmoden Dieter Zörn ausgedacht habe. Sie lief anders ab als vom betuchten Publikum erwartet: „Die feinen Hamburger Damen dachten, jetzt gibt's Pelzmoden. Wir aber hatten alle gelben Gummijacken gesammelt, die wir kriegen konnten [...]. Ich machte die Texte, Zörn brachte den Fachjargon ein und wir verarschten die Leute, indem wir fünfzehn verschiedene, zum Teil auch dieselben, gelben Friesennerze vorführten. Nur die Choreographie änderte sich [...]. Der Schlussgag der Modenshow war Valeska, die als Hochschwangere im Friesennerz öffentlich ihre Niederkunft mit einem Riesenteddy inszenierte. Valeska brachte sich voll ein und imitierte den Geräuschpegel einer Frau in den letzten Wehen. Den Zuschauern sträubten sich die Nackenhaare. Wir legten die alte Dame von über achtzig auf den Boden, sie schrie, und ich machte die Hebamme. Der frisch geborene Teddy – er trug eine Kinder-Friesennerzjacke – bekam einen Klaps auf den Hintern, und Valeska schrie minutenlang wie ein Baby. Das ging durch Mark und Knochen."[646] Dieser Abschlussgag griff die Nummer „Baby" auf, die Valeska Gert erstmals in den 1920er Jahren mit großem Erfolg auf die Bühne gebracht hatte.

Valeska Gert hatte von Anfang an klare Vorstellungen von der Ausrichtung des „Ziegenstalls" als provokante Institution und hielt diese Linie bis zum Schluss bei. So wurde sie ausgesprochen ungehalten, als Ada Hecht 1973 das Chanson „Ich kann dem Emil seine Hände nicht vergessen" vortrug: „Sie machen aus meinem Lokal doch direkt eine Eckkneipe!"[647] Vermutlich war es das Alter, das sie in den 1970er Jahren bewog, den täglichen Betrieb weitgehend Ada Hecht und den anderen Angestellten zu überlassen. Die Kräfte ließen nach, die abendliche Präsenz als von Weitem Bewunderte konnte sie ihrem Körper nicht mehr abringen. Sie blieb nun abends oft in ihrer Wohnung. Hecht, die ihre Launen ertrug, musste ihr berichten. Kontrolle übte sie aber nach wie vor aus: Als Ada Hecht auf Wunsch der Gäste gemeinsam mit Kolleginnen das norddeutsche Volkslied „Dat du mien Leevsten büst" sang, rief Gert aus ihrer Wohnung im Obergeschoss herunter: „Was? Macht ihr einen Männergesangverein da unten, oder was?"[648] Sie wollte nicht, dass die Angestellten bei ihren Gesangsbeiträgen auf Liederwünsche der Gäste eingingen,[649] diese also das Programm mitgestalteten. Gleichwohl wünschte sich z.B. Werner Höfer des Öfteren erfolgreich von Ada Hecht das Lied „Surabaya- Johnny" aus der „Dreigroschenoper".[650] Bei besonderen Gästen erschien Valeska Gert allerdings noch persönlich.

Das Missfallen der Hausherrin erregten zudem Versuche von Besuchern, ihre Katze zu streicheln oder auf den Arm zu nehmen.[651] Diese Nähe war unangebracht, denn Valeska Gert sah, von Ausnahmen abgesehen, die Gäste als Konsumenten. Sie wies ihre Angestellten an, „die ersten Gäste festzuhalten. Sie wissen, daß sie zu früh gekommen sind und bleiben gern, wenn man mit ihnen plaudert. Wenn sie aber gehen, ist es viel schwerer, die zweiten Gäste zu fesseln. Die sind später gekommen, der Abend ist fortgeschritten, und sie erwarteten, daß bereits Menschen im Lokal sind."[652] Was Gert hier rückblickend über ihre Beggar Bar schrieb, galt auch für den „Ziegenstall". Volker Gerlach zufolge mussten die Angestellten aus dem Fenster blicken, ob Gäste im Anmarsch waren. Dann musste „action" sein: Sofort wurden leere Sektflaschen und Gläser auf die Krippen gestellt. Kamen die Gäste dann hinein, wurden sie „tanzend empfangen", so dass an eine Umkehr nicht mehr zu denken gewesen sei.[653]

Als Gäste hatte sich Gert ein „papageienbuntes Publikum aller Nationalitäten" gewünscht, wie sie es in den USA hatte. Im „Ziegenstall" sei es aber, so ihr Eindruck, „solide, wenigstens äußerlich".[654] Von den alten Freunden kamen in den 1950er Jahren nur wenige zu ihr. Viele lebten nicht in Europa, andere waren verstorben, von den Nationalsozialisten ermordet oder zu alt.[655] Die Gäste in den Anfangsjahren entsprachen der Besucherstruktur Kampens zu dieser Zeit: deutsche Medienvertreter, Künstler, Industrielle und Adlige.[656] Bereits kurz nach der Eröffnung stellten sich die ersten illustren Besucher ein, u.a. der ehemalige Ufa-Star Willy Fritsch (1901–1973) und die Filmschauspielerin Fita Benkhoff (1901–1967), die wiederholt mit den Schauspielern Heinz Rühmann und Hans Albers vor der Kamera standen.[657] Vielleicht hatte Aribert Wäscher sie eingeladen, der des Öfteren mit beiden in Filmen der NS-Zeit gespielt hatte. Außer Werner Höfer und Gerd Fröbe zählten der Showmaster Peter Frankenfeld und der Fotograf Herbert Tobias zu den frühen Stammgästen. Ebenso besuchten Gottfried Benn und der Theologe und Religionsphilosoph Paul Tillich den „Ziegenstall",[658] außerdem der Krupp-Erbe Arndt von Bohlen und Halbach, Berthold Beitz, Axel Springer, der Boxer Bubi Scholz, der Drehbuchautor Wolfgang Menge, der Filmregisseur Werner Herzog und die Komponisten Georg Kreisler und Michael Jary.

Später zählten der Journalist und Verlagsleiter Herbert Feuerstein, der Verleger Heinrich Maria Ledig-Rowohlt, Fritz Raddatz, der Filmregisseur Rosa von Praunheim und der Tänzer und Maler Alexander Camaro, den Valeska Gert sehr schätzte, zu den Gästen.[659] Der

Massentourismus seit den 1960er Jahren ließ auch den „Ziegenstall" gleichwohl nicht unberührt. Mancher andernorts wohnende Gast machte abends einen Ausflug nach Kampen und kam auch in Gerts Lokal. Werner Höfer sah dort „Kampener Snobs" und „Camping-Kunden".[660] Volker Gerlach erinnert sich an viele „neugierige Touristen".[661] Valeska Gert meinte zu dieser Entwicklung, sie wolle, dass es den Massen gut gehe, aber sie könne sie nicht ertragen.[662] Sie hatte auch insbesondere eine Aversion gegen Frauen mit Frisuren, die sie an die Zeit des Nationalsozialismus erinnerten.[663]

Sie selbst beharrte immer auf ihrer Individualität – sie wollte auffallen. So scheute sie sich in den 1960er Jahren nicht, in Kampen im hellen Herrenanzug mit Hut zu spazieren – eine Reminiszenz an die „Neue Frau" der 1920er Jahre. In der Regel trug sie einen roten, schwarzen oder dunkelgrünen Satinanzug. Solche Kleidungsstücke ließ sie von einer Kampener Schneiderin anfertigen.[664] Bis ins hohe Alter blieb sie eitel. So berichtet Henriette Fischer, Valeska Gert habe einmal beim Zahnarzt in einem Beutel ihre alten Zähne und eine Fotografie des Schlagersängers Rex Gildo (1936–1999) dabei gehabt. Sie zeigte dem Zahnarzt das Illustrierten-Bild des mit weißen Zähnen lachenden Sängers mit den Worten, sie wünsche sich auch solche Zähne. „Andere", so ihre Freundin Henriette Fischer, „wären wahrscheinlich schreiend weggerannt. Ich fand das herzerfrischend."[665] Blandine Ebinger traf Valeska Gert Anfang der 1970er Jahre in Berlin: „Valeska war eine bizarre Erscheinung, winzig klein [...], so zerbrechlich, aber Schrecken einflößend [...]. ‚Du siehst gut aus', stellte ich fest. ‚Das machen nur die Wimpern, Blandine. Die Wimpern einer Sterbenden.' ‚Aber, Valeska, wieso einer Sterbenden? Du hast schon immer diese schönen großen Augen gehabt.' ‚Ich sage es: Das machen die Wimpern! Ich muß gleich gehen und mir noch zwölf Paar kaufen. In Kampen bekommt man keine guten Wimpern.' Sie wollte also in Schönheit sterben. Das konnte ich verstehen."[666] Ihr äußeres Erscheinungsbild trug allerdings unter Syltern auch zu ihrem Image als Außenseiterin bei, verstärkt durch manche Aktionen der alten Dame. So habe diese eines Tages Flecken auf ihrer schwarzen Lederhose bemerkt, erinnert sich Henriette Fischer. Daraufhin ging sie zum

Strandkorbwärter, der dabei war, die Nummern auf den Körben mit schwarzer Farbe aufzufrischen. Sie lieh sich seinen Pinsel und deckte die Flecken auf ihrer Hose ab.[667] Ein Bauer, der ihr Kartoffeln in ihre Kate brachte, erlebte sie in ihrer ganzen provozierenden Eigenwilligkeit. Er sei in den „Ziegenstall" eingetreten und sie habe oben an der Treppe nackt vor ihm gestanden. Er sei darüber sehr verlegen geworden, woraufhin sie ihn fragte: „Haben Sie noch nie eine nackte Frau gesehen?"[668]

In den 1960er Jahren empfindet Valeska Gert die bundesrepublikanische Öffentlichkeit als ignorant. In ihrer Autobiographie von 1968 klagt sie: „Für die Nazis war ich wenigstens ein Feind, für die heutigen Deutschen bin ich nichts. Man weiß nur noch, daß Mary Wigman den neuen deutschen Tanz geschaffen hat, von mir weiß man nichts."[669] Sprach ihre langjährige Freundin Henriette Fischer sie in den 1970er Jahren auf ihr Jüdischsein an, wies Gert auf die Auftrittsverbote hin, unter denen sie sehr gelitten habe. Ähnlich äußerte sie sich auch gegenüber Christiane Retzlaff: „Hitler hat meine Karriere kaputt gemacht."[670] Und 1973 schrieb sie: „Hätte Hitler die Karriere nicht abgewürgt, wäre man Künstler der Dreißiger, Vierziger, Fünfziger, Sechziger, Siebziger Jahre geworden."[671] Für Gert hatte Jüdischsein „nichts mit Kunst zu tun", wie sie gegenüber Volker Schlöndorff meinte. Sie habe nicht „darauf insistiert" und sei „nicht gläubig" gewesen.[672] Sie fühlt ihre Verdienste als Künstlerin vergessen – ein Zustand, der an ihrem Selbstbild nagt. So beschwerte sie sich in den 1950er Jahren bei Herbert Ihering, dieser habe den französischen Pantomimen Marcel Marceau als Erfinder der „sozialkritischen Pantomime" bezeichnet. Dabei sei sie es gewesen, die „sie geschaffen und oft auch in Paris gezeigt habe."[673] Es war für sie ein unerträgliches Gefühl, von einer neuen Avantgarde überholt zu werden.

1968 beklagt sie auch ihre allumfassende Einsamkeit: Hitler habe ihr ihre Heimat, ihre Freunde und ihr Werk genommen.[674] Die Angst, vergessen und nicht mehr geliebt zu werden, trieb Valeska Gert bis zu ihrem Tod um. So schrieb sie in ihrer Autobiographie von 1973: „Ich will bleiben. Darum tanzte ich, darum gröhlte, sang ich, darum spielte ich, darum schreibe ich." Gleichwohl war sie sich bewusst:

„Tatsächlich, ich mache alles falsch. Alle mache ich mir zu Feinden. Nur wenn ich künstlerisch arbeite, bin ich voll da. Damit muß ich alles gutmachen, was ich im privaten Leben zerstöre."[675] Abgesehen von Aufenthalten in Berlin, in Süddeutschland und Österreich lebte sie außerhalb der Saison allein mit ihrer Katze über dem „Ziegenstall" „in einer Art Kirgisen-Höhle"[676], wie 1972 die Journalistin Brigitte Jeremias schreibt. Nur ein kleiner Kreis von Freunden und Freundinnen kann das Gefühl des Alleinseins mildern.

Wiederentdeckung – Film und Fernsehen

Die 1960er Jahre waren aber auch die Zeit ihrer allmählichen Wiederentdeckung. Am 3. November 1968 kann Valeska Gert im Pariser Kabarett „La vieulle grille" noch einmal eine ihrer alten Nummern zeigen. Der Journalist Georg Stefan Troller interviewt sie und notiert in seinem Tagebuch: „Klein, aber zäh, unverwüstliche Überleberin. Mit den ihr verliehenen Qualitäten, Fratzenhaftigkeit plus Geilheit, konnte sie als Hexe reüssieren. Vor der Nazizeit renommierte Berliner Grotesktänzerin, Chansonette und unreputierliche Schreckschraube [...]. Nun sitzen wir an demselben Cafétischchen, an dem sie schon in den zwanziger Jahren mit ihren Heroen Brecht und Eisenstein flirtete."[677] Sie selbst war allerdings von der Begegnung enttäuscht, wie sie 1972 in einem Interview mit der Berliner Zeitung „Der Abend" erzählt: „Es war beklemmend. Wie ein Lehrer setzte sich Troller, ziemlich weit entfernt von mir, mit einem Papierblatt vor mich hin. Ich brauche Tuchnähe. Die Fragen waren vorbereitet, ich spürte keine Spontaneität, und ich, die ich so gern interviewt werde und immer unbelastet und spontan bin, war beim ‚besten Interviewer' unfrei. Ich hatte mir das anders vorgestellt."[678]

In den 1950er Jahren hatte Valeska Gert an Hans Sahl geschrieben: „Möchte wieder mal auf kurze Zeit nach Hollywood und Bösewichtinnen spielen."[679] Doch erst seit den 1960er Jahren kann sie unter der Regie von Federico Fellini, Pierre Philippe, Rainer Werner Fassbinder, Ulrike Ottinger und Volker Schlöndorff wieder drehen.[680] Über die Arbeit mit Fellini (1920–1993) berichtet sie Ada Hecht im August 1964: „Ich filme hier bei Fellini. Er ist einfach reizend zu mir, nicht so seine Frau, die vorläufig eisig ist. Ich war schon mal vor 3 Wochen hier zu Probeaufnahmen. Ich spiele eine Art v. T[h]erese v. Konnersreuth [1898–1962], die aber auch noch stellenweise sexy sein soll."[681] Pierre Philippe (geb. 1931) engagiert sie 1966 für „La Bonne Dame". Darin spielt sie eine Frau, die von einem Mann erwürgt wird. Allerdings interpretiert ihr Filmpartner seine Rolle so realistisch, dass sie „die Engel im Himmel singen hörte. Zwei Tage lang konnte ich nur flüssige Nahrung zu mir nehmen [...]. Ich wollte mich natürlich für seine Grobheit rächen. Auch ganz ernsthaft. Und als ich mich gegen ihn wehrte, krachte ein Koffer vom Schrank. Mir genau auf die Nase. Sie wurde grün und blau und dick und blutete zwei Tage lang. Ich konnte kaum Luft kriegen. Daraufhin schlug ich mit verwelkten Rosen auf ihn ein, an denen die Dornen das Beste waren. Sowas von einem Vampir wie ich in dem Film bin, suchen Sie sich erst mal wieder!"[682]

Ihr Wunsch, „ein paar Gruselfilme" unter der Regie von Hitchcock oder Polansky zu drehen, erfüllte sich allerdings nicht.[683] Ein Film, den Henri Langlois (1914–1977) in den 1960er Jahren mit ihr in der Cinémathèque Française drehte, erblickte nie das Licht der Öffentlichkeit. Seine engste Mitarbeiterin Lotte H. Eisner erinnert sich: „Henri Langlois liebte Valeskas Farbigkeit, ihre Vitalität, ihre völlige Hingebung an den Tanz [...]. So kam er auf die Idee, Valeska, die damals immer noch all ihre selbsterfundenen Tänze in den Beinen hatte, auch immer noch erpicht darauf war, Publikum zu erobern, zu filmen. Valeska war in allen Himmeln, verausgabte sich total vor Henris Kamera, wartete – und da wird die Geschichte traurig – auf Wunder, die nie eintraten; Henri verkramte das Material. Soviel ich

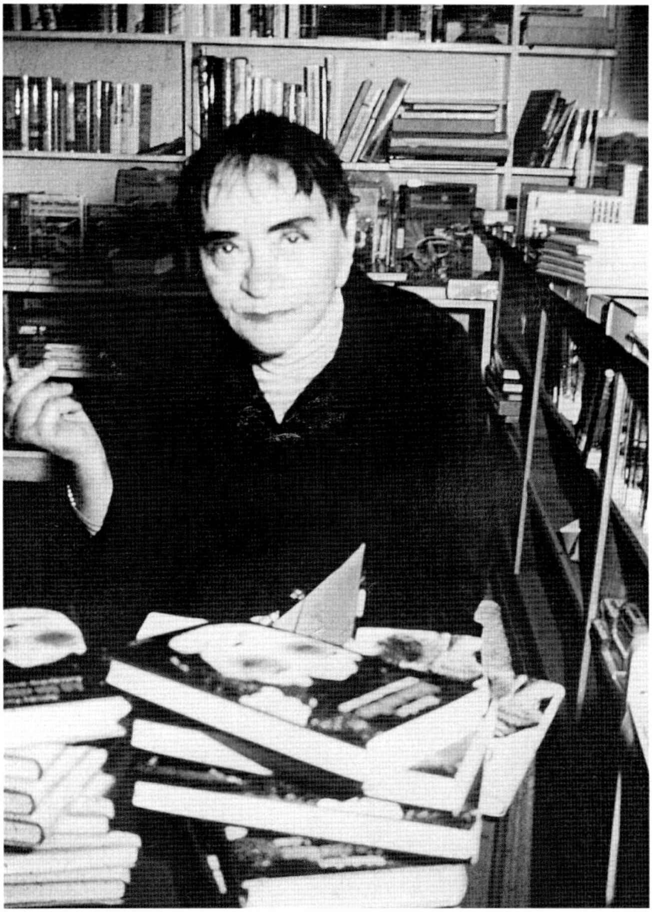

Valeska Gert signiert ihr Buch „Katze von Kampen" in der Sylter Bücherstube, 1973

weiß, hat er den Film nie geschnitten, die Büchsen verschwanden in dem gefräßigen Bauch der Cinémathèque, sie wurden verdaut und nie mehr ausgespiehen."[684]

Im Juni 1970 erfuhr Gert durch die Verleihung des Deutschen Filmpreises (Filmband in Gold) besondere Anerkennung „für langjähriges und hervorragendes Wirken im deutschen Film". Doch solche Ehrungen genügten ihr nicht. Gegenüber Volker Schlöndorff klagt sie: „Ich verfaule hier regelrecht, weil die Leute keine Ahnung haben, was ich kann."[685] Schlöndorff zufolge fühlt sie sich „unterbeschäftigt und unterbeachtet."[686] Sie sieht stattdessen viel Fernsehen – der „Blaue Bock" und der „Forellenhof" sind ihre Lieblingssendungen. Ein Radio- und Fernsehtechniker musste in den 1960er Jahren in ihrem Schlafzimmer einen Fernseher mit großen Druckknöpfen installieren, damit sie ihn vom Bett aus mit dem großen Zeh ein- und ausschalten konnte. Die Antenne hing über ihrem Bett.[687] Außerdem schaut sie sich politische Sendungen an wie Werner Höfers „Frühschoppen". Sie liest täglich die „Bild"-Zeitung, die „Haschisch" für sie sei, ohne das sie nicht leben könne. Zu ihrer regelmäßigen Lektüre gehört auch die Yellow-Press, die ihr Henriette Fischer besorgen muss, und sie liebt die Musik von Stockhausen und Janis Joplin, die ihr sehr „verwandt" seien.[688]

In den 1970er Jahren wächst das Interesse an exilierten Künstlerinnen und Künstlern und an der Kultur der 1920er Jahre.[689] Dazu trägt auch der Oscar-prämierte Film „Cabaret" von 1972 bei, der im Jahr 1931 spielt. Valeska Gert knüpft 1968 und 1973 mit ihren Lebenserinnerungen an diesen Trend an, hat aber mit der aktuellen Frauenbewegung nichts im Sinn.[690] 1975 präsentiert sie sich in der Talkshow „Je später der Abend" als selbstbestimmte Frau seit den 1920er Jahren. Im Vorfeld hatte sie allerdings „‚Bammel' [...], weil mich viele ja scheusslich finden."[691] Der Fernsehauftritt hatte zur Folge, dass sie Dutzende von Autogrammwünschen erhielt[692] und Gäste nun „zu Hauf" ihr Lokal besuchten.[693] Zum 25-jährigen Jubiläum 1976 kam noch einmal viel Prominenz. Die Redakteurin der „Sylter Rundschau", Carla Petersen, berichtete: „Blut- und Geldadel trafen sich samt gewöhnlichen Sterblichen wie Kollegen und Nachbarn [...]. Als erster Gratulant erreichte Werner Höfer, wortgewandter Sonntagsgast als Telestar und der Hausherrin freundschaftlich verbunden, mit einer Zweimeterrose das zwischen hohen Wildrosenhecken eingekuschelte Nachtlokal, in dessen auch bei Sonnenschein halbdämmernde[m] Licht Valeska mit provozierender Rede die Gäste empfing."[694]

1976 tritt sie neben Margarethe von Trotta, Matthieu Carrière und Matthias Habich in Volker Schlöndorffs Film „Der Fangschuß" auf. Der Regisseur erlebte sie am Set als „sehr sehr professionell und charmant"[695]. Über die Dreharbeiten schreibt er in seinen Erinnerungen, dass sie am Drehort „in einem schwarzen Lederanzug und grell geschminkt" erschienen sei. „Gleich am ersten Tag hatte sie einen Schwächeanfall, und wir mussten sie in ein nahe gelegenes Kloster bringen, wo sich eine Krankenstation befand." Dort wollte man sie zunächst wegen ihres Aussehens nicht aufnehmen. „Ihre Berliner Schnodderschnauze und ihr Wortschatz aus einer anderen Zeit waren auch nicht hilfreich, als sie nach einem Medikament verlangte, das als Droge im Giftschrank der Klosterapotheke aufbewahrt wurde. Mit weißer Schminke, blauem und violettem Lidschatten arbeitete sie am nächsten Tag stundenlang an ihrer Maske. Vergeblich erklärte ich ihr, dass wir in Schwarz-Weiß drehen. – ‚Mir doch egal, wie Sie drehen! Ich brauche diese Schminke für meine Rolle.' An ihrem ersten Drehtag war sie noch so schwach, dass wir sie für ihren Auftritt in einem Sessel tragen ließen, was der Szene nur half. Ihr schriller Schrei: ‚Erbarmung!' war der perfekte Auftakt des Films."[696]

Der „Ziegenstall" ist schließlich zwischen Weihnachten und Neujahr 1976/77 eine Woche lang Schauplatz des Dokumentarfilms „Nur zum Spaß, nur zum Spiel – Kaleidoskop Valeska Gert" von Volker Schlöndorff.[697] Pola Kinski, die Tochter von Klaus Kinski, soll Gerts Tänze nachstellen, doch wirken ihre Bemühungen zu hölzern. Noch einmal tritt daraufhin die alte Dame selbst mit einigen ihrer Nummern auf, zeigt die charakteristischen Bewegungen des Boxkampfes, verletzt sich aber bei ihrer mit Verve vorgetragenen „Harakiri"-Nummer. In der „Münchener Abendzeitung" vom 12. Juli 1977 heißt es über den Film: „Schlöndorff kreiste die stachelige, oft genüßlich boshaft draufloshackende und provozierende Individualität dieses weiblichen Berserker-Gnoms sehr behutsam ein. Und noch im Nach-Improvisieren der alten „Canaillen"-Nummern, die Pola Kinski quasi als technische Marionette markierte, bringt die flotte Greisin Valeska Gert noch jenen unkopierbaren Schock-Ton, der gruseln macht: Ein Wahnsinns-Koboldweib, das Urerlebnisse aus sich herausstülpt."[698] Und die „Stuttgarter Zeitung" meinte, das Filmporträt habe eine „Ahnung" davon vermittelt, „was Cabaret, Varieté, Tanztheatralik, Stummfilmkunst in den Zwanziger Jahren mal waren."[699] Schlöndorff selbst schreibt im Juni 1977 an Valeska Gert, er habe den Film „einer Reihe von Freunden und Kritikern“ gezeigt, die ihn begeistert aufgenommen hätten. Auch Billy Wilder habe sich „beeindruckt“ gezeigt.[700]

Für Anfang September 1977 laden die Berliner Festwochen Valeska Gert als Zeitzeugin ein. Unter dem Motto „Spiegel der 20er Jahre“ traten u.a. auch Blandine Ebinger, der Comedian Harmonist Erwin Bootz, der Textdichter Max Colpet, Werner Finck, der Schauspieler Theo Lingen und die Schauspielerin Käte Haack auf. Gert nimmt an einer Gesprächsrunde im Berliner Renaissance-Theater teil, in der sie mit der ihr eigenen Egozentrik glänzt: Sie habe nicht nur den expressionistischen Tanz erfunden, sondern sei auch „die Inkarnation der Zwanziger“ gewesen.[701] Außerdem, so Klaus Geitel, „konstatierte [sie] knapp und zum Entsetzen des feinen Publikums: das Wichtigste, das Beflügelndste an den zwanziger Jahren sei schließlich die russische Revolution gewesen. Auf sie hätten sich die Hoffnungen gegründet, die das künstlerische Leben damals mitreißend beflügelt hätten.“[702]

Mitte März 1978 stirbt Valeska Gert in ihrem „Ziegenstall“. Der „Spiegel“ meldet am 27. März: „Die Grotesktänzerin, famose, weltbekannte Skandalnudel der 20er Jahre [...], die genialische Hexe starb vorletzte Woche in ihrer Kate auf Sylt an Herzversagen.“[703] Ihre lebenslange besondere Beziehung zu ihrem Körper sollte auch über den Tod hinaus bestehen: „Ich möchte nach meinem Tode nicht verbrannt werden. In die Erde kommen ist natürlicher. Eine Blume oder ein Baum können aus mir wachsen. Und Würmer werden bei mir sein, etwas Lebendiges.“[704] Der Berliner Senat stiftet ein Ehrengrab auf dem Friedhof Ruhleben im Bezirk Charlottenburg-Wilmersdorf. Ihr Sarg war während der Beerdigung mit einem orange- roten Tuch bedeckt. Volker Schlöndorff hielt eine der Trauerreden.[705]

Ihre Haupterben sind Werner Höfer und seine Ehefrau; Henriette Fischer erbt den Anbau;[706] Ada Hecht erhält einige ihrer Kleider.[707] In einem Interview mit Ben Witter vom 18. Dezember 1981 sagt Höfer, er habe das Erbe seiner „Anhänglichkeit“ an Valeska Gert zu verdanken.[708] Er lässt das Haus abreißen, dessen Dachstuhl morsch war – von den feuchten Wänden bröckelte die Bemalung[709] – und baut an derselben Stelle ein neues. Das stieß nicht bei allen Syltern auf Gegenliebe. Inge Detlefs gehörte zu jenen, die der Meinung waren, Höfer habe Valeska Gert „das Haus abgeluchst" und man habe das „so nicht hinnehmen" wollen. Als Höfer im Kaamp Hüs einen Empfang plante, habe sie mit anderen ein Transparent an der Balustrade aufhängen wollen, auf dem zu lesen war: „Herr Höfer ehrt Valeska Gert, indem er ihr Haus abreißt." Doch war Höfer nicht gekommen und das Transparent sei nicht aufgehängt worden.[710]

Nachleben

Lebendig bleibt die Erinnerung an Valeska Gert. Seit den 1980er Jahren erscheinen im In- und Ausland Publikationen, die sie als eine der Protagonistinnen des modernen Tanzes würdigen. Szenen- und Tanzcollagen sowie Filmretrospektiven zeigen sie als wichtige Künstlerin.[711] Ihr bizarrer Auftritt in der Talkshow von 1975 ist bis heute im Internet abrufbar, ebenso Filmsequenzen von einigen ihrer Choreographien. Bereits 1985 ist sie in der Galerie 70 in Berlin erstmals Thema einer Ausstellung. Auch Sylt vergaß sie nicht: Vom 8. bis 28. August 1987 würdigten die Kurverwaltung der Gemeinde Kampen und der Förderkreis für Theater und Konzert auf Sylt e.V. die Künstlerin im Kaamp Hüs. Die mittlerweile 76-jährige Ada Hecht trug noch einmal Chansons vor, die sie im „Ziegenstall" gesungen hatte, begleitet von ihrer inzwischen 82-jährigen Pianistin Berty Corazolla.[712] Anlässlich des 100. Geburtstages von Valeska Gert 1992 wurde auf Sylt ein Kabarett-Programm vorgestellt, mit dem noch einmal „eine Prise Montmartre [...] posthum über die Kampener Heide wehte"[713]. Im selben Jahr tourte eine Wanderausstellung über sie durch Paris (Centre

Pompidou), Montpellier, Marseille und Bozen. 1998 zeigte die Berliner Galerie am Scheunenviertel anlässlich ihres 20. Todestages eine Ausstellung. Judith Malina trat 1998 in Berlin in einer szenischen Lesung als Hommage an Valeska Gert auf.[714]

Im Oktober 2004 erhielt sie einen Stern auf dem „Walk of Fame des Kabaretts" in Mainz, auf dem auch eine Reihe ihrer Weggefährten wie Blandine Ebinger, Werner Finck und Kurt Tucholsky verewigt sind. 2006 wurde in Berlin-Friedrichshain eine Straße nach ihr benannt. Seit dem Wintersemester 2006/07 gibt es am Institut für Theaterwissenschaft und Tanzwissenschaft eine „Valeska-Gert-Gastprofessur für Tanz und Performance" für den Master-Studiengang, getragen von der Akademie der Künste Berlin, der FU und dem Deutschen Akademischen Austauschdienst.[715] Der jeweilige Preisträger, ein ausländischer Künstler bzw. Künstlerin, soll gemeinsam mit Studierenden ein Projekt mit neuen Perspektiven erarbeiten, so wie es Valeska Gert mit ihrem „rebellischen Denken" (Gabriele Brandstetter) vorgelebt habe. 2009 folgte die Aufstellung der „Valeska-Gert-Stele" auf dem Kunstpfad in Kampen. In den folgenden Jahren gab es weitere Ausstellungen über sie.[716] 2012 erwies ihr Karl Lagerfeld (1932–2019) seine Referenz, indem er die Umschlagvignette für ihre Autobiographie „Die Bettlerbar" zeichnete.

2013 erinnerte der Travestiekünstler Hans-Dietrich Kühn in Berlin mit Lesungen über sie, der Schlöndorff-Film wurde gezeigt, und Tänzerinnen führten sechs ihrer berühmten Tanzszenen vor: „Tanz in Orange", „Laster", „Boxer", „Tango", „Canaille" und „Clown".[717] Anlässlich der 28. Verleihung des „Teddy Awards" – eines Filmpreises für Filmemacher und Festivalveranstalter, die sich gegen Homophobie engagieren – auf der Berlinale im Februar 2014 wurde auch an Valeska Gert erinnert. Auf dem Programmheft sind zahlreiche Filmschaffende abgebildet, im Vordergrund als Großaufnahme Valeska Gert.[718] 2018 führte das Tanztheater Eutin als Hommage an Valeska Gert einige ihrer bekannten Nummern auf, wie den „Tanz in Orange", „Baby", „Verkehr" oder „Harakiri". Auch in den USA ist Valeska Gert nicht vergessen: Im Januar und Februar 2014 veranstaltete die Striding

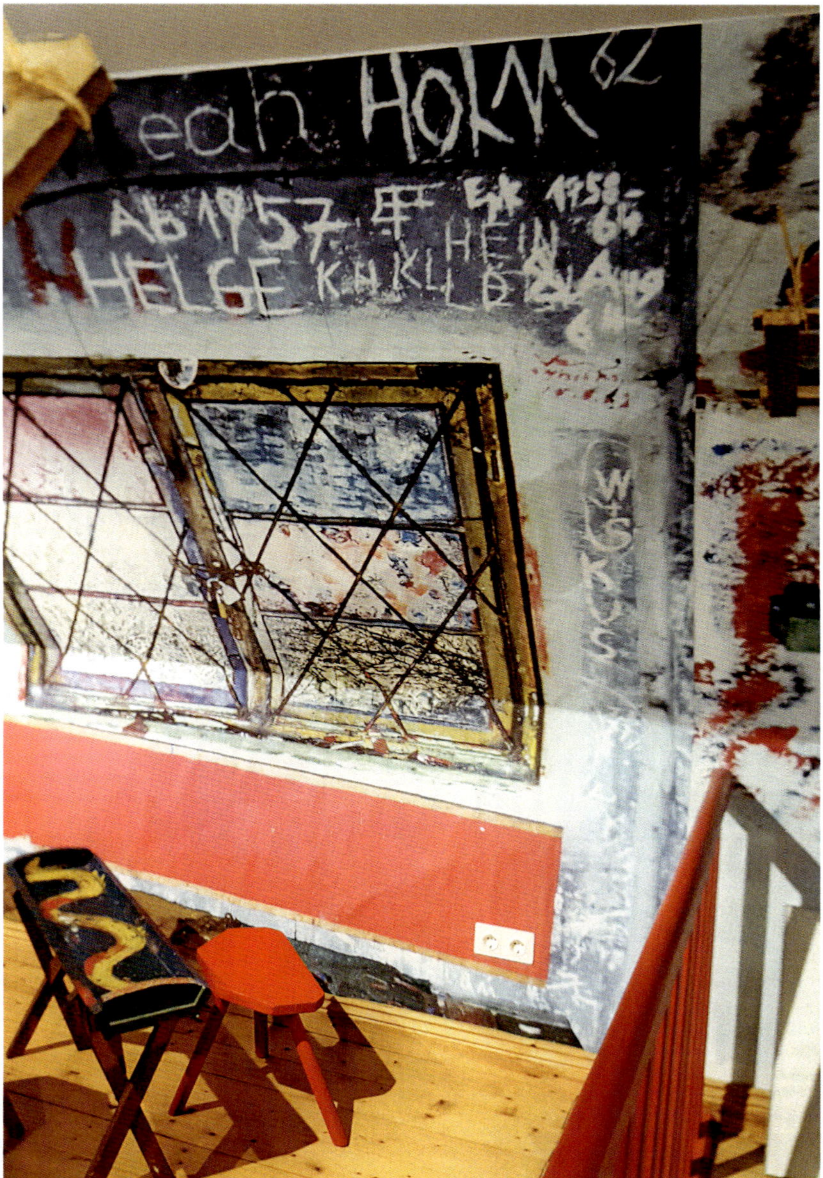

Die Ausstellungseinheit „Ziegenstall“ im Heimatmuseum Keitum/Sylt

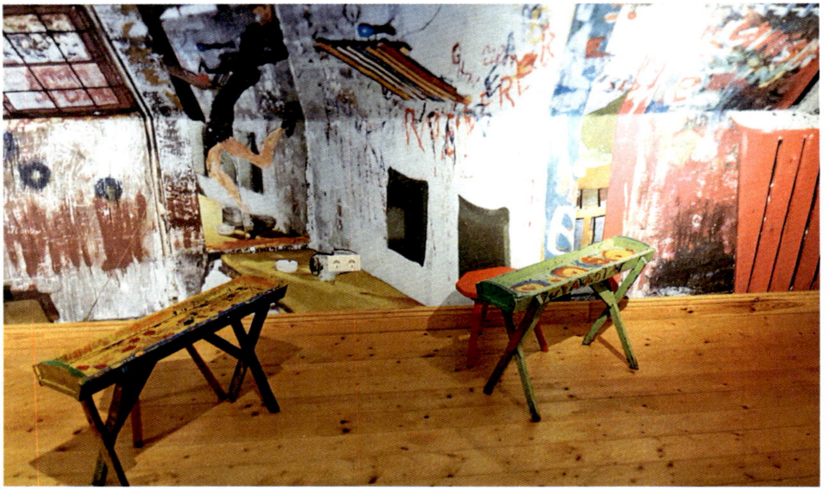

Die Ausstellungseinheit „Ziegenstall“ im Heimatmuseum Keitum/Sylt

Lion Performance Group an der Northwestern University in Evanston/ Chicago vier einstündige Aufführungen über Leben und Werk dieser Künstlerin. Nicht zuletzt hält das Sylter Heimatmuseum in Keitum durch die Dauerausstellung „Ziegenstall“ im Dachgeschoss die Erinnerung an diese Künstlerin wach.

ANMERKUNGEN

1 Grundlegend zu Valeska Gert nach wie vor Frank-Manuel Peter. Zu neueren Arbeiten siehe Amelie Soyka; Sydney Jane Norton; Karen A. Mozingo; Renate Berger 2011; Elke-Vera Kotowski 2012 (kurzer, informativer Abriss über Valeska Gerts Leben); Evelin Förster; Birgit Haustedt, S. 15–49, wo sie sich mit Anita Berber und Valeska Gert auseinandersetzt. Vgl. auch Iris Schürmann-Mock, S. 51–64.

2 Valeska Gert 1973, S. 27.

3 Dies. 1968. Ich zitiere nach der Taschenbuchausgabe, Reinbek bei Hamburg 1978, S. 7 f. Diese Autobiographie diktierte sie dem Berliner Szene-Galeristen und Verleger Jes Petersen. Siehe dazu Andreas Hansen (Hg.), S.74–80. Petersen dazu: „Nur allein ihre Worte im Manuskript!" (S. 78). Prof. Dr. Ulrich Schulte-Wülwer danke ich für die Überlassung des Buches. Vgl. zu Jes Petersen auch Wolfgang Müller, S. 204.

4 Valeska Gert 2012, S. 60. Zur Rezension des Buches siehe Ludwig Wronkow. Der Ehemann von Sonja Wronkow war seit 1942 Mitglied im „Board of Directors" der Emigrantenzeitung. Siehe dazu z.B. Aufbau Nr. 40 vom 2.10.1942, S. 4.

5 Valeska Gert 2012, S. 83; dies. 1978, S. 22.

6 Dies. 1978., S. 12 ff.; dies. 2012, S. 68 ff.

7 Dies. 2012, S. 74.

8 Ebd., S. 82.

9 Valeska Gert ging entweder auf die Höhere Mädchenschule in der Köpenicker Straße 31a (Leitung: Frl. Horter) oder auf die in Nr. 98b (Leitung: Frl. Klinkhardt). Freundliche Auskunft von Frau Bianca Welzing-Bräutigam, Landesarchiv Berlin vom 2.11.2021.

10 Valeska Gert 2012, S. 67; dies. 1978, S. 11.

11 Dies. 2012, S. 79.

12 Dies. 1973, S. 23.

13 Dies. 1978, S. 19.

14 Dies. 2012, S. 85.

15 Freundliche Auskunft von Frau Bianca Welzing-Bräutigam.

16 Valeska Gert 1978, S. 19.

17 Zit. nach Siegfried Müller 2017, S. 143.

18 Valeska Gert 1978, S. 21 f.

19 Ebd., S. 20. Der Erfolgsroman erschien 1897.

20 Ebd., S. 25: „Papa war entsetzt, riß mir die Bücher weg."

21 Dies. 1973, S. 71. Fred Hildenbrandt, Die Tänzerin Valeska Gert, Stuttgart 1928, schreibt (S. 62): „Sie nimmt es nicht übel, wenn man ihr sagt, sie sei nicht gescheit, das weiß sie selber ganz genau [...]. Ihre Freunde halten sie für dumm. Und keiner dieser ihrer Freunde würde sie darum weniger lieben. Sie ist nun einmal dumm."

22 Valeska Gert 1973, S. 21 f.

23 Ebd., S. 21 f. Zu ihrem Liebhaber sagte sie beim Kennenlernen: „Seit ich tanze, kann ich nicht mehr lesen." Dies. 1978, S. 38.

24 Dies. 1978, S. 38.

25 Dies., Mein Weg (1931), abgedr. in: Wolfgang Müller, S. 11. Vgl. auch Fred Hildenbrandt 1928, S. 65.

26 Valeska Gert 1978, S. 23.

27 Dies., S. 25 und S. 165. Vgl. auch Yvonne Hardt, S. 111: „Viel mehr wollte sie die Distanz zum Publikum, wollte nicht gefallen, wollte vor allem keine Sympathie wecken."
28 Valeska Gert 1978, S. 26.
29 Ebd.; Frank-Manuel Peter 1987, S. 109, Anm. 6.
30 Georg Simmel, S. 128.
31 Allgemein siehe Siegfried Müller 2017; dort auch weitere Literatur.
32 Valeska Gert, 1922.
33 Akademie der Künste Berlin (zit. AdK, Berlin), Valeska-Gert-Archiv, Nr. 421, Der Abend, Jg. 27 Nr. 204 vom 2.9.1972.
34 Valeska Gert 1978, S. 20. Vgl. auch Fred Hildenbrandt 1928, S. 12 f.
35 AdK, Berlin, Valeska-Gert-Archiv, Nr. 493, undatierter Zeitungsartikel.
36 Valeska Gert 1978, S. 21. Siehe zu dem Gastspiel auch Herbert Ihering, S. 131 und Tilla Durieux, S. 116. Vgl. auch Fred Hildenbrandt 1928, S. 30.
37 Valeska Gert 1978, S. 29 ff.; Fred Hildenbrandt 1928, S. 16f. Vgl. auch Lothar Fischer, S. 11.
38 Arthur Kahane, S. 207.
39 Valeska Gert, Mein Weg (1931), S. 19.
40 Lothar Fischer, S. 11 f.; Valeska Gert 1978, S. 31; Claudia Rieger.
41 Horst Bredekamp, Kap. 3, S. 111 ff. Zu Isadora Duncan und den tableau vivants vgl. Gabriele Brandstetter, S. 78 ff. Siehe auch John Schikowski, Der neue Tanz, Berlin 1924, zit. nach Sandra Meinzenbach.
42 Lothar Fischer, S. 12 f. Auch Fred Hildenbrandt 1928, S. 120 charakterisiert Valeska Gert als „breithüftige, kräftige und robuste Person."
43 Vgl. hierzu auch Thomas Schrode.
44 Paul Erich Marcus, S. 116.
45 Ebd., S. 116 f. Kritisch zu Marcus Frank-Manuel Peter 1987, S. 111 Anm. 28.
46 Valeska Gert 1978, S. 32. Vgl. zu Gerts Tanz auch Yvonne Hardt, S. 105 ff.
47 Werner Suhr, S. 38 und S. 40. Die pantomimische Ausdruckstänzerin Jo Mihaly (1902–1989) nannte 1986 als zentrale Protagonisten der Jahre zwischen 1920 und 1930 außerdem Sent'Mahesa, Rudolf Laban, Hilde Schewior und Niddy Impekoven. Siehe dazu Niklaus Starck, S. 234. Vgl. auch Yvonne Hardt, S. 81.
48 Christine Hoffmann, S. 47 f.
49 Joachim Meinert, S. 702.
50 Valeska Gert, Mein Weg (1931), S. 24.
51 Fred Hildenbrandt 1928, S. 124. Zu den Variationen der „Canaille" siehe S. 124 ff., zu den Tänzen Gerts im Einzelnen siehe S. 109 ff.
52 Ders., S. 18. Zu Gerts Theaterauftritten siehe Frank-Manuel Peter 1987, S. 17–29.
53 Valeska Gert 1978, S. 34.
54 Frank-Manuel Peter 1987, S. 111 Anm. 30. Valeska Gert bedankt sich postalisch am 6. Juli 1918 bei Hanna Wolfskehl (1878–1946) für die Glückwünsche zur Hochzeit: „Ich bin sehr faul und Helmuth arbeitet seit vielen Wochen für sein medizinisches Examen und ist zu nichts Vernünftigem mehr zu gebrauchen." Siehe dazu Deutsches Literaturarchiv Marbach, HS.1995.0054.02381/3.
55 Valeska Gert 1978, S. 17 ff.
56 Sonja Schwarz-Arendt, „Magie ist alles ..." Valeska Gert, Enfant terrible und Grande Dame, Interview in der „Brigitte", 1970er Jahre, AdK, Berlin, Valeska-Gert-Archiv, Nr. 212.
57 Zit. nach Gunther Nickel, Alexander Weigel (Hg.), S. 516. Zu weiteren Auftritten Valeska Gerts siehe auch S. 488 f., S. 490 und S. 514.

58 Valeska Gert 1978, S. 32.
59 Fred Hildenbrandt, 2016, S. 163. Ähnlich äußert sich der Berlin-Kalender am 12. November 1922 zu ihrem Gastspiel im Berliner Schwechtensaal: „Man wirft der exzentrischen Künstlerin Schamlosigkeit vor." (S. 210) (https://berlingeschichte.de/bms/bmstxt00/0006kala.htm, letzter Zugriff: Dezember 2021).
60 Valeska Gert 1978, S. 44.
61 Dies., Mein Weg (1931), S. 38.
62 Zit. nach Horst Bredekamp, S. 265.
63 Valeska Gert 1935.
64 Vgl. auch Sabina Becker, S. 35 ff.
65 Allgemein dazu siehe Siegfried Müller 2017.
66 Herbert Ihering, S. 105.
67 Hans Sahl, Memoiren, S. 172.
68 Valeska Gert 1978, S. 48.
69 Max Colpet, S. 26. Das folgende Zitat ebd., S. 27.
70 Amédée Ozenfant, S. 153 f.
71 Paulus Schotte, S. 19 f. Vgl. auch die ähnlichen Schilderungen von Léon Werth, S. 161; Harold Nicolson; Géza von Cziffra, S. 35 f. und S. 136.
72 Zit. nach Brygida Ochaim, S. 35.
73 Bernd Ruland, S. 71 f.
74 Géza von Cziffra, S. 136.
75 Sebastian Haffner, S. 57.
76 George Grosz, S. 118. Zu einem „Künstlerfest" bei Grosz, an dem u.a. Erwin Piscator, Richard Hülsenbeck, Walter Mehring, Gottfried Benn und Wieland Herzfelde teilnahmen, vgl. auch Erwin Blumenfeld, S. 210.
77 Max Schmeling, S.50.
78 Zit. nach Thomas Urban, S. 87. Vgl. auch Salka Viertel, S. 120.
79 Stefan Zweig, S. 357. Zu den Transvestiten, deren Treffpunkt im „Mikado" in der Puttkamerstraße war, siehe auch Paul Erich Marcus, S. 48 f.
80 Stéphane Roussel, S. 34 f. Siehe auch Graf Alexej Tolstois Erzählung „Der schwarze Freitag" (Thomas Urban, S. 33). Er lebte von 1921 bis 1923 in Berlin. Zur Homosexuellenszene vgl. auch Hubert von Meyerinck, S. 19 f.
81 Friedrich Hollaender, S. 71. Zum lasterhaften Berlin vgl. auch S. 69 f.
82 Zit. nach Renate Berger 2014, S. 178. Vgl. auch Claire Waldoff, S. 26 f.
83 Sefton Delmer, S. 75. Er hatte Valeska Gert in Paris und in der Berliner „Hexenküche" erlebt (vgl. Valeska Gert 1978, S. 52).
84 Vgl. z.B. Frank Hessels Schilderung in: Hartmut Vollmer, Bernd Witte (Hg.), S. 272 ff.
85 Ilja Ehrenburg, S. 44.
86 Zit. nach Thomas Urban, S. 85.
87 Trude Hesterberg, S. 89.
88 Salka Viertel, S. 113.
89 Allgemein siehe Siegfried Müller 2017, S. 292 ff.
90 Klaus Mann, 170. Vgl. auch Hubert von Meyerinck, S. 123; Berta Drews, S. 82 f.; Bärbel Schrader, Jürgen Schebera, S. 108 ff.
91 Siegfried Müller 2017, S. 28. Zu Billy Wilder und Carola Neher siehe Paul Erich Marcus, S. 84.
92 Hubert von Meyerinck, S. 123.
93 Fred Hildenbrandt 1928, S. 29.

94 Valeska Gert 1978, S. 43.
95 Ebd., S. 43. Vgl. auch AdK, Berlin, Valeska-Gert-Archiv, Nr. 209. Zu Mary Wigman siehe Gabriele Fritsch-Vivié, S. 84, die den Ausdruck von Harmonie in ihren Tänzen betont. Vgl. auch Susanne Foellmer, S. 171 ff., die die Unterschiede zwischen Wigmans und Gerts Tanz herausarbeitet. Siehe auch Frank-Manuel Peter 2004, S. 48 ff. zu Isadora Duncan und S. 63 ff. zu Mary Wigman. Zu Erinnerungen von Zeitgenossen an die Tänze von Mary Wigman und Valeska Gert siehe Carl Zuckmayer, S. 281. Zu Isadora Duncan vgl. auch Elna Matamoros, S. 239 ff.
96 Valeska Gert, 1926, S. 362.
97 Elna Matamoros, S. 302.
98 Vgl. dazu Oskar Schlemmers Tagebucheintrag vom September 1922, in: Elke Beifuß (Hg.), S. 48. Laut Schlemmer sollte sich aus dem „Triadischen Ballett" ein „deutsches Ballett" entwickeln.
99 Sabina Becker, S. 503. Vgl. auch Dirk Scheper. Einen kurzen Überblick über die Geschichte des Ausdruckstanzes gibt Hedwig Müller.
100 Berliner Illustrierte Zeitung, abgedruckt in: Torsten Blume, S. 98.
101 Vossische Zeitung Nr. 517 vom 2.11.1921.
102 Hans Sahl 1991, S. 231 f.
103 Valeska Gert 2012, S. 113.
104 Klaus Völker, Michael Prinz (Hg.), Bd. 1, Nr. 523, S. 918–920, hier: S. 918; Bd. 2, Nr. 708, S. 90 f., hier: S. 90.
105 AdK, Berlin, Valeska-Gert-Archiv, Nr. 398.
106 Valeska Gert, Mein Weg (1931), S. 35 f.
107 Rezension vom 8. März 1924, zit. nach Frank-Manuel Peter 1987, S. 110 Anm. 22. Die Daten der Uraufführung differieren zwischen 1923 und 1925 (siehe ebd., S. 128).
108 Alfred Richard Meyer, S. 219.
109 AdK, Berlin, Valeska-Gert-Archiv, Nr. 398, F. Böhme, Deutsche Allgemeine Zeitung, undatiert.
110 Alfred Richard Meyer 1924.
111 Frank Thiess, S. 75 f.
112 Fred Hildenbrandt 2016, S. 160 f. Vgl. auch Klaus Völker, Michael Prinz (Hg.), Bd. 1, Nr. 521, S. 915–917, hier: S. 916, Bd. 1, Nr. 523, S. 918–920, hier: S. 918; Bd. 2, Nr. 708, S. 90 f., hier: S. 90.
113 Max Fürst 1976, S. 173. Die Filmregisseurin Leni Riefenstahl (1902–2003) erinnert sich 1987, sie habe keinen Abend versäumt, „wenn Niddy Impekoven, Mary Wigman oder Valeska Gert auftraten." Siehe dazu Leni Riefenstahl, S. 60. Riefenstahl hatte selbst u.a. in Berlin Tanzunterricht genommen und 1919 die erkrankte Anita Berber vertreten. Im Oktober 1923 folgte ihr erster Soloabend in der Münchner Tonhalle. Siehe dazu Katja Schneider, S. 8.
114 AdK, Berlin, Valeska-Gert-Archiv, Nr. 209, englisches Manuskript, undatiert.
115 Zit. nach Frank-Manuel Peter 1987, S. 9.
116 Interview des Autors mit Christiane Retzlaff, 22.5.2019.
117 Susanne Foellmer, S. 56. Vgl. auch Fred Hildenbrandt 1928, S. 59 f.
118 Valeska Gert 1973, S. 53. Siehe auch AdK, Berlin, Valeska-Gert-Archiv, Nr. 209, englisches Manuskript, undatiert.
119 Erika Fischer-Lichte, S. 234.
120 Valeska Gert 1973, S. 53f. Vgl. auch AdK, Berlin, Valeska-Gert-Archiv, Nr. 421, „Der Abend" Jg. 27 Nr. 204 vom 2.9.1972; dort auch das folgende Zitat.

121 Jost Lehne, S. 275.
122 Zit. nach Anne Fleig, S. 116.
123 Zit. nach Yvonne Hardt, S. 109.
124 Joseph Lewitan, S. 4, zit. nach Nicole Haitzinger, S. 89.
125 Landesarchiv Baden-Württemberg.
126 Renè Jouglet, S. 149.
127 Michael Cowan, Kai Marcel Sicks, S. 20. Anne Fleig, S. 102–117. Zur Körpergeschichte siehe Daniel Siemens. Vgl. auch Sabina Becker, S. 254 ff.
128 Allgemein zum Zeithintergrund siehe Siegfried Müller 2017, S. 27 ff., 89 ff., S. 109 f., S. 146 ff. und S. 290 ff.
129 Egon Erwin Kisch, S. 23. Vgl. auch Léon Werth, S. 161–171. Zu männlichen und weiblichen Monokelträgern siehe dazu Rainer Metzger, Christian Brandstätter, S. 214 ff.
130 Sabine Hake, S. 187; Sabina Becker, S. 104 ff.; Andreas Ley, S. 14 ff. Zum neuen Frauentypus vgl. auch Burcu Dogramaci; Hartmut Vollmer, Bernd Witte (Hg.), S. 266 f. und S. 268. Siehe auch Anna Zika; René Jouglet.
131 Ariane Martin (Hg.), S. 47.
132 Das bekannteste Beispiel ist wohl Otto Dix' Porträt der Journalistin Sylvia von Harden (1926). Auch Jeanne Mammen zeichnete wiederholt die Garçonne. Siehe dazu Julia Drost, in: Förderverein der Jeanne-Mammen-Stiftung e.V., Berlin (Hg.). Zur „Neuen Frau" in der Bildenden Kunst der 1920er Jahre siehe auch Dorothy Price, in: Ingrid Pfeiffer (Hg.).
133 Silke Kettelhake, S. 26.
134 Vgl. auch Katharina Sykora, Annette Dorgerloh, Doris Noell-Rumpeltes, Ada Raev (Hg.).
135 Lil Picard, S. 16. Sie schrieb Modeberichte für den „Berliner Börsen-Courier", dessen Feuilletonchef Herbert Ihering war. Siehe dazu Hans Sahl, Memoiren, S. 130. Picard emigrierte später nach New York und studierte Malerei bei Hans Hofmann.
136 Helga Lüdtke, S. 89 ff.
137 Ebd., S. 93.
138 Das Foto von Jaro von Tucholka erschien in der Zeitschrift „Der Querschnitt" 6 (1926), H. 3, März. Der Hut entspricht der Mode um 1926. Er liegt eng am Kopf an und hat eine schmale Krempe. Siehe dazu Helga Lüdtke, S. 139.
139 Abgebildet bei Frank-Manuel Peter 1987, S. 44.
140 Camilla Smith, in: Förderverein der Jeanne-Mammen-Stiftung e.V., Berlin (Hg.).
141 Valeska Gert 1973, S. 17 f.
142 Lotte H. Eisner, S. 133.
143 Know, S. 9. Der Schauspieler Axel von Ambesser, einer ihrer Freunde, meinte, sie habe versucht, „alle ihre Mängel, da es in Richtung Schönheit hoffnungslos gewesen wäre, in Richtung Häßlichkeit ins Allergroteskeste zu steigern. Sie tat also das, was jeder Schauspieler mit seinen körperlichen Vorzügen oder Mängeln zu machen sucht, sie nämlich zu steigern." Siehe dazu ders., S. 236.
144 Fred Hildenbrandt 2016, S. 138 f.; Hubert von Meyerinck, S. 106 ff.; Paul Erich Marcus, S. 114.
145 Helga Bemmann 1982, S. 94. Vgl. auch Fred Hildenbrandt 2016, S. 137.
146 Carl Zuckmayer, S. 286. Zum Kokainkonsum siehe auch Paul Erich Marcus, S. 23 f.
147 Géza von Cziffra, S. 35. Vgl. zu ihrem Repertoire auch Lothar Fischer, S. 75. Unterschiede arbeitet Erika Hughes heraus.
148 Lothar Fischer, S. 75. Die Tänzerin Celly de Rheyd zeigte schon 1921 eine Pantomime „Im Opiumrausch".

149 Martin Gregor-Dellin (Hg.), S. 22.
150 Fred Hildenbrandt 2016, S. 163. Klaus Mann (S. 170) schrieb: „Mary Wigman – jeder Zoll eckige Erhabenheit, jede Geste eine dynamische Explosion – tanzt Weihevolles, mit Musik von Bach, Anita Berger [...] tanzt den Koitus." Zu Anita Berber siehe auch Paul Erich Marcus, S. 114 ff. Anita Berber war so berühmt, dass Otto Dix sie 1925 porträtierte – sein Gemälde zierte 1991 sogar eine Briefmarke der Deutschen Bundespost. 1987 drehte Rosa von Praunheim (geb. 1942) einen Film über ihr Leben.
151 Interview des Autors mit Volker Schlöndorff, 7.10.2021.
152 Sonja Schwarz-Arendt, AdK, Berlin, Valeska-Gert-Archiv, Nr. 212.
153 Valeska Gert 1973, S. 43.
154 Max Schmeling, S. 107.
155 Frank Deppe, Volker Frenzel, S. 79.
156 Siegfried Müller 2017, S. 63.
157 Max Schmeling, S. 83, S. 86 und S. 89–94.
158 Zum Boxsport siehe z.B. Paul Erich Marcus, S. 187–195.
159 Max Schmeling, S. 99.
160 Valeska Gert 2012, S. 117 f.
161 Dies. 1978, S. 57. Siehe auch dies. 1973, S. 53.
162 Dies. 1978, S. 43 und S. 59; dies. 2012, S. 118 (Zitat).
163 Scherl's Magazin.
164 Vgl. z.B. die Zeitschriften Der Querschnitt; Tempo; Gebrauchsgraphik; Das jüdische Magazin; Revue des Monats und Uhu.
165 Fred Hildenbrandt 2016, S. 163.
166 Vgl. Frank-Manuel Peter 1987, S. 35.
167 Ina Boesch, S. 46. Vgl. auch Fred Hildenbrandt 1928, S. 55.
168 Siehe dazu das Dadaistische Manifest vom April 1919, abgedr. in: Karl Riha, Günter Kämpf (Hg.), S. 23 und S. 25. Vgl. zum Verhältnis von Valeska Gert und Dada-Berlin auch Barbara Lindlar, S. 164 ff.
169 Zur Züricher Gruppe siehe Reinhard Nenzel (Hg.), S. 21 f. Vgl. zu den Auftritten von Rudolf von Laban und Mary Wigman bei den Dadaisten auch Barbara Lindlar, S. 162.
170 Flugblatt: Dadaistisches Manifest von 1918. Vgl. zur Dada-Bewegung auch Walter Mehring 1978, insbes. S. 161 ff; ders. 1983.
171 Zit. nach Peter Klaus Schuster, S: 27.
172 Paul Erich Marcus, S. 106.
173 Hanne Bergius, S. 339 ff.
174 Siehe dazu auch Walter Mehring 1983, S. 166–168 und Raul Hausmann nach Karl Riha, Günter Kämpf (Hg.), S. 19.
175 Zit. nach Hanne Bergius, S. 343. Laut Dietmar Schenk, S. 21, sollen nur Huelsenbeck und Hausmann die Geräte bedient haben.
176 Zit. nach Sabina Becker, S. 434. Zum Motiv der Schreibmaschine in der Literatur der 1920er Jahre siehe Friedhelm Marx.
177 Ariane Martin, S. 21–34.
178 Annegret Pelz, Abb. S. 42. Julia Tardy-Marcus beschäftigte sich ebenfalls in ihrem Tanz mit der Nähmaschine.
179 Gert 1978, S. 49. Zur Dada-Bewegung in Berlin vgl. die Schilderung von George Grosz, S. 129 ff. und von Ben Hecht, der den Ablauf eines Wettstreits zwischen Nähmaschine und Schreibmaschine, an denen zwei Mädchen saßen, beschreibt: Dadafest, in: Hans-Joachim Simm (Hg.).

180 Harald Kohta, Bernd M. Kraske, Stefan Zynda (Hg.), S. 68. Zu Huelsenbeck und Dadaismus siehe S. 61 ff. Vgl. auch Sabina Becker, S. 396 ff.
181 Reinhard Nenzel (Hg.), S. 82. Dort auch die folgenden Zitate S. 190 und S. 113.
182 Frank-Manuel Peter 1987, S. 109 Anm. 6.
183 Helga Bemmann 2004, S. 61 ff.
184 Künstlerarchiv, Zitate S. 171.
185 Zu diesem Film siehe Frank-Manuel Peter 1987, S. 50 ff.
186 Zum Theater in der Weimarer Republik siehe Siegfried Müller 2017, S. 436 ff., dort auch weitere Literatur.
187 Fred Hildenbrandt 1928, S. 134.
188 Zit. nach. Frank-Manuel Peter 1987, S. 23.
189 Fred Hildenbrandt 1928, S. 135 f.
190 Frank-Manuel Peter 1987, S. 23 ff.
191 Fred Hildenbrandt 1928, S. 136.
192 Susanne Foellmer, S. 81 ff. Vgl. auch Valeska Gert 1978, S. 46, wo sie ihn fragt: „Was ist das, eppisches (so sprach er es aus) Theater'? – ‚Das, was Sie machen', antwortete er."
193 Werner Hecht, Jan Knopf, Werner Mittenzwei, Klaus-Detlef Müller (Hg.) 1992, S. 134.
194 Dies. (Hg.) 1997, S. 1110.
195 Zit. nach Frank-Manuel Peter 1987, S. 64. Siehe dazu Valeska Gert 1978, S. 40; dies. 1973, S. 46. Siehe auch Yvonne Hardt, S. 116 ff., bes. S. 118, wo sie am Beispiel der „Canaille" die Unterschiede zum Ausdruckstanz hervorhebt. Zur Bedeutung der „Canaille" im Zusammenhang mit der Prostitution, die erst 1927 entkriminalisiert wurde, siehe Alexandra Kolb, S. 3 ff. Vgl. zu diesem Tanz auch Kate Elswit, S. 84–94.
196 Klaus-Dieter Krabiel, S. 233.
197 Frank-Manuel Peter 1987, S. 128.
198 Valeska Gert 1978, S. 45.
199 Hans-Peter Bayerdörfer, S. 84.
200 Valeska Gert, Mein Weg (1931), S. 44 f., Zitat S. 45.
201 Friedrich Hollaender, S. 125 f.
202 Valeska Gert 1978, S. 39.
203 Siegfried Müller 2017, S. 239 ff.
204 Deutsches Filminstitut Frankfurt am Main, Vorlass Volker Schlöndorff ... valeska-gert-1.
205 Zu Valeska Gerts Filmauftritten siehe Frank-Manuel Peter 1987, S. 50 ff.
206 Die Deutsche Filmwoche schrieb darüber am 29. Mai 1925: „Ein Film der Gegenüberstellungen, hier Armut, Mord und Hunger, dort Reichtum, Liebe und Prasserei."
207 Zu Valeska Gerts Auftritt siehe auch Hermann Kappelhoff, S. 35 ff.
208 Barbara Felsmann, Karl Prümm, S. 163.
209 Jean Renoir, S. 71.
210 AdK, Berlin, Valeska-Gert-Archiv, Nr. 394 und Nr. 401. Zu ihren Auftritten in Berlin, Dresden, Düsseldorf, Hamburg, Stettin, Stuttgart und Würzburg sowie in Paris 1930 siehe Deutsches Tanzarchiv Köln, Vorläufiges Werkverzeichnis, außerdem zu den Berliner Auftritten am 8.10. und 29.10.1920: Führer durch die Konzertsäle Berlins, S. 5 und S. 9. Zu ihren Auftritten u.a. in Göttingen, Königsberg, Leipzig, Oslo, Prag, Wien und Zürich siehe Landesarchiv Baden-Württemberg, zu ihren Auftritten in Danzig (1922) und Oldenburg (1924) siehe Danziger Volksstimme vom 27.12.1921 und vom 6.1.1922; Gloria Köpnick, S. 206 f. Zu ihren Auftritten in Hamburg am 30.1.1919 und

am 2.11.1921 siehe AdK, Berlin, Valeska-Gert-Archiv, Nr. 478 und 479. Zu ihrem Auftritt in Paris 1926 siehe Christoph Gödde, Henri Lonitz (Hg.), Brief Walter Benjamins an Jula Radt-Con vom 30.4.1926, S. 150–153, hier: S. 152. Vgl. auch den Brief Joseph Roths an Benno Reifenberg vom 29.4.1926 aus Paris, abgedruckt in: Hermann Kesten (Hg.), S. 89 f., hier: S. 90 und Fred Hildenbrandt 1928, S. 67 ff.; Valeska Gert 1978, S. 51 f.; Frank-Manuel Peter 1987, S. 45 f. In Paris hat Man Ray Valeska Gert 1925 fotografiert.

211 Landesarchiv Baden-Württemberg.

212 Fred Hildenbrandt 1928, S. 69; dort auch die folgenden Zitate.

213 Zu ihrem Engagement in Paris siehe Frank-Manuel Peter, S. 45 f.

214 Joachim Schlör, S. 31 f. und S. 133 ff.

215 Fred Hildenbrandt 1928, S. 67.

216 Joachim Schlör, S. 135.

217 Valeska Gert 1973, S. 77; dies. 1978, S. 59. Der Filmregisseur Ivor Montagu (1904–1984), der Eisenstein durch Europa und bis nach Hollywood begleitete, schrieb über ihren Pariser Aufenthalt, sie sei die „miraculous grotesque dancer of Berlin cabaret and player of sinister character parts in films, who has survived into our own day to bring it a breath of between-wars Kurfürstendamm decadence." Siehe dazu Ivor Montagu, S. 72. Den Pariser Auftritt Gerts sah auch Erna Ruttmann, die Ehefrau von Walter Ruttmann. Der Schwulenball in der Rue Cognacq-Jay fand einmal im Jahr statt. Siehe dazu Sylvie Aubenas, Quentin Bajac, S. 176 Abb. 137 und 139 und S. 204.

218 Hans Sahl, Memoiren, S. 113. Siehe auch S. 111 f. Gert schildert ihre Beziehung zu Eisenstein 1929 in Moskau in einem undatierten Brief an Manfred George während ihres New Yorker Exils: „Ich war scharf auf ihn, sie [Ivy Litvinov] auch [...], aber erfolglos. Eisenstein ist homosexuell und erst 2 Jahre später [...] entschloss er sich, mit mir zu schlafen, aber zu spät." Deutsches Literaturarchiv Marbach, 75.38, HS006821262.

219 Fred Hildenbrandt 1928, S. 68.

220 Valeska Gert 1973, S. 39.

221 Allgemein zu diesem Kaffeehaus siehe Jürgen Schebera, S. 39–84; Brigitte Landes.

222 Zit. nach Brigitte Landes, S. 105.

223 Paul Erich Marcus, S. 80. Vgl. auch seine Schilderung der Gäste des Cafés, S. 77 ff.

224 Zit. nach Brigitte Landes, S. 71. Die folgenden Zitate S. 83 und S. 95.

225 Paul Erich Marcus, S. 92. Zum Romanischen Café siehe auch die Schilderung von Hans Sahl, Memoiren, S. 160.

226 Matheo Quinz, S. 143. Das folgende Zitat S. 144.

227 Géza von Cziffra, S. 98.

228 Valeska Gert 1973, S. 39 f.

229 Dies. 1978, S. 45 und dies. 1973, S. 37 ff.

230 Fred Hildenbrandt 2016, S. 161.

231 Valeska Gert 1978, S. 45.

232 Siehe dazu Werner Hecht, Jan Knopf, Werner Mittenzwei, Klaus-Detlef Müller (Hg.) 1992, S. 642.

233 Axel von Ambesser, S. 236 f.

234 Valeska Gert 1973, S. 42.

235 Axel von Ambesser, S. 231 ff. Wäschers Völlerei erwähnt auch Valeska Gert 1973, S. 52

236 Valeska Gert 1973, S. 43. Christiane Retzlaff, die in den 1970er Jahren bei Valeska Gert im „Ziegenstall" arbeitete, erzählte sie „Wäscher wollte ununterbrochen mit mir schlafen. Wenn er nicht mehr konnte, habe ich ein Steak gebraten." Christiane Retzlaff 1992 (unpaginiert).

237 Valeska Gert 1973, S. 60. Die folgenden Zitate S. 39, S. 42 und S. 129.
238 Dies., Mein Weg (1931), S. 31.
239 Zit. nach Frank-Manuel Peter 1987, S. 46.
240 Fred Hildenbrandt 1928, S. 64. Siehe auch S. 77.
241 Valeska Gert 1978, S. 51.
242 Fred Hildenbrandt 2016, S. 162.
243 Zu diesem Thema siehe Harald Voigt, 1992, S. 83.
244 Jürgen Newig, S. 39 f.
245 Ebd., S. 43.
246 Alexander Parlach. Die Kenntnis dieses Stern-Artikels verdanke ich Dr. Fabian Waßer von der Bayerischen Staatsbibliothek.
247 Jürgen Newig, S. 43 und S. 50
248 Max Schmeling, S. 366.
249 Frank Deppe, Als Marlene Dietrich in Westerland tanzte, in: Sylter Rundschau, 20.12.2013. URL: https://www.shz.de/lokales/sylter-rundschau/als-marlene-dietrich-in-westerland-tanzte, letzter Zugriff: 15.12.2021.
250 Zit. nach Frank Deppe 2004, S. 32.
251 Herbert Ihering, S. 178.
252 Valeska Gert 1973, S. 29 ff.
253 Dies., Mein Weg (1931), S. 6. Siehe auch dies. 1978, S. 12 ff.
254 Vgl. AdK, Berlin, Valeska-Gert-Archiv, Nr. 67.
255 Valeska Gert 1973, S. 31.
256 Richard von Soldenhoff (Hg.), S. 316, Brief vom 17.7.1923: „Vorgestern ist Valeska eingetroffen, mit Aribert Wäscher. Am 1ten August gesellt sich der Gatte [dazu]. Die Kurzeitung der Insel Syl (Stadtarchiv Sylt, Sammlung Valeska Gert) enthält in der Fremdenliste Nr. 7 vom 15.7.1930, Pos. 5912 den Eintrag: „Valeska Gert im Kurhaus ohne Begleitung angekommen."
257 Hans Sahl, Memoiren, S. 147.
258 Klara Tiedemann, S. 7.
259 Alexander Parlach.
260 Valeska Gert 1973, S. 29 ff. Edith Jacobson leitete einen Kinderbuchverlag in Berlin und scharte junge Intellektuelle und Mitarbeiter der „Weltbühne" um sich. Siehe dazu Klara Tiedemann, S. 31. Vgl. auch Luiselotte Enderle, S. 51.
261 Siehe Herbert Ihering, S. 178; Kristine von Soden, S. 26.
262 Richard von Soldenhoff (Hg.), S. 88, Brief vom 13.8.1920. Vgl. auch S. 157, Brief an Tucholsky vom 10.8.1923, wo er schreibt, er werde Sylt erst wieder verlassen, wenn es „auch wirklich ganz unbedingt und unentrinnbar nötig ist."
263 Ebd., S. 202, Brief vom 22.7.1924.
264 Zit. nach Manfred Wedemeyer 2008, S. 130–133, hier: S. 131.
265 Klara Tiedemann, S. 2.
266 Valeska Gert 1973, S. 31.
267 Klara Tiedemann, S. 75.
268 Ebd., S. 11. Vgl. Hans Jürgen Stöver 1993, S. 21.
269 Richard von Soldenhoff (Hg.), S. 180–184, hier: S. 182.
270 Hans Jürgen Stöver 1991, S. 14 ff. Die Attraktion dieser Route war die Seefahrt. In Hochzeiten wurden bis zu 18.000 Passagiere transportiert. Vgl. auch Manfred Wedemeyer 1977.
271 Berliner Lokal-Anzeiger. Die Dampfspurbahn von 1888 fuhr vom Fährhafen in Munkmarsch nach Westerland.

272 Hans Jürgen Stöver 1991.
273 Herbert Ihering, S. 178; Hans Jürgen Stöver 1991, S. 33 ff.
274 Berliner Lokal-Anzeiger Zum Sommerflugplan 1929 vgl. auch Siegfried Müller 2007, S. 43.
275 Manfred Wedemeyer 1993, S. 160 f.
276 Kristine von Soden, S. 65.
277 Zum Folgenden siehe Bäderführer Nordseebad Kampen, S. 31–33, S. 3 und S. 21. Den Hinweis verdanke ich Evely Kraßmann, Stadtarchiv Sylt.
278 Richard von Soldenhoff (Hg.), S. 326, Brief an Kurt Tucholsky vom 14.9.1925.
279 Zit. nach Kristine von Soden, S. 65.
280 Bäderführer, S. 5 ff.
281 Valeska Gert 1973, S. 56.
282 Ebd., S. 30.
283 Hubert von Meyerinck, S. 181 f.
284 Richard von Soldenhoff (Hg.), S. 120, Brief vom 11.7.1922; S. 458, Brief vom 27.10.1926. Darin teilt Jacobsohn Tucholsky, der in Fontainebleau weilt, mit, dass Valeska Gert ihm aufgetragen habe, ihm mitzuteilen, dass sie am 6.11. nachmittags in der Comédie des Champs Elysées auftreten werde.
285 Ebd., S. 154, Brief vom 12.7.1923.
286 Ebd., S. 80. Zur Rezension Tucholskys siehe Mary Gerold-Tucholsky, Fritz Raddatz (Hg.), S. 17–19. Tucholsky selbst unterhielt mit Gert keinen Briefwechsel.
287 Richard von Soldenhoff (Hg.), S. 82. Gemeint sind die Schauspielerin Maria Orska (1893–1930) und die Lyrikerin Else Lasker-Schüler. Vgl. auch die Briefe, S. 154, S. 295 f. und S. 316.
288 Ebd., S. 122, Brief vom 17.7.1922.
289 Valeska Gert, Mein Weg (1931), S. 26.
290 Dies. 1978, S. 44.
291 Ebd., S. 51. Gemeint ist wohl Johannes R. Becher (1891–1958), der von 1954 bis 1958 Kultusminister der DDR war. Zu ihrem Verhältnis zu Edith Jacobsohn siehe auch dies. 1973, S. 30.
292 Valeska Gert, Mein Weg (1931), S. 45 f.
293 Stadtarchiv Sylt, Sammlung Valeska Gert, Korrespondenz.
294 Sonja Schwarz-Arendt, AdK, Berlin, Valeska-Gert-Archiv, Nr. 212. Dort auch das folgende Zitat.
295 Edith Stargardt-Wolff, S. 259.
296 Ebd., S. 285.
297 Ebd., S. 298. Vgl. auch Christine Fornoff.
298 Frank-Manuel Peter 1987, S. 72 f.
299 Landesarchiv Baden-Württemberg.
300 Axel von Ambesser, S. 236. Siehe auch Frank-Manuel Peter 1987, S. 67 ff.
301 Undatierter Brief Valeska Gerts an Manfred George aus New York, Deutsches Literaturarchiv Marbach, 75.2638, HS006821262. Gert zufolge bat Prof. Vogt sie, auch ihr Gehirn sezieren zu dürfen, was sie aber mit der Begründung abgelehnt habe, sie sei „nicht so interessant" für die Wissenschaft.
302 Valeska Gert 1978, S. 60 ff.; Frank-Manuel Peter, 1987, S. 69.
303 Helga Bemmann 2016, S. 157 ff. Dort traten auch Ursula Herking, Rudolf Platte und Theo Lingen auf.
304 Maegie Koreen.

305 Zit. nach ebd., S. 7.
306 Frank-Manuel Peter 1987, S. 67; Werner Hecht, Jan Knopf, Werner Mittenzwei, Klaus-Detlef Müller (Hg.) 1998, S. 719.
307 Zit. nach Siegfried Müller 2017, S. 35.
308 Antoni Graf Sobanski, S. 139 und S. 150.
309 Axel von Ambesser, S. 237.
310 Zur antisemitischen Gewalt in Berlin und anderen Städten der 1920er Jahre siehe z.B. Julius H. Schoeps, S. 26 ff.
311 Diese Tat hat die deutschen Juden in besonderem Maße erschüttert. Siehe dazu ebd., S. 32.
312 Ted Harris, S. 391.
313 Siehe dazu Gerhard Sauer (Hg.); Werner Treß 2003.
314 Allgemein siehe z.B. Siegfried Müller 2017, S. 244 ff.
315 Zu Gerts Auftritt im Berliner Theater am 15.10.1934 siehe Jüdischer Kulturbund Nr. 11, S. 18. Zu einem Tanzabend von 1935 siehe Nr. 7, S. 11.
316 Maegie Koreen, S. 15 ff.
317 Valeska Gert 1978, S. 65.
318 Ebd. Gemeint ist der Film von 1940 und Goebbels Schrift von 1934.
319 Frank-Manuel Peter 2020, S. 47.
320 Jürgen Egyptien, S. 301.
321 Valeska Gert 1978, S. 65: „Meine Tante Cilchen und ihr Sohn Erich, ein Zahnarzt, konnten das nicht aushalten. Sie vergifteten sich mit Gas." Die 13-jährige Tochter ihres Bruders starb durch die Einnahme eines Desinfektionsmittels (S. 66).
322 Der „Stürmer" kommentierte im Oktober 1936 (Nr. 42) das Gesetz, weil „noch allgemein große Unklarheit" herrsche. Danach gab es „Deutschblütige", „Rassejuden" und „Mischlinge", die wiederum in „Vierteljuden", „Halbjuden" und „Volljuden gleichgestellt" eingeteilt wurden. Eine „deutsche Frau", die mit einem Juden verheiratet war, galt als „artvergessen" (Der Stürmer Nr. 4, Januar 1936).
323 Valeska Gert 1978, S. 65.
324 Ebd. Am 23.11.1935 wird ihre Ehe geschieden.
325 Ebd.
326 Dies. 1973, S. 55.
327 Dies. 1978, S. 66.
328 Ebd.
329 Ebd., S. 66 f.
330 Sonja Schwarz-Arendt, AdK Berlin, Valeska-Gert-Archiv, Nr. 212.
331 Ebd.
332 Valeska Gert 1978, S. 70.
333 Ebd., S. 70 f. Vgl. auch Frank-Manuel Peter 1987, S. 77 f.
334 Valeska Gert 1973, S. 58 f.
335 Ebd., S. 59.
336 Zit. nach Hedwig Müller, S. 211. Siehe auch Pariser Tageblatt, Nr. 888 und Nr. 898.
337 Valeska Gert 1973, S. 61.
338 Siehe dazu William A. Ewing, Marina Schinz, Abb. 54. Erwin Blumenfeld wurde später in Frankreich interniert und konnte von dort in die USA emigrieren.
339 Pem's Privat-Bericht Nr. 3. Über Pem schreibt Friedrich Hollaender (S. 249): „Unsern guten Pem, ohne dessen mimeographische Berichte aus London heut keiner vom andern wüßte, was er tut, was er läßt, wer durchgefallen, wer Lorbeeren geerntet,

gestorben, aufgetaucht oder verschollen ist. Ein Herzens- und Kundendienst, selbst an jenen faulen Kunden, welche in der Bezahlung des Abonnements säumig sind."

340 Axel von Ambesser, S. 237.
341 Valeska Gert 1978, S. 7.
342 Dies. 1973, S. 56.
343 Dies. 1978, S. 71.
344 Dies. 1973, S. 55.
345 Julius H. Schoeps, S. 28 f.
346 Siehe dazu Gerhard Paul, S. 21 ff.
347 Ebd., S. 29.
348 Zit. nach ebd., S. 28.
349 Harald Voigt 1977, S. 66 ff.
350 Ebd., S. 108.
351 Sylter Zeitung vom 6.3.1933, siehe dazu Ekkehard Lauritzen.
352 Frank Deppe 2015, S. 82 und S. 148.
353 Zit. nach ebd., S. 45.
354 Harald Voigt, S. 107 ff.; Frank Deppe 2015, S. 88.
355 Zum Folgenden Siegfried Müller 2017, S. 36, das Zitat S. 36 f.
356 Fritz Stern, S. 154 und S, 156.
357 Zit. nach Frank Deppe 2015, S. 55.
358 Harald Voigt, S. 107 f.
359 Ebd., S. 108.
360 Zit. nach Frank Deppe 2015, S. 97.
361 Zit. nach ebd., S. 130.
362 Ebd., S. 129 f.
363 Frank Deppe 2015, S. 87.
364 Ebd., S. 120.
365 Deutsches Filminstitut Frankfurt am Main, Vorlass Volker Schlöndorff ... Auftrittsplakat 1936.
366 Joachim Heimannsberg, Peter Laemmle, Wilfried F. Schoeller (Hg.), S. 90. Siehe auch S. 86. Rolf Nürnberg, Theaterkritiker und Sportreporter in der Weimarer Republik, besuchte auch ihr Kabarett in Provincetown. Siehe dazu Valeska Gert 1978, S. 140.
367 Valeska Gert 1978, S. 72 f. Siehe auch Deutsches Filminstitut Frankfurt am Main, Vorlass Volker Schlöndorff ... Auftrittsplakat 1936.
368 Pem's Privat-Bericht Nr. 55; Frank-Manuel Peter 1987, S. 129; Valeska Gert 1973, S. 56.
369 Pem's Privat-Bericht Nr. 73.
370 Zit. nach Frank-Manuel Peter 1987, S. 78.
371 Ebd., S. 129.
372 Valeska Gert 1978, S. 74. Zum Folgenden ebd., S. 78 f. sowie Volker Schlöndorffs Filmporträt.
373 Zit. nach Siegfried Müller, 2017, S. 114.
374 AdK, Berlin, Valeska-Gert-Archiv, Nr. 428.
375 Valeska Gert 1978, S. 75.
376 Zit. nach Siegfried Müller 2017, S. 333.
377 Valeska Gert 1973, S. 67.
378 In einem Brief an Volker Schlöndorff schreibt sie Anfang der 1970er Jahre, sie sei „‚die' expressionistische Tänzerin, ‚die' Tanzpantomin" gewesen. „Ich habe das alles erfunden. Ich habe als einzige deutsche Tänzerin Tanzabende in den grossen Theatern

u. Konzertsälen v. Paris, London, Amsterdam, den [sic!] Haag, Prag, Wien, Budapest, Moskau, Leningrad, Kiev [...], Basel, Zürich etc. gegeben." Siehe dazu Deutsches Filminsitut Frankfurt am Main, Vorlass Volker Schlöndorff ... valeska-gert-1.
379 Michael Winkler, S. 179; Claus-Dieter Krohn.
380 Ann Thomas, S. 65.
381 Alice Herdan-Zuckmayer, S. 11.
382 Valeska Gert 1978, S. 74 ff.
383 Ebd., S. 79 f.
384 Ebd., S. 76.
385 John Russell Taylor, S. 33 f.
386 Claus-Dieter Krohn, S. 25. Nach Klaus Manns Eindruck von 1938 und dem seiner Schwester Erika gab Hollywood „den deutschen Exilierten Arbeit" Siehe dazu Ehrhard Bahr, S. 201. Vgl. auch Frank-Manuel Peter 1987, S. 81 ff.
387 Salka Viertel, S. 305.
388 Frank-Manuel Peter 1987, S. 81 f. Vgl. allgemein dazu auch John Russel Tylor.
389 Joachim Heimannsberg, Peter Laemmle, Wilfried F. Schoeller (Hg.), S. 129.
390 Valeska Gert 1973, S. 68 ff. Diese Übergriffe waren nicht die ersten, denen sie ausgesetzt war. In den 1930er Jahren belästigte sie in Paris auch ihr früherer Regisseur G.W. Pabst. Interview mit Volker Schlöndorff, 7.10.2021.
391 Valeska Gert 1978, S. 79.
392 Frank-Manuel Peter 1987, S. 82 f., dort auch zum Folgenden; AdK, Berlin, Valeska-Gert-Archiv, Nr. 442, Werbe-Postkarte betr. Auftritt im Cherry Lane Theatre New York; Deutsches Filminstitut Frankfurt am Main, Vorlass Volker Schlöndorff ... Auftrittsplakat 1940.
393 Aufbau Nr. 10 vom 8.3.1940, S. 8. Siehe auch Aufbau Nr. 9 vom 1.3.1940, S. 9.
394 Zum ersten Auftritt siehe Aufbau vom 8.12.1939, S. 9. Siehe auch Marion Wünsche.
395 Zit. nach Ann Thomas, S. 62. Zu Lisette Model siehe auch Walter Moser.
396 Aufbau Nr. 40, 4.10.1940, S. 12.
397 hr.
398 Ann Thomas, S. 71–75. Weitere Themen waren laut Ankündigung „The famous pianist, Canaille, The Procurers, Tragédienne Française und Coloratura". Siehe dazu Deutsches Filminstitut Frankfurt am Main, Vorlass Volker Schlöndorff ... Auftrittsplakat 1940.
399 Ann Thomas, S. 94. Lisette Model zählte zum Freundeskreis von Hans Hofmann in New York und Provincetown. Dort fotografierte sie ebenfalls Valeska Gert.
400 Valeska Gert 1978, S. 80.
401 Ebd., S. 81.
402 Karen Christel Krahulik, S. 69 ff. Laut Hans Sahl, Das Exil, S. 121, hatten sich in Provincetown u.a. der Maler Edward Hopper und der Schriftsteller Norman Mailer angesiedelt. Zu Jackson Pollock in Provincetown siehe Bülent Gündüz, S. 231.
403 Karen Christel Krahulik, S. 134.
404 Frank-Manuel Peter 1987, S. 83. Valeska Gert zufolge (1973, S. 77) war in Provincetown freitags „Orgie", bei der sich Homosexuelle vergnügten. Sie und die Frau des Malers Hans Hoffmann seien als einzige Frauen eingeladen gewesen.
405 Hans Sahl, Das Exil, S. 121.
406 George Grosz, Briefe an Ulrich Becher und Herbert Fiedler, in: Herbert Knust (Hg.), S. 286 ff. (S. 288) und S. 289 f. (S. 289).
407 Valeska Gert 2012, S. 7. Vgl. auch S. 18 ff.

408 Dies. 1978, S. 81.

409 In Paris hatte er sich von 1904 bis 1914 im Kreis von Henri Matisse, Pablo Picasso, Georges Braque sowie Robert und Sonia Delaunay bewegt. Von 1915 bis 1929 führte er in München eine Kunstschule.

410 Cynthia Goodman, S. 11–76 sowie S. 189, S. 191 und den Einband.

411 Bülent Gündüz, S. 156. Vgl. auch S. 153 ff. Jackson Pollock war kein Student von Hans Hofmann.

412 Valeska Gert 1978, S. 75 ff. Zu dieser Clique siehe auch die Schilderung von Tennessee Williams, abgedr. bei Frank-Manuel Peter 1987, S. 114 Anm. 96. Vgl. zu Tennessee Williams in Provincetown auch Karen Christel Krahulik, S. 132 f.

413 Fritz Bultmann, zit. nach Frank-Manuel Peter 1987, S. 83.

414 Fred Hildenbrandt 2016, S. 161.

415 Zur „Beggar Bar" siehe Frank-Manuel Peter 1987, S. 84 ff. und vor allem Judith Malina, S. 6.

416 Maegie Koreen, S. 25. Siehe auch Hans Veigl, Iris Fink (Hg.), S. 140 f.

417 Julia Rosenkranz (Hg.), Bd. 1 Werke, S. 433 f.

418 Julia Richter, S. 201 f.

419 Therese Pol.

420 Zit. nach ebd.

421 Ebd.

422 Zit. nach ebd.

423 Dies ergab eine Durchsicht der Emigrantenzeitung.

424 Z.B. Aufbau vom 3.9.1943.

425 Fred Hildenbrandt 2016, S. 161 f. Vgl. auch Valeska Gert 1973, S. 123 ff.

426 Judith Malina. Die folgenden Zitate in der Übersetzung des Verfassers. Malina war mit ihren Eltern schon 1928 ausgewandert. Sie arbeitete bis Frühjahr 1945 in der „Beggar Bar", zuletzt als Sängerin. Später begründete sie mit ihrem Ehemann Julien Beck das „Living Theatre".

427 Ebd., S. 12.

428 Ebd., S. 7 ff.

429 Valeska Gert 1978, S. 101 und S. 106.

430 Dies. 2012, S. 122: „Ein Brief vom A.B.C.-Board kam: ‚Wir geben Ihnen die Alkohollizenz nicht, denn Sie haben kein bonafide-Restaurant, und Sie sind keine Notwendigkeit für das Publikum."

431 Undatierter Brief Valeska Gerts an Manfred George aus New York, Deutsches Literaturarchiv Marbach, 75.2638, HS006821262.

432 Valeska Gert 1978, S. 107 ff. Den Delikatessenladen bezeichnete sie als ihr „Romanisches Café" (S. 110).

433 Aufbau vom 23.10.1942, S. 9.

434 Sonja Schwarz-Arendt, AdK, Berlin, Valeska-Gert-Archiv, Nr. 212; Valeska Gert 2012, S. 127.

435 Judith Malina, S. 10.

436 Valeska Gert 2012, S. 133.

437 Ann Thomas, S. 62.

438 Aufbau vom 24.12.1943, S. 10.

439 Valeska Gert 1973, S. 72 f.

440 Ebd., S. 72 f.

441 Ebd., S. 77; dies. 1978, S. 152. Laut Hans Sahl, Das Exil, S. 147, wohnte Brecht eine

Zeitlang in der Lexington Avenue, Ecke 57th St. Ob er die Beggar Bar besuchte, geht aus den Quellen nicht hervor.

442 Zum Folgenden Aufbau 9.1.1942, S. 11; 15.1.1942, S. 10; 23.1.1942, S. 11; 10.4.1942, S. 10 und S. 13; 17.4.1942, S. 11; 24.4.1942, S. 12; 1.5.1942, S. 11; 18.9.1942, S. 10; 18.12.1942, S. 13; 23.2.1945, S. 8 und 2.3.1945, S. 12.

443 Aufbau vom 15.5.1942, S. 12.

444 Valeska Gert 1978, S. 103.

445 Das Schreiben vom 29.12.1941 ist abgedruckt bei Frank-Manuel Peter 1987, S. 85. Manfred George war u.a. Redakteur der Herrenzeitschrift „Der Junggeselle" gewesen, die von 1919 bis 1929 wöchentlich erschien.

446 Valeska Gert 1973, S. 83. Laut Franz Werfel, der ab 1942 neues Mitglied im Advisory Board wurde, gebe diese Zeitung „Menschen, die in die gleiche schicksalhafte Situation geraten sind, geistig und auch praktisch durch die Schaffung von Verbindungen aller Art eine feste Stütze." Siehe dazu Aufbau vom 26.1.1942, S. 13.

447 Aufbau vom 13.3.1942, S. 12.

448 Aufbau vom 18.9.1942, S. 10.

449 Aufbau vom 21.5.1943, S. 12.

450 AdK, Berlin, Valeska-Gert-Archiv, Nr. 379, Virginia Forbes, S. 192.

451 Dies ergab eine Durchsicht der Emigrantenzeitung.

452 Judith Malina, S. 10.

453 AdK, Berlin, Valeska-Gert-Archiv, Nr. 379, Virginia Forbes.

454 Aufbau vom 12.5.1944, S. 14.

455 Die Wiener Schauspielerin und Sängerin Zita Landis (Landy, geb. 1919) war über Paris, Spanien und Portugal in die USA emigriert. Siehe dazu Hans Veigl, Iris Fink (Hg.), S. 70.

456 Sonja Wronkow trat auch im „Kabarett der Komiker", in der „Tribüne", im „German Jewish Club" und im „Hebrew Club" in Newark auf (z.B. Aufbau vom 19.6.1942, S. 11). Wiederholt gibt sie Tanzabende in „Lublo's Palm Garden" (Aufbau vom 4.4.1941, S. 11; 11.4.1941, S. 10). Siehe dazu auch Hans Veigl, Iris Fink (Hg.), S. 122. Im Herbst 1944 führte sie eine vierwöchige Tournee, veranstaltet von RKO-Pictures, durch Städte des mittleren Westens, wo sie „gegen Hitler gesungen und gesprochen" hat (Aufbau vom 15.12.1944, S. 28). 1945 hatte sie Auftritte im „Hide-A-Way Club" in Provincetown, den sie ab 1946 leitete, außerdem 1945 auch im „Workmen's Benefit Fund" 465 West 162nd St., wo sie einen „heiteren Wiener Kleinkunstabend" gab, im „Café Vienna" und im „American Scandinavian Center".

457 Valeska Gert 1978, S. 140 f.

458 Judith Malina, S. 12.

459 Tennessee Williams, S. 97. Zu den Künstlern in der „Beggar Bar" siehe auch Valeska Gert 2012, S. 50 f. und S. 129 ff.

460 Valeska Gert 1973, S. 78.

461 Zum Folgenden ebd., S. 68 ff.

462 Valeska Gert 2012, S. 149. Vgl. auch dies. 1978, S. 130 ff.

463 Dies. 1978, S. 130.

464 Aufbau vom 7.3.1945.

465 Valeska Gert 1973, S. 81. Das Zitat dies. 1978, S. 139. Vgl. auch Ann Thomas, S. 72.

466 Valeska Gert 1978, S. 130 ff.

467 Dies. 1973, S. 31. Beide wohnten dort von 1942 bis 1947.

468 Blandine Ebinger, S. 248 f. Zu ihrer Person siehe Sandra Danielczyk. Ihre Tochter Philine war einst in Gerts „Beggar Bar" aufgetreten. Siehe dazu Valeska Gert 1978, S. 131.

469 Axel von Ambesser, S. 245.
470 Frank-Manuel Peter 1987, S. 89.
471 Brief Valeska Gerts an Erich Kästner vom 15.5.1946, Deutsches Literaturarchiv Marbach, HS.1998.0003, HS00023.1026.
472 Brief Valeska Gerts an Erich Kästner vom 17.12.1946, Deutsches Literaturarchiv Marbach, HS.1998.0003, HS 000231026.
473 Briefe an Valeska Gert vom 11.1.1947 und vom 25.10.1947, Deutsches Literaturarchiv Marbach, HS.1998.00003, HS00023.1026.
474 Frank-Manuel Peter 1987, S. 89.
475 Valeska Gert 1978, S. 152; dies. 1973, S. 83.
476 Dies. 1978, S. 151.
477 Aufbau vom 2.3.1945, S. 3. 1973 schreibt sie: „Der Krieg ging zu Ende. Berlin wurde in Grund und Boden gebombt [...]. Nur mit halbem Herzen bin ich noch in Amerika."
478 Siehe dazu den Brief Werner Fincks an Bertolt Brecht vom 29.12.1947, in: Hermann Haarmann, Christoph Hesse (Hg.), S. 1529.
479 Valeska Gert 1978, S. 152 ff. Vgl. auch Frank-Manuel Peter 1987, S. 89 ff. sowie die Schilderung von Lotte Lieven, AdK, Berlin, Herbert-Ihering-Archiv, Nr. 12731.
480 Frank-Manuel Peter 1987, S. 115 Anm. 105.
481 AdK, Berlin, Herbert-Ihering-Archiv, Nr. 12731.
482 Valeska Gert 1973, S. 7. Diese Autobiographie ist, wie Gert richtig schreibt, „eine Sammlung von Bruchstücken" (S. 15).
483 Valeska Gert 1978, S. 181.
484 Werner Bergmann, vor allem S. 24 ff.
485 Zit. nach Patricia Stöckemann, Hedwig Müller, S. 23.
486 Valeska Gert 1973, S. 83.
487 Sibylle Niemoeller-von Sell, S. 249 f.
488 Ebd., S, 7.
489 Paul Erich Marcus, S. 12.
490 Salka Viertel, S. 328.
491 Axel von Ambesser, S. 274.
492 Valeska Gert 1973, S. 93 und S. 122.
493 Axel von Ambesser, S. 238.
494 Zit. nach Patricia Stöckemann, Hedwig Müller, S. 20.
495 Brief an Mascha Kaléko vom 14.6.1956, Deutsches Literaturarchiv Marbach, HS.2007.0112.0002/1. Am 19. März saß Helmut Ruland am Flügel. Siehe dazu Frank-Manuel Peter 1987, S. 115 Anm. 108.
496 Wolf Jobst Siedler, S. 175.
497 Klaus Budzinski, S. 194 ff.
498 Siedler schreibt, Valeska Gert habe das Lokal „eröffnet" (ebd.). Vgl. auch Valeska Gert 1978, S. 166.
499 Wolf Jobst Siedler, S. 177.
500 Sonja Schwarz-Arendt, AdK, Berlin, Valeska-Gert-Archiv, Nr. 212.
501 Valeska Gert 1978, S. 173.
502 „Der Tag" vom 26. Oktober 1949, zit. nach Frank-Manuel Peter 1987, S. 96 f.
503 Valeska Gert 1978, S. 167.
504 Jutta Rosenkranz (Hg.), Bd. II Briefe 1932–1962, Brief vom 27./28.3.1956, S. 321–325, hier: S. 323.
505 Valeska Gert 1973, S. 96.

506 Ebd., S. 115 f. Zu Kinski siehe auch ihren Leserbrief im „Spiegel“ Nr. 11 vom 8.3.1961.
507 Dies. 1973, S. 97 und S. 127.
508 Jutta Rosenkranz (Hg), Bd. II, Brief vom 27./28.3.1956, S. 321–325, hier: S. 323.
509 Ebd., S. 327.
510 Jutta Rosenkranz (Hg.), Bd. II, Brief vom 1.4.1956, S. 330–334, hier: S. 331.
511 AdK, Berlin, Valeska-Gert-Archiv, Nr. 371, Christiane Kleinknecht. Vgl. auch den Kommentar von Hans Werner Henze in: Frank-Manuel Peter, „Kommt nicht zurück, wenn ihr schon mal verschollen.“ Ein Nachwort, in: Valeska Gert 2012, S. 211–222, hier: S. 216.
512 Klaus Geitel, Zwei ungleiche Töchter, S. 278.
513 Hans Werner Henze, S. 108.
514 Valeska Gert 1978, S. 168. Das Manuskript liegt im Deutschen Tanzarchiv in Köln.
515 Dies., S. 169.
516 Ebd.
517 Dies. 1973, S. 67.
518 Dies. 1978, S. 180.
519 Deutsches Filminstitut Frankfurt am Main, Vorlass Volker Schlöndorff Sonstiges/1/132, 1950. Grieneisen war und ist ein großes Berliner Bestattungsunternehmen.
520 Vgl. auch Elke-Vera Kotowski 2016.
521 Valeska Gert 1978, S. 172 f.
522 Ebd. Vgl. auch Sonja Schwarz-Arendt, AdK, Berlin, Valeska-Gert-Archiv, Nr. 212.
523 Valeska Gert 1978, S. 171 f.
524 Ebd., S. 172.
525 Klaus Geitel, Zwei ungleiche Töchter, S. 278.
526 Valeska Gert 1978, S. 210.
527 Stadtarchiv Sylt, Sammlung Valeska Gert. Aus dem Überlieferungszusammenhang geht allerdings nicht hervor, ob sie den Brief wirklich abgeschickt hat.
528 Andreas Hansen (Hg.), S. 74 und S. 78.
529 Ingrid K., Zeitzeugenbericht.
530 Ekkehard Lauritzen.
531 Klaus Harpprecht, S. 160 f.
532 Alexander Parlach.
533 AdK, Berlin, Valeska-Gert-Archiv, Nr. 74, Brief Helmuth von Krauses an Valeska Gert vom 21.8.1946.
534 AdK, Berlin, Valeska-Gert-Archiv, Nr. 125.
535 Boleslaw Barlog, S. 326.
536 Valeska Gert 1978, S. 166 f.
537 Dies. 1973, S. 103.
538 Interview des Autors mit Henriette Fischer, 11.2.2019; Zitat nach Valeska Gert 1973, S. 104.
539 AdK, Berlin, Valeska-Gert-Archiv, Nr. 431, „Erlaubnisurkunde“ vom 2. Juli 1951.
540 Valeska Gert 1973, S. 108, das folgende Zitat S. 105.
541 Die Initiative ging von dem Kunsthistoriker Prof. Dr. Ulrich Schulte-Wülwer vom Museumsberg Flensburg aus, der eine Neukonzeption des Museums vorlegte. Durch „Mund-Propaganda“ kamen 2011 Einrichtungsgegenstände des „Ziegenstalls“, Zeitungsausschnitte und Pressefotos aus Privatbesitz in das Museum (Interview des Autors mit Prof. Dr. Ulrich Schulte-Wülwer, 31.5.2019). Fotografien, die vor dem Abriss des Hauses von den Wänden des „Ziegenstalls“ gemacht worden waren, ergänzen die Objekte zu einer stimmungsvollen Ausstellungseinheit. Vgl. auch Hanna Andresen.

542 Karl Dall, S. 239.
543 Interview des Autors mit Frauke Gerte, 13.4.2021.
544 Valeska Gert 1973, S. 108.
545 Fred Hildenbrandt 1928, S. 65.
546 Interview des Autors mit Henriette Fischer, 11.2.2019.
547 AdK, Berlin, Valeska-Gert-Archiv, Nr. 371, Christian Kleinknecht.
548 Valeska Gert 1973, S. 108. Die Fotos von der Inneneinrichtung, auf die ich mich beziehe, stellte freundlicherweise Frau Henriette Fischer zur Verfügung.
549 Das Folgende nach Valeska Gert 1973, S. 108–111, das Zitat S. 109. Vgl. dazu auch Ada Hecht nach Irmgard Friedrich, S. 75.
550 Valeska Gert 1978, S. 87.
551 Ebd., S. 174.
552 Zit. nach Irmgard Friedrich, S. 72. Vgl. auch S. 63.
553 Dies erzählte Valeska Gert Mascha Kaléko. Siehe dazu Jutta Rosenkranz (Hg.), Bd. II, Brief vom 31.3.1956, S. 325–329, hier: S. 327.
554 Valeska Gert 1973, S. 109.
555 Andreas Hansen (Hg.), S. 99. Vgl. zu den Heukrippen auch Hanna Andresen.
556 Irmgard Friedrich, S. 115. Ada Hecht sang im „Ziegenstall" sieben Jahre lang und erneut von 1973 bis 1977. Siehe dazu auch AdK, Berlin, Valeska-Gert-Archiv, Nr. 423, handschriftlicher Vertrag mit Ada Hecht vom 27.2.1976. Danach erhielt sie 20 % des Umsatzes und 100 DM monatlich als Garantiesumme.
557 AdK, Berlin, Valeska-Gert-Archiv, Nr. 423.
558 Interview des Autors mit Harry Kress, 31.5.2019.
559 Interview des Autors mit Volker Gerlach, 22.1.2019.
560 Zit. nach Irmgard Friedrich, S. 75.
561 Ebd.
562 Christiane Retzlaff 1992. 563 Zit. nach Hanna Andresen. 564 Christiane Retzlaff 1992.
565 Ebd.
566 Ebd.
567 Werner Höfer 1973, S. 8 f.
568 Hanna Andresen; Christiane Retzlaff 1992.
569 AdK, Berlin, Valeska-Gert-Archiv, Nr. 31, Schreiben der Deutschen Grammophon Gesellschaft an Valeska Gert vom 2. 5.1962. Gert schloss am 15.12.1961 den Plattenvertrag. Vgl. auch Deutsches Filminstitut Frankfurt am Main, Vorlass Volker Schlöndorff ..._005a.
570 Karl Dall, S. 239.
571 Irmgard Friedrich, S. 74.
572 Interview des Autors mit Henriette Fischer, 3.6.2019. Zu Karlchen Rosenzweig als Gegenentwurf zu Valeska Gert siehe Andreas Hansen (Hg.), S. 95.
573 Valeska Gert 1973, S. 107.
574 AdK, Berlin, Valeska-Gert-Archiv, Nr. 74, Brief vom 16.12.1957. Zu den Care-Paketen vgl. seinen Brief an Valeska Gert vom 21.8.1946 (ebd.).
575 Interview des Autors mit Harry Kress, 31.5.2019.
576 Interview des Autors mit Frauke Gert, 13.4.2021.
577 Boleslaw Barlog, S. 325. Zum Strandleben auf Sylt mit seinen Freunden, siehe S. 324–334.
578 Hans Sahl 1991, S. 231.

579 Karl Dall, S. 239.
580 Henriette Fischer im Interview mit Thomas Hettche, FAZ vom 17.6.2007.
581 Interview des Autors mit Jochen Dreier, 22.10.2021.
582 Interview des Autors mit Volker Gerlach, 22.1.2019.
583 Zit. nach Wolfgang Müller, S. 204.
584 www.vivasylt.com/aktuelles/valeskagicoa.htm.
585 Interview des Autors mit Hans Dietrich Kühn, 17.2.2020.
586 AdK, Berlin, Valeska-Gert-Archiv, Nr. 464.
587 Valeska Gert 1973, S. 18. Die folgenden Zitate ebd. S. 108 und 105.
588 Stadtarchiv Sylt, Sammlung Valeska Gert, Kurzeitung der Insel Sylt 3 (1954), S. 171.
589 AdK, Berlin, Valeska-Gert-Archiv, Nr. 87: Werner Höfer 1973.
590 Karl Dall, S. 239. Frauke Gerte erwähnte auch ihren schwarzen Hosenanzug und ihr „struppeliges Haar". Interview des Autors mit Frauke Gerte, 13.4.2021.
591 Interview des Autors mit Inge Detlefs, 9.6.2021.
592 Christiane Retzlaff 1992.
593 Interview des Autors mit Christiane Retzlaff, 22.5.2019.
594 Valeska Gert 1973, S. 143. Siehe dazu auch Lotte H. Eisner, S. 13: „Wenn ich gesagt habe, daß all meine engeren Freunde schwierig waren, so muß ich diese Behauptung ein wenig einschränken und betonen, daß ich mit ‚schwierig' niemals ‚Ichbessenheit' gemeint habe. Menschen, die nur von sich reden, kann ich gar nicht vertragen. Deshalb konnte ich auch mit der Person, ohne die man sich die Zwanzigerjahre in Berlin gar nicht vorstellen kann, keine Freundschaft schließen. Sie war eine Einzelgängerin, ein Paradiesvogel unter den Weibern – die Grotesk-Tänzerin Valeska Gert."
595 Werner Höfer 1973, S. 6 f. Das folgende Zitat S. 8.
596 Jürgen Newig, S. 90 und S. 167.
597 Ebd., S. 95.
598 Erich Kuby, S. 236 ff.
599 Hans Sahl, Memoiren, S. 148.
600 Jürgen Newig, S. 98.
601 Gunter Sachs, S. 261.
602 Zit. nach Joachim Käppner, S. 282. Vgl. auch Brigitte Jeremias.
603 Erich Kuby, S. 236 ff.
604 Alexander Parlach 1962.
605 Valeska Gert 1973, S. 106.
606 Alexander Parlach 1962.
607 Stadtarchiv Sylt, Sammlung Valeska Gert, Sylter Rundschau vom 16.8.1954. Leider ist der Film im Archiv des Schweizer Radio und Fernsehens nicht mehr auffindbar. Mitteilung von Juliette Imper, Telepool Zürich, vom 21.6.2021.
608 Stadtarchiv Sylt, Kurzeitung der Insel Sylt 3 (1954), S. 171.
609 Interview des Autors mit Volker Gerlach, 22.1.2019. Im Interview mit Volker Schlöndorff meinte sie, sie sei im „Ziegenstall" gar nicht selbst aufgetreten. Siehe dazu auch Frank-Manuel Peter 1987, S. 103 und Irmgard Friedrich, S. 79.
610 Interview des Autors mit Harry Kress, 31.5.2019.
611 Andreas Hansen (Hg.), S. 92. Vgl. auch S. 93 f., S. 99, S. 102 und S. 104.
612 Christiane Retzlaff 1992.
613 Interview des Autors mit Inge Detlefs, 9.6. 2021.
614 Interview des Autors mit Volker Gerlach, 22.1.2019. Der Historiker Prof. Dr. Julius H. Schoeps arbeitete als junger Mann dort als Tellerwäscher. Freundlicher Hinweis von Dr. Elke-Vera Kotowski, Moses Mendelssohn Stiftung Berlin.

615 Zit. nach Hanna Andresen. Henriette Fischer zufolge (Interview des Autors 11.2.2019) „kritisierte und korrigierte“ Gert die Darbietungen „diskret“.
616 Christiane Retzlaff 1992.
617 Ebd.
618 Interview des Autors mit Christiane Retzlaff, 22.5.2019. Siehe auch Andreas Hansen (Hg:), S. 101.
619 Christiane Retzlaff, Sylter Rundschau 1978.
620 Bassenge Auktionshaus, Auktionskatalog vom 8.4.2020, Los 2751. Friedrich Hollaender teilte Gerts Diktum nicht. Er äußerte sich sehr lobend über Hanne Wieder und schrieb vier Revuen für sie und Trude Kolman (S. 338 ff.).
621 Karl Dall, S. 240.
622 Dazu gehörten Ada Hecht und Ilona Petersen, die Frau von Jes Petersen. Siehe dazu Andreas Hansen (Hg.), S. 74.
623 Stadtarchiv Sylt, Sammlung Valeska Gert, Sylter Rundschau vom 14.7.1951, S. 5.
624 Die Berichte über ihr Personal siehe Valeska Gert 1973, S. 109 ff., S. 116; dies. 1978, S. 169–171.
625 Andreas Hansen (Hg.), S. 100.
626 Valeska Gert 1973, S. 169 f.
627 Henriette Fischer im Interview mit Thomas Hettche, FAZ vom 27.6.2007.
628 Christiane Retzlaff 1992.
629 Interview des Autors mit Volker Gerlach, 22.1.2019 und mit Henriette Fischer, 11.2.2019.
630 Interview des Autors mit Jochen Dreier, 22.10.2021.
631 Christiane Retzlaff 1992.
632 AdK, Berlin, Valeska-Gert-Archiv, Nr. 217.
633 Briefe Valeska Gerts an Hans Sahl vom 1.4. und 11.4. [1957], Deutsches Literaturarchiv Marbach, HS.1989.0009, HS 009670081.
634 Valeska Gert 1978, S. 179. Siehe auch Irmgard Friedrich, S. 75.
635 Neue Ausstellung …; Interview des Autors mit Christiane Retzlaff, 22.5.2019.
636 Christiane Retzlaff 1992.
637 AdK, Berlin, Valeska-Gert-Archiv, Nr. 223.
638 Irmgard Friedrich, S. 118; Interview des Autors mit Henriette Fischer, 11.2.2019. Christiane Retzlaff 1992. Zu Kamens Schleiertanz siehe ebd.
639 Interview Henriette Fischer mit Thomas Hettche, FAZ vom 17.6.2007.
640 AdK, Berlin, Valeska-Gert-Archiv, Nr. 98, Brief Micaelas an Valeska Gert, [1974].
641 Ebd., Nr. 78, Vertrag vom 10.12.1974. Vgl. auch ebd. den Vertrag vom 4.4.1976. Siehe zu seiner Nummer „Notbremse“ Christiane Retzlaff 1992.
642 Interview des Autors mit Christiane Retzlaff, 22.5.2019.
643 Zit. nach Irmgard Friedrich, S. 77.
644 Zit. nach ebd., S. 76 f.
645 Interview des Autors mit Inge Detlefs, 9.6.2021.
646 Karl Dall, S. 240–242. Ernst Mitzka, der 1969 in Gerts Berliner Wohnung ihre Nummern „Baby“ und „Tod“ aufnahm, schreibt dazu: „Als die Kamera läuft, richtet sie sich auf, ist hochkonzentriert, präsent und kräht los wie ein Baby nach seiner Mutter. Sie entwickelt eine Energie, wie ich es bei keinem Menschen je zuvor erlebt habe.“ Zit. nach Wolfgang Müller, S. 40 f.
647 Zit. nach Irmgard Friedrich, S. 111.
648 Zit. nach ebd., S. 115.

649 Ebd., S. 111.
650 Interview mit Christiane Retzlaff, 22.5.2019.
651 Werner Höfer, Vorwort, in: Valeska Gert 1973, S. 10. Zum Stellenwert der Katze vgl. auch dies., S. 11 f. Gert fütterte ihre Katze mit Forellen, gerösteter Hühnerhaut, rohem Hasenrücken, „Kabeljau nur, wenn er dick mit Parmesankäse bestreut ist" (S. 14).
652 Valeska Gert 2012, S. 125.
653 Interview des Autors mit Volker Gerlach, 22.1.2019.
654 Valeska Gert 1973, S. 109.
655 Siehe dazu AdK, Berlin, Valeska-Gert-Archiv, Nr. 60, 124 und 172; ebd., Nr. 100, Brief von Teresina Mielke an Valeska Gert vom 29.12.1975; Interview des Autors mit Henriette Fischer, 11.2.2019.
656 Irmgard Friedrich, S. 72.
657 Stadtarchiv Sylt, Sammlung Valeska Gert, Sylter Rundschau vom 14.7.1951, S. 5.
658 Zu Peter Frankenfeld und Paul Tillich siehe Valeska Gert 1973, S. 118 f. Paul Tillich war 1933 in die USA emigriert und lehrte in New York. Hans Sahl, der Valeska Gerts „Ziegenstall" besuchte, gehörte in New York ebenso wie Bertold Brecht zu seinem Freundeskreis (Hans Sahl, Das Exil, S. 148 ff.). Vgl. auch Kristine von Soden, S. 102; Interview des Autors mit Frauke Gerte, 13.4..2021. Zu Gottfried Benn siehe AdK, Berlin, Valeska-Gert-Archiv, Nr. 421, „Der Abend" Jg. 27 Nr. 228 vom 30.9.1972.
659 Interview Henriette Fischer mit Thomas Hettche, FAZ vom 17.6.2007; Interview des Autors mit Henriette Fischer, 11.2.2019; Interview des Autors mit Frauke Gerte, 13.4.2021. Zu Georg Kreislers Syltbesuch siehe Frank-Manuel Peter 1987, S. 82. Zu Herbert Feuerstein siehe auch seinen Brief an Valeska Gert von vermutlich 1972/1973, AdK, Berlin, Valeska-Gert-Archiv, Nr. 38. Rosa von Praunheim war bei Valeska Gert am 29.8.1976. In seinem Tagebuch notiert er: „Sylt. Mit Melitta zur Zwanziger Jahre-Legende Valeska Gert in ihr Lokal nach Kampen, den Ziegenstall. Valeska war sehr lieb, mag mich. Sie ist über achtzig und fragte, ob ich einen Film über sie machen will." Zit. nach Wolfgang Müller, S. 34 f.
660 Werner Höfer 1973, S. 5.
661 Interview des Autors mit Volker Gerlach, 22.1.2019.
662 Interview des Autors mit Christiane Retzlaff, 22.5.2019.
663 Ebd.
664 Interview des Autors mit Christiane Retzlaff, 3.7.2021.
665 Interview Henriette Fischer mit Thomas Hettche, FAZ vom 17.6.2007.
666 Blandine Ebinger, S. 248 f.
667 Interview des Autors mit Henriette Fischer, 11.2.2019.
668 Interview des Autors mit Inge Detlefs, 9.6.2021.
669 Valeska Gert 1978, S. 65.
670 Interview des Autors mit Henriette Fischer, 28.6.2021; Interview dse Autors mit Christiane Retzlaff, 3.7.2021.
671 Valeska Gert 1973, S. 63.
672 Interview des Autors mit Volker Schlöndorff, 7.10.2021.
673 AdK, Berlin, Herbert-Ihering-Archiv, Nr. 1325. Gegenüber Mascha Kaléko sagt sie, dass Marceaus Lehrer ihre Tänze in Paris besucht habe und Marceau entsprechend beeinflusst habe. Siehe dazu auch Jutta Rosenkranz (Hg.), Briefe II, Brief vom 1.4.1956, S. 330–334, hier: S. 331 f.
674 Valeska Gert 1978, S. 130.
675 Dies. 1973, S. 15 f. und S. 51.

676 Brigitte Jeremias.
677 Georg Stefan Troller, S. 161. Siehe auch AdK, Berlin, Valeska-Gert-Archiv, Nr. 158, Brief Georg Stefan Trollers an Valeska Gert vom 3. Mai 1968.
678 AdK, Berlin, Valeska-Gert-Archiv, Nr. 421, „Der Abend" Jg. 27 Nr. 234 vom 7. Oktober 1972.
679 Brief an Hans Sahl vom 1.4. [1957], Deutsches Literaturarchiv Marbach, HS.1989.0009, HS009670081.
680 Frank-Manual Peter 1987, S. 104 ff.
681 Bassenge Auktionshaus, Auktionskatalog vom 8.4.2020, Los 2751. Therese von Konnersreuth wurde 1925 heilig gesprochen. Fellini schreibt Valeska Gert nach Beendigung der Dreharbeiten in einem Brief vom 31. August 1964 anerkennend: „con il tuo estro, con la tua bizzarra genialità lo hai fatto proprio come io lo desideravo." Siehe dazu Deutsches Filminstitur Frankfurt am Main, Vorlass Volker Schlöndorff ... Brief Fellinis. Vgl. auch Volker Schlöndorff, S. 238; AdK, Berlin, Valeska-Gert-Archiv, Nr. 130, Brief Schlöndorffs an Valeska Gert vom 6.3. 1976.
682 Stadtarchiv Sylt, Sammlung Valeska Gert, Gerd Sahdas.
683 Ebd.
684 Lotte H. Eisner, S. 134.
685 Manfred Sack, S. 3. Vgl. auch Vorwort von Volker Schlöndorff in: Frank-Manuel Peter 1987, S. 8, wonach sie sich bei Schlöndorff während der Dreharbeiten beklagt: „Kein Aas besucht mich hier, ich liege brach und verfaule bei lebendigem Leib."
686 Interview des Autors mit Volker Schlöndorff, 7.10.2021.
687 Interview des Autors mit Jochen Dreier, 22.10.2021.
688 Valeska Gert 1973, S. 32 und S. 50.
689 Allgemein siehe Siegfried Müller 2017, S. 344 f.
690 Interview des Autors mit Christiane Retzlaff, 22.5.2019.
691 Bassenge Auktionshaus, Auktionskatalog vom 8.4.2020 Los 2751, Brief Valeska Gerts an Ada Hecht.
692 AdK, Berlin, Valeska-Gert-Archiv, Nr. 464.
693 Interview des Autors mit Henriette Fischer, 11.2.2019. Vgl. auch AdK, Berlin, Valeska-Gert-Archiv, Nr. 182, Brief vom 24.8.19(?) an Sonja Wronkow.
694 Carla Petersen, S. 117.
695 Interview des Autors mit Volker Schlöndorff, 7.10.2021.
696 Volker Schlöndorff, S. 238.
697 AdK, Berlin, Valeska-Gert-Archiv, Nr. 130, Brief Volker Schlöndorffs an Valeska Gert vom 10. Dezember 1976. Vgl. auch Deutsches Filminstitut Frankfurt am Main, Vorlass Volker Schlöndorff ... sonstiges/2/132, abgedruckt als Vorwort in: Frank-Manuel Peter 1987, S. 7 f. Auf Volker Schlöndorff machte der „Ziegenstall" einen heruntergekommenen Eindruck. „Überall Katzen", den Kameramann Michael Ballhaus habe es „große Überwindung gekostet", dort zu drehen. Interview des Autors mit Volker Schlöndorff, 7.10.2021.
698 AdK, Berlin, Valeska-Gert-Archiv, Nr. 389, Anonym, Die Kraft der Valeska Gert, Münchener Abendzeitung, 12.7.1977.
699 Ebd., Anonym, Faszination des Häßlichen, Stuttgarter Zeitung Nr. 157, 12.7.1977.
700 AdK, Berlin, Valeska-Gert-Archiv, Nr. 130, Brief vom 20.6.1977.
701 Zit. bei Peter Hahn.
702 Klaus Geitel, Ein schwarzäugiger Rabe, S. 302.
703 Der Spiegel Nr. 12/13, 32. Jg., 27.3.1978, S. 252.

704 Valeska Gert 1973, S. 123.
705 Interview des Autors mit Henriette Fischer, 11.2.2019.
706 Interview Henriette Fischer mit Thomas Hettche, FAZ vom 17.6.2007.
707 Interview des Autors mit Henriette Fischer, 11.2.2019.
708 Ben Witter, S. 4.
709 Interview Henriette Fischer mit Thomas Hettche, FAZ vom 17.6.2007.
710 Interview des Autors mit Inge Detlefs, 9.6.2021.
711 Vgl. auch Frank-Manuel Peter 1987, S. 129 f. Im Herbst 1990 führte die Diseuse Britta Hoge im hannoverschen „Tanztheater im Hof" ein 60-minütiges Stück auf, eine Hommage aus Sprechtheater, Gesang und Tanz mit dem Titel „Grüße aus dem Mumienkeller". Interview des Autors mit Britta Hoge, 7.6.2020.
712 AdK, Berlin, Valeska-Gert-Archiv, Nr. 474.
713 Christiane Retzlaff 1992.
714 Frank-Manuel Peter 2019, S. 174.
715 Gastprofessur Valeska Gert.
716 2010/11: Hamburger Bahnhof Museum für Gegenwart Berlin, Haus der Brandenburgisch-Preußischen Geschichte. 2012: Moses Mendelssohn Zentrum in Kooperation mit dem Kaamp Hüs/Sylt. 2017: Ausstellung und Film-Retrospektive im Filmarchiv Austria/Wien . 2018: Museum der Moderne in Salzburg (Emigrantenschicksale). 2018: Hommage an Valeska Gert im „kino arsenal" (Filmretrospektive). 2019: „Was der Körper erinnert. Zur Aktualität des Tanzerbes", Akademie der Künste Berlin. 2021 wird Valeska Gert als eine von „zwölf herausragenden Berliner Tänzerinnen der Weimarer Republik" in der Ausstellung des Georg- Kolbe-Museums in Berlin gewürdigt.
717 Interview des Autors mit Hans Dietrich Kühn, 17.2.2020.
718 Sebastian Maubach.

LITERATURVERZEICHNIS

UNGEDRUCKTE QUELLEN

Akademie der Künste Berlin (zit. AdK, Berlin)
Valeska-Gert-Archiv, Nr. 31, 38, 60, 67, 74, 78, 87, 98, 100, 124, 125, 130, 158, 172, 182, 209, 212, 217, 223, 371, 379, 389, 394, 398, 401, 421, 423, 428, 431, 442, 464, 474, 478, 479, 493.
Herbert-Ihering-Archiv, Nr. 1325, 12731.

Aufbau
8.12.1939, S. 9; Nr. 9, 1.3.1940, S. 9; Nr. 10, 8.3.1940, S. 8; Nr. 40, 4.10.1940, S. 12; 4.4.1941, S. 11; 11.4.1941, S. 10; 9.1.1942, S. 11; 15.1.1942, S. 10; 23.1.1942, S. 11; 26.1.1942, S. 13; 13.3.1942, S. 12; 10.4.1942, S. 10, S. 13; 17.4.1942, S. 11; 24.4.1942, S. 12; 1.5.1942, S. 11; 15.5.1942, S. 12; 19.6.1942, S. 11; 18.9.1942, S. 10; Nr. 40, 2.10.1942, S. 4; 18.12.1942, S. 13; 3.9.1943; 21.5.1943, S. 12; 24.12.1943, S. 10; 12.5.1944, S. 14; 15.12.1944, S. 28; 23.2.1945, S. 8; 2.3.1945, S. 3, 12; 7.3.1945.

Bassenge Auktionshaus, Auktionskatalog vom 8.4.2020, Los 2751.

Deutsches Filminstitut Frankfurt am Main
Vorlass Volker Schlöndorff (https://schloendorff.deutsches-filminstitut.de/sammlung/kaleidoskop-valeska-gert...-filme/nur-zum-spass-nur-zum-spiel-brd-1977#toggle-id2, #toggle-id5.- korrespondenz-valeska-gert-1).
- sonstiges/1/132 1950; 2/132; 4/132 Auftrittsplakat 1936; 3/132 Auftrittsplakat 1940; 5/132 Brief Fellinis.
–, BRD 1976/77, Nr. 14_6_06_005a.

Deutsches Literaturarchiv Marbach
HS.1989.0009, HS 009670081; HS.1995.0054.02381/3; 75.2638, HS 006821262; HS.1998.0003, HS 00023.1026; HS.2007.0112.0002/1.

Interviews des Autors mit
Inge Detlefs, Jochen Dreier, Henriette Fischer, Volker Gerlach, Frauke Greite (†), Britta Hoge, Harry Kress (†), Hans Dietrich Kühn, Christiane Retzlaff, Volker Schlöndorff, Prof. Dr. Ulrich Schulte-Wülwer.

Landesarchiv Baden-Württemberg, Abt. Staatsarchiv Ludwigsburg
E 18 VI Bü 921; Kontext Hof/Staatstheater Stuttgart: Personalakten 4. Einzel- und Gruppengastspiele 4.6 Buchstabe G 1922-1931 (https://www2.landesarchiv-bw.de/ofs21/bild_zoom/thumbnails.php?bestand=174638id=8207658syssuche=gert+valeska&logik=und).

Sylter Stadtarchiv, Sammlung Valeska Gert
–, Brief vom 18. Juni 1956 (?)
–, Kurzeitung der Insel Sylt (Fremdenliste Nr. 7 vom 15.7.1930, Pos. 5912); 3 (1954), S. 171.
–, Kurzeitung der Insel Sylt 14 (1966), S. 535: Gerd Sahdas, Die Dame vom Ziegenstall
–, Korrespondenz 28.10.1931, 14.10.1931; 6.5. 1932, 11.5.1932.
–, Sylter Rundschau 14.7.1951, S. 5; 16.8.1954; 1978.

Axel von Ambesser, Nimm einen Namen mit A, Berlin, Frankfurt/M. 1986, 4. Auflage.

Bäderführer Nordseebad Kampen auf Sylt von 1928.

Boleslaw Barlog, Theater lebenslänglich, München 1981.

Elke Beifuß (Hg.), Oskar Schlemmer, Briefe – Texte – Schriften aus der Zeit am Bauhaus, Wiesbaden 2014.

Berlin-Kalender vom 25.9.1922 (https://berlingeschichte.de/bms/bmstxt00/0006kala.html).

Berliner Illustrierte Zeitung, Das Triadische Ballett, 3.10.1926, abgedr. in: Torsten Blume, Die Bühnenwerkstatt am Bauhaus – Ein Raumlabor für gestalterische Leibesübungen, in: Hubertus Adam, Sally Schöne (Hg.), Ausdruckstanz und Bauhausbühne, Petersberg 2019, S. 80–99.

Berliner Lokal-Anzeiger Nr. 233 vom 19.5.1929, 5. Beilage.

Erwin Blumenfeld, Durch tausendjährige Zeit. Erinnerungen, München 1980.

Max Colpet, Sag mir wo die Jahre sind, Frankfurt/M. 1978.

Géza von Cziffra, Kauf dir einen bunten Luftballon. Erinnerungen an Götter und Halbgötter, München 1975.

Dadaistisches Manifest vom April 1919, abgedr. in: Karl Riha, Günter Kämpf (Hg.), Raoul Hausmann, Am Anfang war Dada, Gießen 1972, S. 23 ff.

Karl Dall, Auge zu und durch, Hamburg 2006.

Sefton Delmer, Die Deutschen und ich, Hamburg 1962 (engl. 1961/1962).

Deutsche Filmwoche vom 29. Mai 1925.

Deutsches Tanzarchiv Köln, Vorläufiges Werkverzeichnis der Tänze von Valeska Gert (1916–1933), www.deutsches-tanzarchiv.de/archiv/nachlaesse-sammlungen/g/valeska-gert-werkverzeichnis).

Berta Drews, Wohin des Wegs. Erinnerungen, München, Wien 1986.

Tilla Durieux, Meine ersten neunzig Jahre, München, Berlin 1979, 5. Auflage.

Blandine Ebinger, „Blandine ..." Erinnerungen der Schauspielerin und Diseuse Blandine Ebinger, Hamburg 1992.

Ilja Ehrenburg, Der Berliner Westen, das Café Schottendaml und George Grosz, 1928, in: Margarete Zimmermann (Hg.), „Ach wie gût schmeckt mir Berlin". Französische Passanten im Berlin der zwanziger und frühen dreißiger Jahre, Berlin 2010, S. 44–53.

Lotte H. Eisner, Ich hatte einst ein schönes Vaterland. Memoiren, Heidelberg 1984, 2. Auflg .

Flugblatt: Dadaistisches Manifest von 1918 (www.kunstzitate.de/bildendekunst/manifeste/dadaismus_1918.htm).

Irmgard Friedrich, Zwischen Ziegenstall und Ku`damm. Das Leben der Diseuse Ada Hecht, Berlin 2006.

Führer durch die Konzertsäle Berlins. Der Berliner Kulturspiegel Jg. 1, Heft 3 1920/1921, S. 5 und S. 9.

Max Fürst, Die schwierigen zwanziger Jahre, München, Wien 1976.

Gebrauchsgraphik 5/4 (1928), S. 43.

Mary Gerold-Tucholsky, Fritz Raddatz (Hg.), Kurt Tucholsky Gesammelte Werke, Bd. 3 1921–1924, Reinbek bei Hamburg 1975.

Valeska Gert, „Tanz“, Die Weltbühne, H. 18 (1922), S. 489.

–, Mary Wigman und Valeska Gert, Der Querschnitt 6 (1926), Heft 5, Mai, S. 361–363.

–, Über sich selbst, Jüdischer Kulturbund Bezirk Rhein-Main, Bd. 2, Nr. 7 vom 7.10.1935, S. 7.

–, Ich bin eine Hexe. Kaleidoskop meines Lebens, München 1968 (zit. nach der Taschenbuchausgabe, Reinbek bei Hamburg 1978.

–, Katze von Kampen, Percha 1973.

–, Die Bettlerbar von New York, Göttingen 2012.

Christoph Gödde, Henri Lonitz (Hg.), Walter Benjamin Gesammelte Briefe, Bd. III 1925–1930, Frankfurt/M. 1997.

George Grosz, Ein kleines Ja und ein großes Nein, Hamburg 1955, S. 118.

Hermann Haarmann, Christoph Hesse (Hg.), Briefe an Bertold Brecht im Exil (1933–1949), 3 Bde., Bd. 3: 1946–1949, Berlin, Boston 2014.

Sebastian Haffner, Geschichte eines Deutschen. Die Erinnerungen 1914–1933, München 2000, 5. Auflage.

Andreas Hansen (Hg.), Jes Petersens wundersame Reise (Distillery 32), Berlin 2009.

Klaus Harpprecht, Schräges Licht. Erinnerungen ans Überleben und Leben, Frankfurt/M. 2016.

Ben Hecht, Dadafest, in: Hans-Joachim Simm (Hg.), Feiern und Feste, Frankfurt/M. 1988, S. 238–241.

Werner Hecht, Jan Knopf, Werner Mittenzwei, Klaus-Detlef Müller (Hg.), Bertold Brecht Schriften I 1914–1933 (Bertold Brecht Werke; Bd. 21), Frankfurt/M. 1992.

–, Bertold Brecht Stücke 10 Teil 2 (Bertold Brecht Werke; Bd. 10), Frankfurt/M. 1997.

–, Bertold Brecht Briefe 2 (Bertold Brecht Werke; Bd. 29), Frankfurt/M. 1998.

Joachim Heimannsberg, Peter Laemmle, Wilfried F. Schoeller (Hg.), Klaus Mann Tagebücher 1938 bis 1939, Frankfurt/M. 1990.

Hans Werner Henze, Reiselieder mit böhmischen Quinten. Autobiographische Mitteilungen 1926–1995, Frankfurt/M. 1996.

Alice Herdan-Zuckmayer, Die Farm in den grünen Bergen, Frankfurt/M. 1980.

Trude Hesterberg, Was ich noch sagen wollte ..., Berlin 1971.

Thomas Hettche, Interview mit Henriette Fischer, FAZ vom 17.6.2007.

Fred Hildenbrandt, ‚ ... ich soll dich grüßen von Berlin.‘ Erinnerungen 1922 bis 1932, Berlin 2016.

Werner Höfer, Vorwort, in: Valeska Gert, Katze von Kampen, Percha 1973.

–, „Faszinierend: Valeska Gert", merian Jg. 28 Nr. 5, 1975.

Friedrich Hollaender, Von Kopf bis Fuß. Mein Leben mit Text und Musik, Berlin 1967.

Herbert Ihering, Begegnungen mit Zeit und Menschen, Bremen 1965.

Das jüdische Magazin 1 (1929), H. 4 November, S. 35.

Jüdischer Kulturbund Bezirk Rhein-Main: Monatsblätter des Jüdischen Kulturbundes Bezirk Rhein-Main, Frankfurt/M, Nr. 7, S. 11; Nr. 11, S. 18.

Ingrid K., Zeitzeugenbericht (https://www.bkge.de/Projekte/Zeitzeugenberichte/Repertorium/Institutionen/3577-Archiv-Deutsches-Gedaechtnis.html.)

Arthur Kahane, Tagebuch des Dramaturgen, Berlin 1928.

Hermann Kesten (Hg.), Joseph Roth Briefe 1911–1939, Köln, Berlin 1970.

Egon Erwin Kisch, Aus dem Café Größenwahn. Berliner Reportagen, Berlin 2013.

Herbert Knust (Hg.), George Grosz. Briefe 1913–1959, Reinbek bei Hamburg 1979.

Erich Kuby, Mein ärgerliches Vaterland, München, Wien 1989.

Ekkehard Lauritzen, Morsum im Dritten Reich (https://www.lauritzen-hamburg.de/).

Judith Malina, A memoir of Valeska Gert and the beggar bar, in: Journal of Performance and Art 41/3 (2019), S. 1–16.

Klaus Mann, Der Wendepunkt. Ein Lebensbericht, Reinbek bei Hamburg 2006.

Paul Erich Marcus, Heimweh nach dem Kurfürstendamm. Aus Berlins glanzvollsten Tagen und Nächten, Berlin 1986.

Walter Mehring, Die verlorene Bibliothek. Autobiographie einer Kultur, Düsseldorf 1978.

–, Verrufene Malerei Berlin Dada. Erinnerungen eines Zeitgenossen und 14 Essais zur Kunst, Düsseldorf 1983.

Joachim Meinert, Gespräch mit Julia Tardy-Marcuse, Sinn und Form 52/5 (2000), S. 700–719.

Alfred Richard Meyer, Valeska Gert, Der Querschnitt 1922, Heft 2, Weihnachtsheft, S. 219 f.

–, Valeska Gert, Führer durch die Konzertsäle Berlins. Berliner Konzert-Zeitung, 4. Jg. Nr. 25, Konzertplan vom 17. März bis 30. März 1924.

Hubert von Meyerinck, Meine berühmten Freundinnen, Düsseldorf, Wien 1967.

Ivor Montagu, With Eisenstein in Hollywood, Berlin 1974 (engl. 1967).

Wolfgang Müller, Müller, Valeska Gert, Ästhetik der Präsenzen, Berlin 2010.

Gunther Nickel, Alexander Weigel (Hg.), Siegfried Jacobsohn. Soweit Kritik beweisen kann. Kommentar (Siegfried Jacobsohn Gesammelte Schriften 1900–1926; Bd. 4), Göttingen 2005.

Harold Nicolson, The charm of Berlin, Der Querschnitt Heft 1929, S.261–263, erneut abgedr. in: Christian Ferber (Hg.), Der Querschnitt „Das Magazin der aktuellen Ewigkeitswerte" 1924–1933, Frankfurt/M., Berlin 1981, S.261–263.

Sibylle Niemoeller-von Sell, Zu neuen Ufern lockt ein neuer Tag. Erinnerungen II, Frankfurt/M. 1996.

Amédée Ozenfant, Week-End Berlin, 1931, in: Margarete Zimmermann (Hg.), „Ach wie gût schmeckt mir Berlin“. Französische Passanten im Berlin der zwanziger und frühen dreißiger Jahre, Berlin 2010, S. 153–157.

Pariser Tageblatt, Nr. 888 vom 18.5.1936, S. 3; Nr. 898 vom 28.5.1936, S. 3.

Pem's Privat-Bericht Nr. 3 vom 22.5.1936, S. 5; Nr. 55 vom 19.5.1937, S. 13; Nr. 73 vom 22.9.1937, S. 5.

Therese Pol, The Beggar Cellar. Valeska Gert macht auf, Aufbau vom 19.12.1941, S. 12.

Der Querschnitt 6 (1926), Heft 3, März 1926; Heft 5, Mai, S. 364.

Matheo, Das Romanische Café, Der Querschnitt Heft 1926, S. 143–146, erneut abgedr. in: Christian Ferber (Hg.), Der Querschnitt „Das Magazin der aktuellen Ewigkeitswerte“ 1924–1933, Frankfurt/M., Berlin 1981, S. 143–146.

hr, Aufbau Nr. 41 vom 11.10.2019, S. 8.

Jean Renoir, Mein Leben und meine Filme, München 1975 (frz. 1974).

Christiane Retzlaff, „Ich will leben, auch wenn ich tot bin“, Sylter Rundschau 1978.

–, Valeska lebt, in: Jan Gympel, Christiane Retzlaff, Ich will leben - auch wenn ich tot bin!, Kampen 1992 (unpaginiert).

Revue des Monats 5 (1930), H. 5, März, S. 548.

Leni Riefenstahl, Memoiren, Köln 2000.

Julia Rosenkranz (Hg.), Mascha Kaléko, 4 Bde., München 2012.

Gunter Sachs, Mein Leben, München 2005, 2. Auflage.

Hans Sahl, Memoiren eines Moralisten, Frankfurt/M. 1990.

–, Das Exil im Exil, Frankfurt/M. 1990.

–, Draculas Tochter. Valeska Gert: Memoiren einer Tänzerin, Die Welt Jg. 20 Nr. 68 vom 21.3.1974, erneut abgedr. in: Klaus Blanc (Hg.), Hans Sahl „Und doch …“ Essays und Kritiken aus zwei Kontinenten, Frankfurt/M. 1991, S. 231 f.

Scherl's Magazin Jg. 7, H. 8, August 1931, S. 766.

Volker Schlöndorff, Licht, Schatten und Bewegung. Mein Leben und meine Filme, München 2008.

Max Schmeling, Erinnerungen, Frankfurt/M., Berlin 1995, 2. Auflage.

Paulus Schotte, Regenbogen Berlin, Das Leben 7 (1929/30), H. 1, Juli, S. 15–20.

Wolf Jobst Siedler, Wir waren noch einmal davongekommen. Erinnerungen, Berlin 2004.

Antoni Graf Sobanski, nachrichten aus berlin 1933–1936, Berlin 2007.

Richard von Soldenhoff (Hg.), Siegfried Jacobsohn, Briefe an Kurt Tucholsky 1915–1926, Reinbek bei Hamburg 1997.

Fritz Stern, Fünf Deutschland und ein Leben. Erinnerungen, München 2009.

Der „Stürmer“ Nr. 4, Januar 1936; Nr. 42, Oktober 1936.

Tempo 1927, H. 1, S. 53; 1927, H. 2, S. 38 und S. 50.

Klara Tiedemann, Kampener Skizzen, Stuttgart 1966, 2. Auflage.

Georg Stefan Troller, Personenbeschreibung: „Tagebuch mit Menschen“, Hamburg 1990.

Uhu 8 (1931). H. 3, Dezember, S. 46.

Salka Viertel, Das unbelehrbare Herz. Ein Leben in der Welt des Theaters, der Literatur und des Films, Hamburg 1979.

Klaus Völker, Michael Prinz (Hg.), Max Herrmann-Neiße, Max Herrmann-Neiße Briefe, 2 Bde., Berlin 2012.

Volksstimme 27.12.1921; 6.1.1922.

Hartmut Vollmer, Bernd Witte (Hg.), Franz Hessel, Sämtliche Werke in fünf Bänden, Werke 3: Städte und Porträts, Oldenburg 1999.

Vossische Zeitung Nr. 517 vom 2.11.1921.

Claire Waldoff, Weeste noch …! Aus meinen Erinnerungen, Göttingen 2013.

Léon Werth, Deutsche Suite-Reisenotizen, 1931, in: Margarete Zimmermann (Hg.), „Ach wie gût schmeckt mir Berlin“. Französische Passanten im Berlin der zwanziger und frühen dreißiger Jahre, Berlin 2010, S. 161–171.

Tennessee Williams, Memoiren, Frankfurt/M. 1977.

Ben Witter, Spaziergänge mit Prominenten: Ich möchte mit mir verheiratet sein, ZEIT ONLINE vom 18.12.1981, aktualisiert am 30.11.2012, S. 1–4 (https://www.zeit.de/1981/52-ich-moechte-mit-mir-verheiratet-sein/seite-4).

Ludwig Wronkow, Aufbau Nr. 40 vom 6.10.1950, S. 12.

Carl Zuckmayer, Als wär`s ein Stück von mir. Erinnerungen, Frankfurt/M. 1976.

Stefan Zweig, Die Welt von Gestern. Erinnerungen eines Europäers, Frankfurt/M. 2002, 33. Auflage.

LITERATUR

Hanna Andresen, Ein Ziegenstall im Dachgeschoss, Sylter Rundschau vom 10.4.2012.

Sylvie Aubenas, Quentin Bajac, Brassaï, Flaneur durch das nächtliche Paris, München 2013.

Ehrhard Bahr, Los Angeles als Zentrum der Exilkultur und die Krise des Modernismus, in: Exilforschung. Ein internationales Jahrbuch, S. 199–212.

Hans-Peter Bayerdörfer, Unscheinbare Bühne – Unerhörte Stimme: Diseusen der Weimarer Republik und die Reform im Theater, in: Sigrid Bauschinger (Hg.), Literarisches und politisches Kabarett von 1901 bis 1999, Tübingen, Basel 2000, S. 71–93.

Sabina Becker, Experiment Weimar. Eine Kulturgeschichte Deutschlands 1918–1933, Darmstadt 2018.

Helga Bemmann, Berliner Musenkinder-Memoiren. Eine heitere Chronik von 1900–1930, Ostberlin 1982.

–, Habakuk Traber, Novemberstürme – Kabarett und Revue nach 1918 in Berlin, in: Frieder Reininghaus, Katja Schneider (Hg.), Experimentelles Musik- und Tanztheater (Handbuch der Musik im 20. Jahrhundert; Bd. 7), Laaber 2004, S. 60–64.

Renate Berger, „Rotkäppchen, Großmutter und Wolf in einer Person". Valeska Gert – bad girl des neuen Tanzes, in: Julia Freytag, Alexandra Tacke (Hg.), City Girls. Bubiköpfe & Blaustrümpfe in den 1920er Jahren, Köln, Weimar, Wien 2011, S. 177–188.

–, Blaupausen der Moderne. Zu den Tänzen von Valeska Gert, in: Gerda Breuer, Elina Knorpp (Hg.), Gespiegeltes Ich. Fotografische Selbstbildnisse von Frauen in den 1920er Jahren, Berlin 2014, S. 177–185.

Hanne Bergius, Das Lachen DADAs. Die Berliner Dadaisten und ihre Aktionen, Gießen 1989.

Werner Bergmann, „Wir haben Sie nicht gerufen." Reaktionen auf jüdische Remigranten in der Bevölkerung und Öffentlichkeit der frühen Bundesrepublik, in: Irmela von der Lühe, Axel Schildt, Stefanie Schüler-Springorum (Hg.), „Auch in Deutschland waren wir nicht wirklich zu Hause." Jüdische Remigration nach 1945 (Hamburger Beiträge zur Geschichte der deutschen Juden; Bd. XXXIV, Göttingen 2008, S. 19–40.

Ina Boesch, Dada Damen, in: dies. (Hg.), Die Dada. Wie Frauen Dada prägten, Zürich 2015, S. 9–94.

Gabriele Brandstetter, Tanz-Lektüren. Körperbilder und Raumfiguren der Avantgarde, Freiburg i.Br., Berlin, Wien 2013, 2. Auflage.

Horst Bredekamp, Der Bildakt. Frankfurter Adorno-Vorlesungen 2007, Berlin 2015.

Klaus Budzinski, Pfeffer ins Getriebe. So ist und wurde das Kabarett, München 1982.

Michael Cowan, Kai Marcel Sicks, Technik, Krieg und Medien. Zur Imagination von Idealkörpern in den zwanziger Jahren, in: dies. (Hg.), Leibhaftige Moderne. Körper in Kunst und Massenmedien 1918 bis 1933, Bielefeld 2005, S. 13–29.

Sandra Danielczyk, Diseusen in der Weimarer Republik. Imagekonstruktionen im Kabarett am Beispiel von Margo Lion und Blandine Ebinger (texte zur populären musik 9), Bielefeld 2017, zugl. phil. Diss. Universität Osnabrück.

Frank Deppe, Sylt prominent, Hamburg 2004.

–, Als Marlene Dietrich in Westerland tanzte (https://www.shz.de/lokales/sylter-rundschau/als-marlene-dietrich-in-westerland-tanzte...)

–, „... denn deutschen Volksgenossen gehört der Strand!" Wie der Nationalsozialismus die Insel Sylt eroberte, Sylt 2015.

–, Volker Frenzel, Sylt. Noch mehr Inselgeschichten, Hamburg 2005.

Burcu Dogramaci, „Frauen, die ihr Geld selbst verdienen". Lieselotte Friedlaender, der „Moden-Spiegel" und das Bild der großstädtischen Frau, in: Stephanie Burg, Margarete Zimmermann (Hg.), Garçconnes à la Mode im Berlin und Paris der Zwanziger Jahre, Göttingen 2006, S. 47–67.

Julia Drost, Von der Pariser Bourgeosie ins Berliner Vergnügungsgewerbe. Victor Marguerittes Skandalroman La Garçonne (1922) und Jeanne Mammens Dirne auf grüner Couch (um 1928), in: Förderverein der Jeanne-Mammen-Stiftung e.V., Berlin (Hg.), S. 56–69.

Jürgen Egyptien, Der frühe Albrecht Fabri als Essayist und Theoretiker des Essays, in: Michael Ansel, Jürgen Egyptien, Hans-Edwin Friedrich (Hg.), Der Essay als Universalgattung des Zeitalters (Amsterdamer Beiträge zur neueren Germanistik; Bd. 88), Leiden, Boston 2016, S. 298–317.

Kate Elswit, Watching Weimar Dance, New York 2014.

Luiselotte Enderle, Erich Kästner, Leck 1966.

William A. Ewing, Marina Schinz, Blumenfeld. A fetish for beaty. Sein Gesamtwerk 1897-1969, Kilchberg/Zürich 1996.

Barbara Felsmann, Karl Prümm, Kurt Gerron – Gefeiert und gejagt 1997–1944. Das Schicksal eines deutschen Unterhaltungskünstlers, Berlin 1992.

Lothar Fischer, Tanz zwischen Rausch und Tod. Anita Berber 1918–1928 in Berlin, Berlin 1988, 2. Auflage.

Erika Fischer-Lichte, Ästhetik des Performativen, Frankfurt/M. 2004.

Anne Fleig, Tanzmaschinen. Die Girls im Revuetheater der Weimarer Republik, in: Sabine Meine, Katharina Hottmann (Hg.), Puppen, Huren, Roboter: Körper in der Moderne in der Musik zwischen 1900 und 1930, Schliengen 2005, S. 102–117.

Susanne Foellmer,Valeska Gert. Fragmente einer Avantgardistin in Tanz und Schauspiel der 1920er Jahre, (TanzSkripte; Bd. 2), Bielefeld 2006.

Förderverein der Jeanne-Mammen-Stiftung e.V., Berlin (Hg.), Jeanne Mammen, Paris-Bruxelles-Berlin, München 2016

Evelin Förster, Die Frau im Dunkeln. Autorinnen und Komponistinnen des Kabaretts und der Unterhaltung von 1901 bis 1938, Berlin 2013.

Virginia Forbes, Cafe Life in New York. Valeska Gert`s Beggar Bar in the Village is a Unique Night Spot, The New York Sun vom 26.10.1943, abgedr. in: Thorsten Sadowsky (Hg.), Szenen des Exils, Salzburg 2020, S. 192

Christine Fornoff, Die Konzertagentur Wolff und ihre Bedeutung für Virtuosinnen im Berliner Musikleben des 19. Jahrhunderts, in: Annkatrin Babbe, Volker Timmermann, Musikerinnen und ihre Netzwerke im 19. Jahrhundert (Schriftenreihe des Sophie Drinker Instituts; Bd. 12). Oldenburg 2016. S. 41–67.

Gabriele Fritsch-Vivié, Mary Wigman, Reinbek bei Hamburg 1999.

Gastprofessur Valeska Gert an der FU Berlin (https://www.geisteswissenschaften.fu-berlin.de/fachbereich/gastprof/gert/index/html).

Klaus Geitel, Zwei ungleiche Töchter der Terpsichore. Die Tänzerinnen Galina Ulanowa und Valeska Gert haben Geburtstag, in: Frank-Manuel Peter, Thomas Thorausch (Hg.), Klaus Geitels Tanzkritiken: man ist kühn genug, um unmodern zu sein 1959–1979, Leipzig 2019, S. 277 f.

–, Ein schwarzäugiger Rabe, in rote Seide zusammengeduckt, von Herzen unweise. Die Kunst der Valeska Gert ist unvergleichlich und von einzigartiger Ausdruckskraft, in: Frank-Manuel Peter, Thomas Thorausch (Hg.), Klaus Geitels Tanzkritiken: man ist kühn genug, um unmodern zu sein 1959–1979, Leipzig 2019, S. 300–302.

Cynthia Goodman, Hans Hofmann: A Master in Search of the „Real", in: dies., Hans Hofmann, New York 1990.

Martin Gregor-Dellin (Hg.), Klaus Mann, Heute und morgen. Schriften zur Zeit, München 1969.

Bülent Gündüz, Jackson Pollock. Die Biografie, Berlin 2013.

Peter Hahn, Das lebende Kunstwerk für den Tingeltangel und die Muse Friedrich Hollaenders wurde vor 100 Jahren geboren, Der Tagesspiegel vom 3.11.1999.

Nicole Haitzinger, Das Phantasma des „Deutschen" modernen Tanzes, in: Irene Brandenburger, Nicole Haitzinger, Claudia Jeschke (Hg.), Tanz und Archiv Forschungsreisen: Kaleidoskope des Tanzes, Heft 7, 2017, S. 76–90.

Sabine Hake, In the mirror of fashion, in: Katharina von Ankum (Hg.), Women in the Metropolis. Gender and Modernity in Weimar Culture, Berkely, Los Angeles, London 1997, S. 185–201.

Yvonne Hardt, Politische Körper. Ausdruckstanz, Choreographie des Protests und die Arbeiterbewegung der Weimarer Republik, Münster 2004, zugl. phil. Diss. FU Berlin 2003.

Ted Harris, „Alter Kämpfer" im Widerstand. Graf Helldorff, die NS-Bewegung und die Opposition gegen Hitler, in: Vierteljahreshefte für Zeitgeschichte 45 (1997), S. 385–423.

Birgit Haustedt, Die wilden Jahre in Berlin. Eine Klatsch- und Kulturgeschichte der Frauen, Berlin 2013.

Fred Hildenbrandt, Die Tänzerin Valeska Gert, Stuttgart 1928.

Christine Hoffmann, Deutschsprachige Ausdruckstänzerinnen und ihre Emigration, Tanzforschung 4 (1993), S. 43–59.

Erika Hughes, Art and illegality on the Weimar stage. The dances of Celly de Rheydt, Anita Berger and Valeska Gert, Journal of European Studies 39/3 (2009), S. 320–335.

Brigitte Jeremias, Tänzerin des Expressionismus. Begegnung auf Sylt mit Valeska Gert, FAZ Nr. 302 vom 30.12.1972.

Renè Jouglet, Im Haus Vaterland, im Rheingold und anderswo. Von deutschen Frauen, in: Margarete Zimmermann (Hg.), „Ach wie gût schmeckt mir Berlin". Französische Passanten im Berlin der zwanziger und frühen dreißiger Jahre, Berlin 2010, S. 139–149.

Joachim Käppner, Berthold Beitz. Die Biographie, Berlin 2010.

Hermann Kappelhoff, Der möblierte Mensch: G.W. Pabst und die Utopie der Sachlichkeit; ein poetologischer Versuch zum Autorenkino, Berlin 1994, zugl. phil. Diss. FU Berlin 1993.

Silke Kettelhake, Renée Sintenis, Berlin, Bohème und Ringelnatz, Berlin 2010.

Christian Kleinknecht, „Ein Abend in der Hexenküche", Frankfurter Allgemeine Zeitung Nr. 22 vom 26.1.1973.

Know, Es muß nicht immer Schönheit sein, Das Leben Jg. 10/1 (1932/33), S. 9.

Gloria Köpnick, „... die Moderne will aber ekstatischen Seelenausdruck" – die Tanzgastspiele der Vereinigung für junge Kunst, Oldenburger Jahrbuch 117 (2017), S. 203–224.

Harald Kohta, Bernd M. Kraske, Stefan Zynda (Hg.), Rolf Italiaander, Gedanken-Austausch: Erlebte Kulturgeschichte in Zeugnissen aus 6 Jahrhunderten, Düsseldorf 1988.

Alexandra Kolb, „There was never anythin` like this!!!" Valeska Gert`s performances in the context of Weimar culture, in: The European Legacy 12/3 (2007), S. 293–309 (https://core.ac.uk/download/pdf/17301803.pdf).

Maegie Koreen, Kleine Bühne im Exil. Hommage an Annemarie Hase und Stella Kadmon (https://www.chanson-cafe-europa.de/pdf/Manukript_kleine_Buehne_im_Exil.pdf).

Elke-Vera Kotowski, Valeska Gert. Ein Leben in Tanz, Film und Kabarett, Berlin 2012.

–, „Warum kann mich niemand leiden?" Ilse Koch und Valeska Gert, in: dies, Anna-Dorothea Ludewig, Hanna Lote Lund, Zweisamkeiten. 12 außergewöhnliche Paare in Berlin, Berlin 2016, S. 35–50 und S. 248.

Klaus-Dieter Krabiel, Lehrstück/Das Badener Lehrstück vom Einverständnis, in: Jan Knopf (Hg.), Brecht Handbuch, 5 Bde., Bd. 1 Stücke, Stuttgart, Weimar 2001, S. 226–238.

Karen Christel Krahulik, Provincetown. From Pilgrim Landing to Gay Resort, New York, London 2005.

Claus-Dieter Krohn, Emigration 1933–1945/1950, in: Europäische Geschichte Online (EGO), Mainz 31.5.2011 (https://www.ieg-ego.eu/Krohne-2011-de).

Künstlerarchiv der Berlinischen Galerie Landesmuseum für Moderne Kunst, Photographie und Architektur (Hg.), Hannah Höch. Eine Lebenscollage, Bd. II 1. Abteilung 1921–1945, Berlin 1995, Nr. 24.27, S. 168–172.

Brigitte Landes, Im Romanischen Café. Ein Gästebuch, Berlin 2020.

Jost Lehne, Massenware Körper. Aspekte der Körperdarstellung in den Ausstattungsrevuen der zwanziger Jahre, in: Sabine Meine, Katharina Hottmann (Hg.), Puppen, Huren, Roboter: Körper in der Moderne in der Musik zwischen 1900 und 1930, Schliengen 2005, S. 264–278.

Joseph Lewitan, Der Bankrott. Einige Worte über Formlosigkeiten und Gesetzlosigkeiten, Der Tanz 5/6 (1932), S. 4–6.

Andreas Ley, Die Frau am Steuer – Mode als Waffe, in: Münchner Stadtmuseum, Die Zwanziger Jahre – Mode Graphik Kunstgewerbe, München 2005, S. 10–21.

Barbara Lindlar, Die „Kombination mehrerer Faktoren" – Die visuelle Lautpoesie im Werk von Raoul Hausmann seit dem Dadaismus, phil. Diss. FU Berlin 2006 (https://refubium.fu-berlin.de/handle/fub188/13311).

Helga Lüdtke, Der Bubikopf. Männlicher Blick, weiblicher Eigen-Sinn, Göttingen 2021.

Ariane Martin, Die neuen Schreibkräfte. Gegenläufige Typisierungen. Sekretärinnen in Romanen von Irmgard Keun und Alice Berend, in: Julia Freytag, Alexandra Tacke (Hg.), City Girls. Bubiköpfe & Blaustrümpfe in den 1920er Jahren, Köln, Weimar, Wien 2011, S. 21–34.

–, (Hg.), Heinrich Mann Essays und Publizistik, Bd. 4 1926 bis 1929, Teil 1: Texte, Bielefeld 2018.

Friedhelm Marx, „Ich ziehe das Wachstuchverdeck zurück und die Schreibmaschine blickt mich an." Schreibmaschinen in der Literatur der Weimarer Republik, in: Oliver Jahraus, Michaela Nicole Raß, Simon Eberle (Hg.), Sache/Ding. Eine ästhetische Leitdifferenz in der Medienkultur der Weimarer Republik, München 2017, S. 185-195.

Elna Matamoros, Dance & Costumes. A History of Dressing Movement, Berlin 2021.

Sebastian Maubach, Valeska Gert, S. 6-10 (https://issuu.com/storytellerstoryteller/docs/teddyprogramm2014; https://issuu.com/meine lieblinge/docs/teddyaward_2014).

Sandra Meinzenbach, Neue alte Weiblichkeit: Frauenbilder und Kunstkonzepte im Freien Tanz: Loie Fuller, Isadora Duncan und Ruth St. Denis zwischen 1891 und 1934, Marburg 2010, zugleich phil. Diss. Univ. Leipzig 2009.

Rainer Metzger, Christian Brandstätter, Berlin. Die Zwanziger Jahre Kunst und Kultur 1918-1933, Wien 2006.

Walter Moser, Lisette Model, in: Thorsten Sadowsky (Hg.), Szenen des Exils, Salzburg 2020, S. 50-57.

Karen A. Mozingo, Crossing the borders of german and american modernism: Exile and transnationalism in the dance works of Valeska Gert, Lotte Goslar, and Pola Nirenska, phil. Diss. Ohio State University 2008.

Hedwig Müller, Ausdruckstanz (Anfänge bis 1933), in: dies., Patricia Stöckemann, „... jeder Mensch ist ein Tänzer." Ausdruckstanz in Deutschland zwischen 1900 und 1945, Gießen 1993, S. 8-54 und S. 202-216.

Siegfried Müller, Luftfahrt der 1920er Jahre bis 1945. Neuanfang im zivilen Kleid: Luftverkehr und Luftsport, in: Landesmuseum Oldenburg (Hg.), Von Zeppelin bis Airbus. Luftfahrt in Nordwestdeutschland im 20. Jahrhundert, Bielefeld 2007, S. 42-53.

–, Kultur in Deutschland. Vom Kaiserreich bis zur Wiedervereinigung, Stuttgart 2017.

Reinhard Nenzel (Hg.), Richard Huelsenbeck, Mit Witz, Licht und Grütze, Hamburg 1992.

Neue Ausstellung in Keitum: Ada Hecht – ein Leben für die Musik, in: Sylter Rundschau vom 31.5.2013.

Jürgen Newig, Die Entwicklung von Fremdenverkehr und Freizeitwohnwesen in ihren Auswirkungen auf Bad und Stadt Westerland auf Sylt (Schriften des geografischen Instituts der Universität Kiel; Bd. 42), Kiel 1974, zugl. Diss. Universität Kiel 1972.

Sydney Jane Norton, Valeska Gert, Dancing out of bounds: Valeska Gert in Berlin and New York, in: Maureen Tobin Stanley, Gesa Zinn (Hg.), Female exiles in twentieth and twenty-first century Europe, New York 2007, S. 97-120.

Brygida Ochaim, Der absolute Tanz. Tänzerinnen der Weimarer Republik in Berlin, in: dies., Julia Wallner (Hg.), Der absolute Tanz. Tänzerinnen der Weimarer Republik, Berlin 2021, S. 35-45.

Alexander Parlach, Die Stummen Nackten von Kampen und Sylt, Der Stern Nr. 34 vom 26.8.1962.

Gerhard Paul, Landunter. Schleswig-Holstein und dass Hakenkreuz, Münster 2001.

Annegret Pelz, City Girls im Büro. Schreibkräfte mit Bubikopf, in: Julia Freytag, Alexandra Tacke (Hg.), City Girls. Bubiköpfe & Blaustrümpfe in den 1920er Jahren, Köln, Weimar, Wien 2011, S. 35–53.

Frank-Manuel Peter, Valeska Gert. Tänzerin, Schauspielerin, Kabarettistin, Berlin 1987, 2. Auflage.

–, Dore Hoyers. Beitrag zur Weiterentwicklung des modernen Tanzes in den 1930er Jahren, phil. Diss. FU Berlin 2004 (https://refubium.fu-berlin.de/handle/fub188/7840).

–, „Wilde Fratzen werf ich Euch zu, mildes Antlitz neige ich über Euch", in: Deutsches Tanzarchiv Köln (Hg.), Valeska Gert, Ich bin eine Hexe. Kaleidoskop meines Lebens, Berlin 2019, S. 265–276.

–, „Geeignet, die gesamte Immigration ausserordentlich schwer zu schaedigen ..." Valeska Gert und ihre Kunst im Exil, in: Thorsten Sadowsky (Hg.), Szenen des Exils, Salzburg 2020, S. 46–49.

Carla Petersen, in: Rolf Spreckelsen, Kampen-Sylt, Der Flirt fürs ganze Leben, Hamburg 1996.

Lil Picard, Es lebe der Sport, Das Leben 7 (1929/30), H. 12, Juni, S. 12–16.

Dorothy Price, Glanz und Elend der Neuen Frau in der Weimarer Republik, in: Ingrid Pfeiffer (Hg.), Glanz und Elend in der Weimarer Republik, Frankfurt/M. 2017, S. 153–179.

Julia Richter, Das Netzwerk – Sprachwechsel, Übersetzen und Freundschaft im Exil in New York, in: Larisa Schippel, Julia Richter (Hg.), Translation und „Drittes Reich" II. Translationsgeschichte als methodologische Herausforderung, Berlin 2021, S. 195–214.

Claudia Rieger, „Lebende Bilder" und „Bewegte Plastik". Rita Sacchetto, in: Gunhild Oberzaucher-Schüller (Hg.), Ausdruckstanz: eine mitteleuropäische Bewegung der ersten Hälfte des 20. Jahrhunderts, Wilhelmshaven 1992. S. 367–376.

Bernd Ruland, Das war Berlin. Die goldenen Jahre 1918-1933, Bayreuth 1985.

Manfred Sack, Tanz mit dem Gesicht, Die Zeit Nr. 29 von 1977. (https://www.zeit.de/1977/29/tanz-mit-dem-gesicht/komplettansicht/), S. 1–3.

Hans Sahl, Draculas Tochter. Valeska Gerts „Katze von Kampen" (1974), abgedr. in: ders., „Und doch ...". Essays und Kritiken aus zwei Kontinenten, Frankfurt/M. 1991.

Gerhard Sauer (Hg.), Die Bücherverbrennung, München, Wien 1983; Werner Treß, „Wider den undeutschen Geist!" Bücherverbrennung 1933, Berlin 2003.

Jürgen Schebera, Damals im Romanischen Café. Künstler und ihre Lokale im Berlin der zwanziger Jahre, Berlin 2005.

Dietmar Schenk, Als Berlin leuchtete, Stuttgart 2015.

Dirk Scheper, Oskar Schlemmer Das Triadische Ballett und die Bauhausbühne, (Schriftenreihe der Akademie der Künste; Bd. 20), Berlin 1988.

Joachim Schlör, Nachts in der großen Stadt. Paris, Berlin, London 1840–1930, München 1991, zugl. phil. Diss. Univ. Tübingen 1990.

Katja Schneider, Elementarfrau im „Wirbel der Lawinen". Tanzfiguren der frühen Leni Riefenstahl, in: Jörg von Brincken (Hg.), Leni Riefenstahl, Filmkonzepte Heft 44, 10/2016, S. 6–20.

Julius H. Schoeps, Düstere Vorahnungen. Deutschlands Juden am Vorabend der Katastrophe (1933–1935), Berlin, Leipzig 2018.

Bärbel Schrader, Jürgen Schebera, Kunst – Metropole – Berlin – 1918–1933, Berlin, Weimar 1987.

Thomas Schrode, Kostüm und Maske im Ausdruckstanz, in: Gunhild Oberzaucher-Schüller (Hg.), Ausdruckstanz: eine mitteleuropäische Bewegung der ersten Hälfte des 20. Jahrhunderts, Wilhelmshaven 1992, S. 294–305.

Iris Schürmann-Mock, Frauen sind komisch. Kabarettistinnen im Porträt, Berlin 2019.

Peter Klaus Schuster, „Alle sind angeklagt" – George Grosz, der amerikanische Traum und die deutsche Hölle, in: ders. (Hg.), Georges Grosz: Berlin – New York, Düsseldorf, Berlin 1995, 2. Auflage, S. 21–38.

Daniel Siemens, Von Marmorleibern und Maschinenmenschen. Neue Literatur zur Körpergeschichte in Deutschland zwischen 1900 und 1936, Archiv für Sozialgeschichte 47 (2007), S. 639–682.

Georg Simmel, Die Großstädte und das Geistesleben, in: Otthein Rammstedt (Hg.), Georg Simmel Gesamtausgabe, Bd. 7: Aufsätze und Abhandlungen 1901–1908, Frankfurt/M. 1995, S. 116–131.

Camilla Smith, Vom Wedding nach Montmartre. Eine Erkundung der theatralen Semantik im Werk von Jeanne Mammen, in: Förderverein der Jeanne-Mammen-Stiftung e.V., Berlin (Hg.), S. 120–143.

Kristine von Soden, Zur Sommerfrische nach Sylt! Wo die Avantgarde baden ging, Berlin 2008.

Amelie Soyka, „Lauter zischende kleine Raketen": Valeska Gert (1892–1978), in: dies (Hg.), Tanzen und tanzen und nichts als tanzen. Tänzerinnen der Moderne von Josephine Baker bis Mary Wigman, Berlin 2004, S. 123–137.

Der „Spiegel" Nr. 11 vom 8.3.1961; Nr. 12/13, 32. Jg., 27.3.1978, S. 252.

Niklaus Starck, Jo Mihaly und die Würde des Menschen. Eine illustrierte Biografie, Basel, Ascona 2011.

Edith Stargardt-Wolff, Wegbereiter großer Musiker, Berlin 1954.

Patricia Stöckemann, Hedwig Müller, Berlin 1945–49, Tanzdrama 29 (1995), S. 9–23.

Hans Jürgen Stöver, Von Sylts Inselbahn und den Bäderschiffen. Sylter Verkehrsverbindungen von 1640–1970, Wenningstedt/Sylt 1991.

–, Orkan über Sylt. Sturmfluten an der Sylter Küste, Wenningstedt 1993, 5. Auflage.

Werner Suhr, Warum tanzen die Menschen?, Tempo, H. 2 (1927), S. 33–40.

Katharina Sykora, Annette Dorgerloh, Doris Noell-Rumpeltes, Ada Raev (Hg.), Die Neue Frau. Herausforderung für die Bildmedien der Zwanziger Jahre, Marburg 1993.

Tanztheater (Handbuch der Musik im 20. Jahrhundert; Bd. 7), Laaber 2004, S. 60–64.

John Russell Taylor, Fremde im Paradies. Emigranten in Hollywood 1933–1950, Berlin 1994.

Frank Thiess, Der Tanz als Kunstwerk. Studien zu einer Ästhetik der Tanzkunst, München 1923. 3. Auflage.

Ann Thomas, Lisette Model, Ottawa 1990.

Thomas Urban, Russische Schriftsteller im Berlin der zwanziger Jahre, Berlin 2003.

Hans Veigl, Iris Fink (Hg.), Verbannt, verbrannt, vergessen und verkannt. Kurzbiographien zum Thema Verfolgung und Vertreibung österreichischer Kabarett- und Kleinbühnenkünstler 1933–1945, Graz 2012.

https://www.vivasylt.com/aktuelles/valeskagicoa.html.

Harald Voigt, Der Sylter Weg ins Dritte Reich, Münsterdorf 1977.

–, Die Festung Sylt: Geschichte und Entwicklung der Insel Sylt unter militärischem Einfluß 1894–1945 (Nordfriisk Instiuut Nr. 109), Bredstedt 1992, 2. Auflage.

Manfred Wedemeyer, 50 Jahre Hindenburgdamm nach Sylt, Die Heimat 84 (1977), S. 231–237.

–, Die Wende in Kampen auf Sylt, Die Heimat 100 (1993), S. 159–161.

–, Glückliche Leidenschaft. Thomas Manns Begegnung mit Klaus Heuser in Kampen auf Sylt 1927, Natur und Landeskunde 115 (2008), S. 130–133.

Michael Winkler, Metropole New York, in: Claus-Dieter Krohn, Erwin Rotermund, Lutz Winckler, Irmtrud Wojak, Wulf Koepke (Hg.), Metropolen des Exils (Exilforschung; Bd. 20), München 2002, S. 178–198.

Marion Wünsche, s.v. Sonja Wronkow, in: Frithjof Trapp, Werner Mittenzwei, Henning Rischbieter, Hansjörg Schneider (Hg.), Biographisches Lexikon der Theaterkünstler, Bd. 2, Teil 1 A–K, München 1999, S. 1041.

Anna Zika, Mode ist weiblich. Stil und Kleider für die „Neue Frau", in: Adelheid Rasche, Anna Zika (Hg.), Styl. Das Berliner Modejournal der frühen 1920er Jahren, Berlin, Bielefeld 2009, S. 118–129.

ABBILDUNGSNACHWEIS

Berlin
akg images
S. 20, S. 29, S. 49, S. 84

ullstein bild
Umschlagabbildung (Foto Rudolph Duehrkoop);
S. 18; S. 33 (Foto Jaro von Tucholka); S. 37, S. 50; S. 52 (Foto Rene Fosshag)

Oldenburg
Landesmuseum für Kunst und Kulturgeschichte Oldenburg
S. 32, S. 38 (Foto Sven Adelaide)

Ottawa
National Gallery of Canada
S. 81, S. 82, S. 83
Gift of the Estate of Lisette Model, 1990, by direction of Joseph G. Blum,
New York, throught the American Friends of Canada,
Photo: NGC 35154; NGC 35153, NGC 35155

Privatbesitz
S. 27 (Foto Sven Adelaide); S. 58 (Foto N.N.); S. 109, S. 111, S. 112,
S. 118, S. 121, S. 123, S. 124, S. 135; S. 141, S. 142 (Foto Siegfried Müller)

Westerland/Sylt
Hansa-Photo/Sylter Archiv
S. 115

Photoarchiv Pförner/Sylter Archiv
S. 55, S. 56, S. 59, S. 60, S. 61, S. 62, S. 75